ヒューマンな英語授業がしたい！

かかわる、つながるコミュニケーション活動をデザインする

三浦 孝　中嶋洋一　池岡 慎 著

研究社

読者のみなさんへ

　この本を手に取ってくださって、どうもありがとうございます。この本は、「英語でコミュニケーションをするのは、こんなに楽しいんだ！」「こんなに意味が深いんだ！」「こんなに力がつくんだ！」と実感できる授業のあり方を解説した本です。言い換えるなら、うんと英語を楽しみ、それによって結果的に英語力を飛躍的に高める授業の創り方を解説した本です。

　実は、それには秘訣があるのです。その秘訣とは、英語で人と人との出会いをフルに楽しむようにすることです。ただし、そうするためには技法（アート）がいります。この本は、英語授業で生徒が、「人と接するっていいなあ！」と実感する、そんなヒューマンな授業のアートを解説しています。人と接すること、それだけは機械やコンピュータが取って代わることのできない、これからますます必要とされる能力です。そして人と人とをつなぐのが言葉です。

　この本は、英語コミュニケーション活動の理論から実践までを有機的に積み上げ、さまざまな活動例を広範囲に網羅しています。1年間あるいは3年間を見通した英語授業のグランド・デザイン（中・長期的設計）の仕方がわかる一方で、「明日の授業のコミュニケーション活動をどう展開したらいいのだろう」といった質問にも答えられる内容になっています。全編を通して、単なる技術書ではなく「なぜこの活動が生徒に有効なのか」「この活動によって生徒がどう成長できるか」といった、活動することの意味を問いながら解説しています。

　この本は、どこから読んでも、面白くお読みいただけるようにしました。いたるところに、英語を通じた人と人との出会い方が書いてあります。「もっと授業の質を上げたい」と願う先生には、頼りがいのある道案内になるでしょう。「授業に行くのは気が重い」という先生には、直面している壁を乗り越える特効薬になるでしょう。将来英語教師を目指している人には、「英語を教えることは、創造と冒険の旅なんだ」という明るい展望を与えるでしょう。英語教育に携わっていない人にも、「もっと自由に発想してよいのだ」「もっと心を解き放ってよいのだ」と、日々のコミュニケーションに

おいて大きく踏み出す勇気を与えることでしょう。この本を読み通した時、あなたは英語コミュニケーション活動の自立した設計者となっていることでしょう。

　読者のみなさんが、この本を手元において活用され、みなさんのクラスでヒューマンな授業が展開されていくことを心から願ってやみません。

　　2006 年 2 月

　　　　　　　　　　　　　　　　　　　　　　　　　　三浦　孝
　　　　　　　　　　　　　　　　　　　　　　　　　　中嶋洋一
　　　　　　　　　　　　　　　　　　　　　　　　　　池岡　慎

〈執筆分担〉
第Ⅰ章 .... 三浦
第Ⅱ章　A. .... 池岡
　　　　B. .... 三浦
　　　　C. 1 .... 中嶋
　　　　　 2〜5 .... 池岡
　　　　　 6 .... 三浦
　　　　　 7〜8 .... 中嶋
　　　　　 9〜10 .... 池岡
　　　　　 11 .... 三浦
　　　　　 12〜18 .... 中嶋
　　　　　 19〜20 .... 三浦（※20.(4) d. は中嶋）
　　　　D. .... 中嶋
第Ⅲ章 .... 三浦
第Ⅳ章 .... 中嶋

目　次

読者のみなさんへ　*iii*

第Ⅰ章　コミュニケーション活動はなぜ英語授業の核となるのか

はじめに　*2*

A．コミュニケーション活動がなぜコミュニケーション能力を
　　伸ばすと言えるか ....　*3*
　　1．インプット仮説から言えること　*4*
　　2．アウトプット仮説から言えること　*5*
　　3．インタラクション仮説から言えること　*5*
　　4．本物のコミュニケーション活動とそうでないもののちがい　*6*
　　5．本物の英語コミュニケーション活動の3条件　*8*

B．英語コミュニケーション活動はなぜ楽しいか
　　――心に自由を、欲求に出口を ....　*9*
　　1．カール・ロジャーズに学ぶ　*10*
　　2．マスローに学ぶ　*10*
　　3．オースベルに学ぶ　*17*
　　4．外国語使用で拡がる自由　*18*

C．英語コミュニケーション活動はなぜ SELF を形成するのか ....　*21*
　　1．安心できる意思決定の成功体験の積み重ねが SELF を育てる　*22*
　　2．「聞いてくれた」感激が自尊感情を育てる　*25*
　　3．Second-language Self の形成　*26*
　　4．個人として自分を堂々と主張する自己の形成　*26*

D．英語コミュニケーション活動はなぜ社会性を育てるのか ....　*28*
　　1．mind と heart の区別　*29*
　　2．We agree to disagree の関係　*30*
　　3．言葉で自分の考えをきちんと伝える姿勢を育てる　*33*
　　4．英語という新しい言葉で生き直す　*35*

5. Only One 同士のめぐり合い　*37*

　　6. 誰もがヒーローになれる教室　*38*

E．生徒は英語コミュニケーション活動にどのようなニーズを
　　持っているか *39*

　　1. 英語学習目的アンケート調査からわかること　*39*

　　2. 大学生の振り返りからわかること　*41*

　　3. コミュニケーション活動における「意味」の4レベル　*43*

F．英語コミュニケーション活動にはなぜ幹が必要か *46*

　　1. 単なる枝葉の寄せ集めは授業ではない　*46*

　　2. 幹ある授業の例　*46*

　　3. 授業の幹をなす3要素:
　　　　どこから、どこへ向かって、どのようなルートで　*47*

G．日本語コミュニケーションと英語コミュニケーション活動の関係
　　.. *50*

　　1. 現代日本のコミュニケーション状況　*50*

　　2. これからのコミュニケーション教育のあるべき方向　*53*

第Ⅰ章のまとめ　*54*

第Ⅱ章　英語コミュニケーション活動の基本形

A．コミュニカティブな集団育成の原理 *60*

　はじめに　*60*

　　1. 仲間と学び合える場をつくる　*61*

　　（a）教師が持つべき視点　*62*

　　（b）居心地のよい集団　*63*

　　（c）自学自習のできる集団　*65*

　　2. 折り紙で成功体験　*68*

B．話す気にさせる力学の原理 *70*

　　1. ギャップの原理　*70*

　　（1）インフォメーション・ギャップ　*71*

　　（2）オピニオン・ギャップ　*72*

　　（a）ギャップ活動の意味づけ例:「相性テスト」　*73*

（b）ギャップ活動の意味づけ例: Ken's Love　73
　　（3）イマジネーション・ギャップ　76
　　　（a）イマジネーション・ギャップ活動の例: My Dream School　76
　　　（b）イマジネーション・ギャップ活動の例: Talk and Listen　78
　　　（c）イマジネーション・ギャップ活動の例:
　　　　　「何でも消せる消しゴム」　80
　2．タスクの原理　81
　　a．問題解決型（problem-solving）のタスク　82
　　b．立案型（planning）のタスク　83
　　c．作品完成型（completing）のタスク　86
　3．ディベートの原理　91
C．活動タイプによる分類　93
　1．描写（Describing）と言い換え（Paraphrasing）　94
　　（1）絵の描写（Picture Description）　94
　　（2）言い換え（Paraphrasing）　98
　2．会話リレー（Relayed Conversation）　102
　3．言い換え作文（Guided Composition）　104
　4．言い換え会話（Guided Conversation）　106
　5．インタビュー　108
　6．名刺交換会　111
　7．絵や図を使ったインフォメーション・ギャップ活動　114
　　（1）絵のちがいを探す活動　114
　　（2）絵を完成する活動　116
　　（3）相手の描いた絵を再現する活動　116
　　（4）地図を使った活動　120
　8．表を使ったインフォメーション・ギャップ活動　124
　9．Show and Tell　126
　10．ポスター・セッション　130
　11．Talk and Listen と Active Listening　135
　12．スキット作りとジョーク作り　136
　13．チェーン・レター　141
　14．リレー・ノート　148

15. トライアングル・ディスカッション　*156*
16. "I Know You."（Let's get to know each other.）　*163*
17. マイクロ・ディベート（3人で行うディベート）　*166*
18. ジグソー学習　*171*
19. インタラクティブ・ライティング
　　──多くの意思決定と交流がある改良型 peer reading の方法　*178*
　（1）インタラクティブ・ライティング 1:
　　　「人生相談への回答書き」　*178*
　（2）インタラクティブ・ライティング 2:
　　　For or Against（賛成か反対か）　*187*
　（3）インタラクティブ・ライティング 3:
　　　問題投書へのコメント（Responding to Controversial Articles）　*190*
　（4）インタラクティブ・ライティング 4:
　　　外国人からの "Why?" に答える　*193*
　（5）インタラクティブ・ライティングを平常授業に
　　　どう組み込むか　*197*
　（6）教師フィードバックのあり方　*197*
20. Strategic Interaction　*201*
　（1）Strategic Interaction の原型　*201*
　（2）Strategic Interaction 導入の筋道　*210*
　（3）上級向き Strategic Interaction のシナリオ集　*212*
　（4）中学・高校での Strategic Interaction を取り入れた授業　*217*
　　a. 初級者用 Strategic Interaction 作成の方法　*218*
　　b. タスク・タイプの分類表記の方法　*219*
　　c. 初級者用 Strategic Interaction の各種例　*220*
　　d. 中学・高校用 Strategic Interaction のやさしいシナリオ集　*235*

D. ペア・グループ編成と座席配置の原理　*246*

1. ペア学習、グループ学習が有効に働く原理　*246*
　（1）ペア学習を始める「きっかけ」となったこと　*246*
　（2）なぜペア学習なのか　*247*
　（3）ペア学習の落とし穴　*248*
　　Q1. どのようにしてペアを作るか　*249*

Q2.　2で割り切れないクラスがある時はどうするか　*249*
　　Q3.　どれくらいの間、同じペアでやるのか　*250*
　　Q4.　学習差のあるペアを作ることを「差別」と考える生徒は
　　　　いないか　*250*
　　Q5.　ペア学習の途中の指導では、何を心がけているか　*250*
　　Q6.　始業前にペア学習を始めたいが、どういう課題を
　　　　与えればいいか？　*252*
　　Q7.　「生徒の意欲を高めるコツ」は何か　*253*
　（4）　ペア学習で何を鍛えるのか　*253*
　（5）　ペア学習のゴールは何か　*255*
 2.　ペア・グループの座席配置の原理
　　──学級集団を学習集団に高めるために　*256*

第Ⅲ章　コミュニケーション能力育成の中長期的デザイン

 1.　幹の必要性　*260*
 2.　3本の枝の働き　*261*
 3.　Strategic Interaction 的活動の構成と意義　*263*
 4.　英語力養成の中長期的モデルは BICS, CALP で説明できるか　*265*
 この章のまとめ　*267*

第Ⅳ章　英語コミュニケーション活動の Q&A クリニック

 A.　シラケてどうにもならないクラス、どんなに荒れてシラケた
 　　授業でもプラスに転化できる *270*
 　（1）　なぜ、シラケるのか　*270*
 　（2）　荒れた学校で学んだこと　*271*
 　（3）　シラケるクラスにキーパーソン的存在がいたらどうするか　*272*
 　（4）　生徒のシラケに負ける教師と勝つ教師のちがいは何か　*274*
 　（5）　授業がシラケるのには理由がある　*275*
 　（6）　セルフ・エスティームが高まらないと学力は伸びない　*276*
 　（7）　良さを褒める間接的指導　*277*

（8）　教師の遊び心が生徒の心をひらく　*279*
　（9）　シラケを克服する5つの方策
　　　　──授業を明日から変身させるために　*281*
　（10）　人をやる気にさせる公式　*284*
B．達人の真似をしてやってみたけれど、うまくいかない 288
　（1）　自分の力以上の見方はできない　*288*
　（2）　技からアートへ　*288*
　（3）　Tailor make する力をつける　*290*

●コラム●

Experience Is the Best Teacher.　*20*
英語教師を何にたとえるか　*48*
教師として何に幸せを感じるか　*56*
「事実」ほど、相手が納得できるものはない　*90*
言霊（KOTODAMA）その1　*146*
言霊（KOTODAMA）その2　*162*
藤のつるは、くせがあるからこそ、素敵なクリスマス・リースになる　*204*
ガザへ行け　*286*
マギー司郎さんから学ぶコミュニケーション学　*292*

引用文献　*295*
あとがき　*299*
索引　*301*

第Ⅰ章
コミュニケーション活動はなぜ英語授業の核となるのか

はじめに

　今から30年ほど前までは、中学・高校の英語授業といえば、テキスト本文の日本語訳と、その範囲の重要文法事項の解説とドリルが中心を占めていた。しかし今日では、それに代わって英語コミュニケーション活動が授業の中心を占めている。これは発信型英語教育へと大きく転換した文部省学習指導要領外国語編の第5回改訂に端を発した動きで、この時から「コミュニケーション能力の育成」が外国語教育の目標の前面に掲げられるようになった。この傾向は中学校では圧倒的であり、高校でも文法訳読に頼る傾向は残ってはいるものの、少なくとも建て前上はコミュニケーション活動が中心であるべきものとされている。

　「英語コミュニケーション活動」とは、ゆるやかに定義すれば、「英語授業で、参加者同士(生徒と生徒、生徒と教師、生徒とALT)が、情報・意見・意向や感情の授受のために、音声または文字を用いて互いに英語でやりとりを行うこと」を意味している。具体的に言えば、生徒がペアやグループや全体で、相互インタビューや対話、討論、タスク活動や発表を行うことを意味する。

　では、なぜこうした活動が、生徒の英語力を高めると言えるのだろうか。不完全な英語力しか持たない日本人同士が、教室で一斉に英語でしゃべりあい、教師がその英文の質を十分にチェックできない態勢の中では、むしろ誤りの習得につながりはしないか。同じ発信型英語教育でも、生徒のスピーチ原稿を教師が点検・添削し、十分に発音指導を行った上でのスピーチ実践の方が、生徒の英語力を高めるのではないか。我々はこうした疑問に耳を傾け、現在行われている「英語コミュニケーション活動」の質と成果を、厳しく問わねばならないだろう。ただ単に学習指導要領が奨励しているという理由だけで、コミュニケーション活動重視に走ったのでは、時流に流されているにすぎない。教師として、その原理と意義を理解した上で、信念を持って英語コミュニケーション活動を行うことが必要である。この第Ⅰ章はそんな観点から、英語授業で「コミュニケーション活動を行う必然性」を、理論面から検討してみたい。

A. コミュニケーション活動がなぜコミュニケーション能力を伸ばすと言えるか

　ここでは、「なぜ英語コミュニケーション活動が英語コミュニケーション能力を伸ばすか」の理論的根拠を考えてみよう。コミュニケーション能力を、ここでは Canale and Swain (1980) の説に基づいて、次の4つの下位能力から成るものとしてとらえることにする。

表1　コミュニケーション能力の下位能力

日本語名称	英語名称	定　義
文法能力	Grammatical competence/ Linguistic competence	語彙、文型、文法、語法、音声、文字などの言語形式を操作する能力。
談話能力	Discourse competence	いくつかの文を有機的に結び合わせて、全体としてまとまりのある首尾一貫した内容を書いたり話したり、理解する能力。
社会言語能力	Sociolinguistic competence	言語が使われる社会的文脈を理解し、その場にふさわしい言い方で表現したり、メッセージを理解できる能力。場面における発話の適切さを判断する能力。
方略能力	Strategic competence	自分の限られた言語能力をフルに活用して、コミュニケーションを成立させるために、他の言語からの借用、身振り、代用表現、聞き返し、話者コントロールなどの方略を用いる能力。

　英語コミュニケーション能力とは、これらの下位能力を駆使して、情報・意志・感情・意向などを英語で相手に伝達する能力と定義される。
　それではなぜ先ほど定義したコミュニケーション活動が、英語コミュニケーション能力を伸ばすと言えるのだろうか。包括的に言えば、現在の外国語教育法の主流である Communicative Language Teaching (CLT) の主張がその根拠となっている。以下に CLT の主張を大きくくくってみよう。

　（1）　言語は、それを実際に使用することによって、最も効果的に習得さ

れる。
（2）したがって、言語の授業では、生徒が目標言語を実際に使用して情報や意味を伝達し合う活動が中心となるべきである。
（3）コミュニケーションは、伝達の目的やニーズがないところには起こらない。つまり、互いに相手が何を言うか、あらかじめわかっているとしたら、コミュニケーションは生起しない。
（4）したがって、伝達の目的やニーズを教室にどうつくるかがコミュニケーション活動の成否の鍵を握る。
（5）伝達の目的やニーズは、ギャップの原理によって生み出される。つまり、お互いが持つ情報や意見にギャップがある時に、それを埋めようとして伝達の必要が生まれる。
（6）コミュニケーション活動の成否は、伝達目的が果たされたかどうか、伝達ニーズが充足されたかどうかで判断すべきである。

　上記 (1)、(2) はコミュニケーション活動の効果に関する部分、(3)～(6) はコミュニケーション活動の成立条件に関する部分である。
　さらには、CLT 理論の中で次に述べる 3 つの hypotheses (仮説) が、より具体的にコミュニケーション活動の効果を根拠づけている。

1.　インプット仮説から言えること

　インプットとは、音声または文字による言語の入力のことである。インプット仮説 (Krashen and Terrell, 1983) によれば、人は理想的なインプット (現在の習得レベルをほんのわずか上回るインプット) を読んだり聞いて、それを理解することにより、言語習得が促進されるという。つまり、理想的なインプットが多く与えられれば、それだけ習得が促進されることになる。教室で生徒同士がコミュニケーション活動を行うと、ちょうど習得レベルが接近した者同士なので、現在の習得レベルに近い言葉をやりとりすることになる。また、インプットに耳を傾けるためには、生徒にとって興味の持てる内容のインプットでなければならないが、クラスメートの発話は同年代の者ならではの共通関心事を含みやすく、それだけ関心を引きつけるインプットが得られる。
　Krashen の提唱した仮説のうちいくつかは、その後批判を受ける部分もあったが、インプットの重要性を指摘したこの仮説は、今日も広く支持されている。

2. アウトプット仮説から言えること

　アウトプットとは、他者に対して音声または文字で言葉を発信することを意味する。言語を習得するためには、ただ単にインプットを理解するだけでは不十分だということを指摘したのがアウトプット仮説（Swain, 1995; Gass, 1997; Pica, 1994）である。受信のみでは育てられず、発信してはじめて育てられる能力として、アウトプット仮説は次の4つを指摘している。

（1）　発信してはじめて、学習者は目標言語の構造と意味についての自分の仮説を実際に試すことができる。
（2）　発信してはじめて、相手からフィードバックが得られ、それによって自分の仮説が正しかったかどうかが検証できる。
（3）　発信の機会が多いほど、学習者の発話が自動化し、学習者が発話に熟達する。
（4）　受信の際には学習者の注意力は意味に集中し、語順には関心が払われていない。したがって受信だけでは語順の能力は育たない。発話してはじめて学習者の注意が語順に向けられ、語順の能力が向上する。（Gass, 1997）

　コミュニケーション活動では、生徒が英語をアウトプットする機会が飛躍的に増加する。たとえば生徒が1人1分ずつ話すためには、4人ずつのグループ編成で会話を行えば4分ですむが、これをクラス40人の講義式授業で行った場合には、40分かかる計算になる。

3. インタラクション仮説から言えること

　インタラクションとは、聞き手と話し手の相互の言語的やりとりのことである。インタラクション仮説（Gass, 1997）によれば、学習者の言語能力を育てるには、インプットとアウトプットだけでは不十分であり、インタラクションが必要である。インタラクションの中で、学習者は最も効果的に相手から理解可能なインプットを引き出し、相手に向かって自分の言語仮説を試し、それに対するフィードバックをもらい、それによって自分の言語仮説の正しさを検証・修正することができるからだ。こうしたインタラクションの中でも特に重要なのは、意味交渉（negotiation of meaning）だと言われる。意味交渉とは、互いの話をもっとよく理解するために、不明な語の意味を質

問したり、相手の理解を確認したり、うまく通じていない部分の意味を話し合って解決する言語的やりとりのことである。"What do you mean by 〜?"、"Do you understand?"、"Could you explain it in other words?"、"Do you mean 〜?" などは、代表的な意味交渉の表現である。

　教室で生徒同士が少人数で話し合うコミュニケーション活動は、こうしたインタラクションを生み出すのに適した機会を提供する。生徒同士なので遠慮することなく、自分の言語仮説に基づいて新しい文を作って相手に話しかけられる。また聞き手は遠慮なく相手の発言に対して意味交渉の質問を投げかけられる。

4. 本物のコミュニケーション活動とそうでないもののちがい

　それでは、ペア・グループ・全体での発表・インタビュー・対話・討論・タスク活動を行えば必ず英語コミュニケーション能力が育成できるのだろうか？　実は必ずしもそうではありえない。「コミュニケーション活動」と銘打って教師は取り入れているけれども、実は次のように破綻している場合がある。

（1）たとえ教師がコミュニケーション活動を指示しても、生徒が活動に入ろうとしない。たとえば「4人のグループに分かれて机を寄せて向かい合いなさい」と指示しても、無視して動こうとしない。

（2）生徒が一応表面上はコミュニケーション活動に参加する振りをするが、実際には活動しない（たとえば日本語で私語を交わしてお茶をにごし、教師が巡回して来た時だけ英語でやっている振りをする）。

（3）英語を使ってタスクを果たすように指示したにもかかわらず、もっと短絡的方法（日本語を使う、答を見せ合うなど）を使ってタスクをすませて良しとする。

（4）生徒は英語で話しているが、その話し方に聞き手への配慮がなく、相手に聞こえない小さな声で、英語から逸脱した発音・リズムやイントネーションで、難解な単語を並べて一方的に原稿を読み上げ、相手を置いてきぼりにしている。また、聞き手の方も、理解できないのに、インタラプトして意味交渉を行うことをせず、ただ黙って相手が話し終えるのを待ち、自分の番が来たら相手のさっきの発言をまったく踏まえずに自分の原稿を読み始める。ただ単に儀式的に言葉を発しているにすぎず、コミュニケーションは成立していない。

上記(1)、(2)、(3)は活動そのものが行われておらず、何の役にも立っていない。(4)は一見活動が行われているように見えるが、これでは、インプットは理解されず、アウトプットでの仮説検証は成立せず、インタラクションでの意味交渉は起こらない。自分だけの不完全なアウトプットがあるだけで、あとは時間の無駄に近いと言える。実は英語コミュニケーション活動はそれほど成立が難しいものだと言えるのである。

　大学1年生を対象にした高校英語オーラル・コミュニケーション(当時必修科目、以下OCと略)の実施状況調査(加藤、2004)によれば、調査学生369人中、OCで本当にOCを習った者は236名(全体の64%)であった。この236名に、OC授業は役に立ったかと問うたところ、下記のような回答であった。

役に立った	19人（8%）
役に立ったと思う	78人（33%）
どちらとも言えない	55人（23%）
役に立たなかったと思う	48人（20%）
役に立たなかった	36人（15%）

OCはまさに、コミュニケーション活動を中心とした授業を目指して設置された科目である。そのOC授業体験者で積極的にOCを評価している者は236人中97人(41%)しかいない。「役に立たなかった」と回答した学生が84人(36%)おり、その理由は、「教師が一方的にしゃべるだけだった」「会話していてもすぐに日本語を使ってしまう」「ゲーム等での授業進行となっていたが、本気で受ける人はほとんどいなく、ただの休み時間状態だった」「小学生レベルの授業だったと思う」「一対多数のオーラル・コミュニケーションは一見効率が良さそうだが、緊張感の低下により効率が悪い。よっぽどラジオ相手にしゃべった方がまし」などであり、活動の不成立をうかがわせる。

　それでは、何が成否を分けているのだろうか。筆者はその鍵が「コミュニケーション」の真正性(authenticity)にあると考える。すべての人間は、自分を他人に伝えて理解されたいと欲している(Rogers)。これは人間の根源的欲求であり、この点では「コミュニケーションなんかしたくない」と本気で思っている人は1人もいない。英語コミュニケーション活動が、すなおにこの欲求に応えるものであれば、それは根本的に成立する。言い換えれば、

その英語コミュニケーション活動に参加したら、心がスッキリした、クラスメートに受け止めてもらえた、クラスメートと前より仲良くなれた、お互いに理解を深められた、人間として成長した、仮に仲良くなれないとしても相手の存在を前より肯定するようになった、そういう関係の向上が期待できるなら、その活動は成立するのである。

時に、「うちの生徒は英語でコミュニケーションする意欲がまったくない」と言う先生がいる。その先生には、昼休みの生徒たちの様子を虚心に見てほしい。休み時間の生徒たちは、とても一生懸命に友達と輪になって、ワイワイキャーキャーと、一心不乱にコミュニケーションに没頭している。時には授業にすら、そんなコミュニケーションを持ち込んで、先生に叱られているくらいだ。生徒はコミュニケーションに飢えている。ところがこんなに大きなコミュニケーション動機を、英語授業で汲み上げることができていないだけの話なのだ。

5. 本物の英語コミュニケーション活動の3条件

英語コミュニケーション活動に生徒がそっぽを向き、乗ってこないのは、その活動が本当は英語の文型や表現のドリルにすぎず、何ら互いに伝達する意味がないことを生徒が見破っているからである。つまり、活動が本当にはコミュニケーションを伴っていない、にせもののコミュニケーションつまり「コミュニケーションごっこ」にすぎないからである。伝える必要のないことを、日本人同士がわざわざ不便な外国語で、恥ずかしい思いをして話すことは、生徒にとって虚しく苦痛にすぎないのだ。

成立の鍵は「本当に必要なコミュニケーション」の発掘にある。それでは、英語を使った「本当に必要なコミュニケーション」とは何なのか。これについて Richards and Rodgers (1986, pp. 72–73) は、第二言語習得を促進するための活動に必要な条件として、

① 本当のコミュニケーションを生起させるアクティビティを用いること
② 意味あるタスクを達成するために言語を使用するアクティビティを用いること
③ 学習者にとって意味深い言語を扱うこと

を挙げている。つまり、英語コミュニケーション能力育成に寄与するアク

ティビティは、「英語コミュニケーション活動」と銘打っていればどんな活動でもよいというわけではなく、あくまでも上記の3条件を満たした場合に限られるのだ。

しかし、これにはまだ議論の詰めが必要である。

上記①の「本当のコミュニケーション」とは何なのか。たとえば英語のネイティブ・スピーカーと話さなければ本当のコミュニケーションとは言えないのか。

上記②の「意味あるタスク」とは何なのか。何でもいいから意味内容が含まれていれば意味あるタスクと言えるのか。

上記③の「学習者にとって意味深い言語」とは何なのか。生徒の興味関心事に直結した言葉のことか。あるいは生徒の今の心の叫びを英語にすることか？

実は、ここ20年ほど日本に輸入されてきた Communicative Language Teaching の理論では、こうした詰めの部分が、しっかりと解明されていない。こうした詰めは、英語を母語として話す国々ではあまり必要のないものであり、むしろ実際に教育を行う現地（つまり日本の中学・高校）の生徒、教師、文化、教育制度に合わせて、現場教師の智恵を集大成して行うべきものであり、本家本元は日本にあるものである。いくら輸入本の中を探したところで、見つかるものではない。本書は、この詰めを行うことを志している。本書の全編を通して、さまざまな角度からこれらの問いに答えてゆきたい。

B. 英語コミュニケーション活動はなぜ楽しいか
——心に自由を、欲求に出口を

本書の著者3名（中嶋、池岡、三浦）は、英語コミュニケーション活動に大きな意義を見出し、これを授業でこよなく重視している点で共通している。なぜか？　それは、コミュニケーション活動を生徒の持つ基本的欲求と接続することによって、生徒の心を開放し、生徒の莫大なエネルギーを学習へと導き出し、英語力を高めると同時に生徒を人間的に大きく成長させることができると考えるからである。以下、ロジャーズ、マスロー、オースベルの心理学理論を参照しながら、欲求とコミュニケーション活動の関係を考察して

みよう。

1. カール・ロジャーズに学ぶ

　カウンセリングの創始者、カール・ロジャーズ（Carl Rogers）は、教育の最終目標が断片的知識や技術の切り売りではなく、生徒の持てる可能性をフルに発揮した状態での、全人的な人間形成であることを主張した。そして、授業をそうした全人的発達をはかるプロセスと位置づけ、生徒自身の健全な自己理解の形成と、自己を他者へと伝達する活動が授業の中心となるべきだと説いた。

> we need to see to it that learners understand themselves and communicate this self to others freely and nondefensively. . . . . Classroom activities and materials in language learning should therefore utilize meaningful contexts of genuine communication with persons together engaged in the process of becoming persons.（Rogers in Brown, 2000, pp. 90–91）
> 教師は、学習者が自己を理解し、その自己を安心して自由に他者に伝えられるように配慮すべきである。. . . . それゆえ、言葉の授業におけるアクティビティや教材は、意味ある場面で行わなければならない。それは、ひとかどの人物として育ちゆくプロセスにある者同士の本物のコミュニケーションという、意味ある場面である。（筆者訳）

　ロジャーズの主張を英語教育に適用するならば、英語でどう自己を理解し、その自己をどう他者に伝達してゆくかを磨くことが授業の中心たる長期目標だと言える。すなわち、それが英語授業の幹である。

2. マスローに学ぶ

　A. H. マスロー（Maslow, 1954）は、人間の基本的欲求を、表2にあるような5つの階層で表した。これら5つの欲求は、誰に強制されずともすべての人間に自然にわきあがってくる欲求であり、止めようとしても止められない大きなエネルギーを持つものである。したがってこの欲求を学習へと導くことができれば、学習は大いに促進されることになる。本項では、5つの欲求と学習動機との関係を、英語授業に関連づけて考察してみたい。

表2 マスロー（1954）の基本欲求階層説

自己実現の欲求
承認の欲求
所属と愛の欲求
安全の欲求
生理的欲求

（1）生理的欲求

　これは食欲、排泄欲、睡眠欲、性欲といった、生物的次元の欲求である。この欲求が学習へと結びついた例としては、人類祖先の農耕技術の発達があげられる。人類は、飢えることなく常時食料を確保したいという生理的欲求から、農耕文明を発達させたのである。生理的欲求をじかに英語学習動機に結びつけることはあまり考えられないが、生徒の学習成立基盤として生理的側面の果たす役割は非常に大きい。規則正しい食事と睡眠の大切さに加え、生徒には以下の点を強調しておきたい。

（1）脳が活性化するには、朝起床してから2時間以上経っていることが必要である。したがって始業時から逆算して2時間以上前に起床することが望ましい。

（2）一般的に言って、朝排便をすませておいたほうが、脳の働きが良い。最初は出なくても、毎朝一定時間トイレに座ることによって、腸に朝排便する習慣をつけることができる。

（3）脳が性能をフルに発揮できるのは、頭部が直立している時である。机に伏したり頬杖を突いた姿勢では脳の働きは低下する。勉強中背筋を伸ばせと言われる理由はここにある。背筋を伸ばしていられない人は、背筋力が不足しているので、筋力トレーニングを行うとよい。

（4）脳が働くにはカルシウムが大量に必要である。清涼飲料水を多量に飲むと、それに含まれる砂糖の消化にカルシウムが消費されてしまい、脳にカルシウムが行きわたらなくなり、学習効果が低下する。

（2）安全の欲求

　これは身体的・精神的攻撃や危険からの自由、不安や恐怖からの開放の欲

求である。この欲求が学習動機につながった最大の例は、医学や軍事の発達である。病気や怪我や死からの開放欲求は、人類の高度な医学・薬学の発達の原動力であった。英語授業との関連で言えば、生徒が安心して発言できるクラス作りが、この欲求充足のために必要である。何か言ったために、あとでクラスメートや教師にそのことで攻撃されるようなクラス状況下では、いくらコミュニケーション活動を設定しても生徒は恐ろしくて参加できない。授業中の安心感と言えば、まず教師自らが、生徒に恐怖や屈辱を与えていないか、反省しなければならない。よく、「怒る」ことと「叱る」ことを区別せよと言われるように、叱る必要がある場合には、伝えるべき内容を冷静に明確に生徒に説いて聞かせ、「だからお前は駄目なんだ」というような人格を攻撃する叱り方をしてはならない。「ここを直してごらん、そしたら君はもっと魅力的になるよ」というような援助的叱り方をされると、人はすすんで改めるものである。

　生徒間の関係が悪いと、安全の欲求が脅かされ学習は停滞する。筆者も昔高校教師だった頃、ボス的な生徒グループが他の生徒を罵倒するクラスで教えたことがあった。そこで筆者は「この授業では、誰でも安心して発言する権利がある。他人の迷惑にならないかぎり、この権利を妨害することは許さない」と最初に宣言し、何度も何度もそれを説いて聞かせ、他人の発言をやじるなどの妨害行為が出るたびに、静かに、しかし断固としてこれを批判し続けて、半年かかって安心して発言できるクラスにした。

　安全の欲求で忘れてならないのは、教科の成績の出来・不出来で人間的価値を否定される恐怖である。学習年齢が進めば進むほど、生徒間の学力差は大きくなる。中学3年生ともなると、今やっている英語授業がほとんど理解できなくなってしまった生徒が、クラスに少なくとも1割はできてしまう。英語教師は、こうした生徒が毎回の英語授業で、「自分は駄目だ」「自分は無能だ」「こんな成績で将来生きてゆけるだろうか」といった自己卑下、無力感、挫折感、不安を抱えていることを察しなければならない。一般に英語教師は、自分が昔から英語が得意だった人が多く、そのために英語の苦手な生徒の気持ちがわからないようだ。それゆえ、ついつい「英語ができない奴は21世紀では生きてゆけないぞ」などという無神経な言い方をして恐怖心をあおりたててしまう。こういう時は、自分が最も苦手だった教科の授業を受けている姿を想像してみるとよい。たとえば筆者は、中学生の頃体育授業が

大嫌いだったので、体育を受けている自分の気持ちになってみる。すると、鉄棒から落ちる恐怖や、体力テストで女子の前をビリで走る屈辱感がイメージできる。それを英語に置き換えてみるのだ。そんな筆者が、50歳を越えた今では、昔体育で習ったラジオ体操や長距離走、筋力トレーニングのおかげで健康を維持しスキーを楽しんでいるのだから、体育はありがたいものである。生まれつき足の速い生徒と遅い生徒がいる。努力しなくても運動神経抜群の生徒もいれば、どんなに頑張っても運動の苦手な生徒もいる。運命が与えた個人差というものは、確かに存在する。だが、こうした生得性などは、その後の人生の決定要因のほんの1つにすぎない。長期的に言えば、素質よりも継続的努力の方がはるかに力になる。だから教科指導というものは、生徒が一生かけてその教科を愛好してゆく素地を作ってやればよいのである。

　英語の場合も、もともと語学センスのある生徒もいれば、語学が苦手な生徒もいる。努力だけではカバーしきれない素質差というものは確かに存在する。中学3年生ともなれば、学力差は歴然と開いてくる。しかし「学力」は英語授業で養うべき力のほんの一部にすぎない。たとえば Show and Tell という活動を考えてみよう。自分にとって意味深い品物を提示しながら、それについて英語でクラスに語る活動である。ある生徒は、内容的アピールで光っている。ある生徒は英文の洗練さが見事である。またある生徒は、内容のユニークさが際立っている。そしてある生徒は、トークの面白さで光っている。ある生徒は、用意した絵が素敵である。このように、1人ひとりの生徒が、どこかで光るものを発揮している、それに教師が気づくことが大切なのだ。教師がそういう多元的価値観で自分を認めてくれたことを感じた時、生徒は英語が「できる」「できない」に過度にこだわらなくなる。「できないけど、頑張る」という姿勢がそこで生まれる。安全の欲求はこうして守られてゆく。

(3) 所属と愛の欲求

　人は誰しも、「ひとりぼっちになりたくない」「どこかのグループに所属したい」「人から愛されたい」「人を愛したい」と願うものである。毎年4月の新入学やクラス替えの時期には特に、生徒のこうした切実な欲求をつぶさに見ることができる。新しく入ったクラス、見知らぬクラスメート、見知らぬ

先生、そんな淋しさ・心細さの中で、生徒たちはおそるおそる互いに働きかけ、言葉を交わし、一刻も早く友達を作り、クラスに溶け込もうと一生懸命である。

　この欲求を英語授業へと導くことは、大変に有効なモティベーションとなりうる。生徒は、クラスメートともっと良く理解し合い、友好を築きたいと常に欲している。ただし、自己を危険にさらさないという条件付きであるが。このことを念頭に入れておけば、生徒が乗ってくるコミュニケーション活動はおのずと教師の頭に浮かんでくる。「今日はどうやって、生徒と生徒を出会わせようか」とアイディアを練り、実際に教室で生徒がうれしそうに英語で交流しているのを見ることは、英語教師の大きな喜びである。

（4）承認の欲求

　これは「自分が価値ある存在だと認められたい」「人から賞賛されたい」「自分で賞賛できる自分でありたい」と欲する欲求のことである。人は、欲する承認を勝ち取るためになら、どのような困難にも耐え、どのような危険をも冒すものなのである。

　昔、旅客機のフライトアテンダントから、こんな逸話を聞いたことがある。乗客の中に5歳くらいの男児を連れた客がいた。その男児は最初は狭い座席でじっと静かにしていたが、やがて耐えられなくなり、歩き回ったり叫んだり他の客にいたずらをし始めた。両親が静止しようとすると大声で泣きわめき、機内の厄介者となっていった。困り果てた両親のところへフライトアテンダントがやってきて、「坊や、元気ありそうだから、お姉さんのお手伝いしてくれないかな」と持ちかけた。フライトアテンダントは、坊やに自分と同じエプロンを掛けさせ、カートを一緒に押して、乗客におしぼりや飲み物を配るのを手伝ってもらうようにした。男児は乗客に「お利口さんね」と褒められ注目を浴びて得意になり、にわかに良い子に変身した。これは、マイナスの方向に発露されていた男児のエネルギーを、本人の承認欲求に働きかけて、プラスの方向に転化させた見事な例である。

　方向を失っていた承認欲求に正しい方向を与えることによって、承認欲求を学習エネルギーへと転換させた典型的な例が、今から20年ほど前の長野県・篠ノ井旭高校の実践（若林, 1996）に見られる。この学校は、全国から高校中退生の転入を初めて受け入れた高校であったが、受け入れた多くの生徒

たちは勉強そっちのけで町の暴走族と化してしまった。教師たちはその原因を必死に探求し、その原因が学力不振であることをつきとめた。生徒たちは、小学校5年生頃から落ちこぼれ、それ以後理解できないまま授業で取り残されてきたために、強い劣等感と将来不安に押し潰されそうになっており、そこからの逃避として暴走行為を繰り返していたのだ。非行をなくすには学力回復が必要だ、と教師たちは考えた。教師たちは、最も落ちこぼれの深刻な数学と英語で、学力回復に取り組んだ。数学は小学校5年レベルから、英語は中学校1年レベルから、学習段階別の少人数授業を10段階以上設け、全校の教師が教科を問わずどれかのクラスを担当して、生徒を希望するクラスに入れてやり直し授業を展開した。各レベルの授業は、全員が学習内容をマスターして上のクラスへ進級してしまえばその時点でたたんでしまう方式であり、この点で習熟度別学級編成とは異なっていた。

　小5で分数に落ちこぼれ、自分には能力がないと思い込んできた生徒たちだったが、この指導の中で分数の足し算・引き算ができるようになると、「先生、俺って馬鹿じゃないんだ！」と自分を見直していった。こうして、「自分もまんざらではない」という達成感・成功体験を積み重ねるにつれて、生徒たちはおのずと暴走行為から遠ざかっていった。自分に自信を持ち、将来に明るい見通しを持ちはじめた彼らには、もう暴走する必要はなくなったのである。

　英語という教科は、その得意・不得意によって、生徒の劣等意識を生みやすい教科である。これを解消させる道は、決して「目標を下げて低レベルで満足させる」ことではない。生徒の可能性を信じて、多少高くとも価値ある目標を設定し、それに向かって適切な援助と励ましを与えることである。篠ノ井旭高校の実践のように、個々の生徒の学力の現状を把握し、高いけれど頑張れば手が届く到達目標を設けて、それに向かって学習を援助するのである。こうした取り組みによって、「自分には到底無理だと思っていた学習が、自力で達成できた」という達成感が生まれ、「自分もまんざらではない」というプラスの自己評価が生まれ、承認の欲求が満たされてゆくのである。

（5）自己実現の欲求

　自己実現とは、「こうありたい」という理想の自分に向かって努力し、理想の自分になることである。人は普通、なりたい自分があるならば、おのず

とそれに向けて歩み出したくなるものである。自己実現欲求とは、そうした「なりたい理想の自分」になるために、「その実現に向かって努力したい」欲求である。たとえば、将来プロサッカー選手になりたいと思っている子供が、その実現に向けて「トレーニングしたい」「技術的指導を受けたい」「体力作りをしたい」と欲するならば、それが自己実現の欲求である。しかし、仮に同じ夢を持っていても、その実現のために何の準備もしようとしない場合には、自己実現欲求があるとは言わない。それは単なるあこがれにすぎない。

　自己実現の欲求は、本人の境遇や素質といったハンディを克服して、ものすごい奇跡を成し遂げてしまうものである。それほど、この欲求は力が強く、学習動機に導けば莫大な力となる。たとえばマラソンの有森裕子選手はマラソンにあこがれ、高校に入学してすぐに陸上部入部を願い出たが、その走りを見た顧問から「素質なし」として断られた。再三断られ続けた有森は監督に自分の力をアピールするために猛烈な自主トレーニングを行い、わざと陸上部の横で立派に走って見せるといった努力のつみ重ねによってついに陸上部入部を勝ち取った。貧農の子に生まれ手に障害を持ちながら伝染病治療の世界的権威となった野口英世、幼少時に父をアル中で失い母が精神錯乱で入院し、ロンドンで路上生活をしながら役者を志しついに世界の喜劇王となったチャールズ・チャップリンなど、世界の偉人にはこういう自己実現タイプが多い。

　筆者の知人の息子の A さんも、自己実現欲求で大躍進を遂げた 1 人である。A さんは中学校に入学してたまたま誘われて入った部活動が、非行少年の溜まり場になっていた。その使い走りをやらされて勉強をさぼりがちになり、素行面で教師たちににらまれてしまった。勉強に落ちこぼれたまま中学 3 年生になり、7 月の保護者会で「近隣の高校で合格できるところはありません」と担任に言い渡されてしまった。英語の成績は、3 年生 240 人中 220 番であった。困り果てた両親が筆者に相談に来て、筆者は夏休み中彼に英語の特訓を施すこととなった。

　最初に彼を教えた時、私は彼に将来の夢を聞いた。「飛行機が好きなんで、パイロットか航空管制官か航空整備士になりたいです」と夢を語った。「じゃあ、その夢を実現するために、先生と一緒に頑張って勉強するんだよ」、筆者はまずそう言いきかせた。自己実現欲求を勉強に向けるためであ

る。それから毎日、中学 1 年の教科書に戻って 1 パートずつ、内容理解 → スラスラ朗読 → 自分の訳文のみを見て英訳 → 制限時間内暗誦 → 制限時間内暗写、のやり方で教科書を完全消化させた。こうして 1 パートを完全に仕上げてから、次のパートに進む。最初は遅々としていた歩みが、徐々にスムーズになってゆく。10 日ほどで中学 1 年教科書を終了し、中学 2 年は難度が上がっているにもかかわらずそれよりも早く終了し、さらに中学 3 年の 7 月までの既習範囲を全部終えた。試験でビリを取っていた彼が、30 日足らずのうちに、中学 3 年教科書を何も見ずに正しい発音でスラスラ暗誦できるまでになっていた。

夏休みが明けて 9 月の実力テストで、A 君は 240 人中 80 番の成績を取った。続いて 10 月の中間テストでは、40 番台に入った。周囲の大人は彼の進歩に大いにびっくりしたが、最も驚いたのは彼自身だったようだ。「返って来た成績を見た時は、何かの間違いじゃないかと思った！」ともらしていた。あれだけのスピードで暗誦するには、家に帰ってからも相当な努力をしたにちがいない。

英語ができるようになったという自信は、A くんの生活全体を前向きなものに変え、彼は最初は不可能と言われていた近隣の高校に合格した。高校入学後は難関の航空管制官の道に進み、今も現役管制官で活躍している。彼の自己実現欲求は、中学 3 年までの英語の成績のハンディを凌駕して余るほどの大活躍を見せたのである。

学習者にとって意味深い言語とは、このようにして生徒の基本的欲求の蛇口にホースをつなぎ、欲求のエネルギーを生産的・建設的発露へと導く言語である。

3. オースベルに学ぶ

D. P. オースベル（Ausubel, 1968）らの提唱した人間の精神的欲求 9 項目は、生徒がどのような学習活動を好むかを説明するのに役立つ。総括的に言えば、表 3（p. 18）にあげたオースベルによる 9 つの欲求のどれかを適切に満たしていれば、学習活動は成立すると言える。

それでは、これら 9 つの精神的欲求を満たすような英語学習活動とは、どのようなものだろうか。筆者はオースベルの説を表 4（p. 19）のようにふくらませて考えている。

表3　オースベルらの精神的欲求（Ausubel et al., 1968, pp. 397–431）

欲求一覧	日本語訳
need for acceptance and praise	人から受け入れられ賞賛されたい欲求
need for collaboration	人と一緒に働きたい欲求
need for self-expression	自己を表現したい欲求
need for ego enhancement	自己を高めたい欲求
need for exploration	探求・探険したい欲求
need for manipulation	習った事柄を操作してみたい欲求
need for activity	活動したい欲求
need for stimulation	刺激を求める欲求
need for knowledge	知識欲

意味ある学習活動とは、こうした学習者の欲求に応える活動である。

4. 外国語使用で拡がる自由

　英語で話させると、生徒は普段の自分よりもっとオープンに自分を表現するという傾向がある。Guiora（1975）は、新しい言語の獲得には、新しい言語自我（language ego）の獲得が連動すると述べている。この説に従えば、英語という新しい言語の獲得は、生徒に Japanese language ego に加えて新たに English language ego を生み、後者の language ego が生徒をよりオープンにしてゆくと考えられる。これは特に心理学者の説明を待たずとも、多くの教師が経験的に広く認めている傾向である。外国語で交流するということは、fictitious atmosphere（仮想世界の雰囲気）をかもし出し、それが生徒をより自由にさせると考えられる。実際、日本語では気恥ずかしくて言えないような事柄も、生徒は英語では抵抗なく発言している。たとえば後述の「名刺交換会」（p. 111 参照）では、大学1年生の教養英語授業で、学生が自作の英語名刺を互いに交換しながら自分の専攻、出身地、自己イメージ、興味関心事、呼び名について、嬉々として英語で話し合っている。終了後の感想では、「入学して1ヵ月、なかなか友達ができずにいましたが、この活動のおかげで何人も新しい友達ができました」と感謝の声が寄せられる。もしこの活動を日本語で行ったとしたら、これほどに自由に学生は未知のクラスメートに話しかけはしなかっただろう。

表4　オースベルらの精神的欲求の英語学習版

欲求一覧	どのような学習活動がこの欲求を満たすか
need for acceptance and praise	安心できる受容的雰囲気の中で、生徒が自分自身や自分の考えをクラスメートに向かって発表し、互いの良さを教え合う活動。
need for collaboration	グループやペアで助け合い協力してタスクを仕上げる活動。
need for self-expression	言い換え作文（guided composition）、言い換え会話（guided conversation）, opinion poll, 自由英作文、show and tell、スキット製作、ドラマ化など、英語の形態的出来のみでなく内容的・表現的価値が正当に評価される活動。
need for ego enhancement	達成感や成功体験を多く体験させ、「自分もまんざらではない」と実感させる活動。
need for exploration	「ここはなぜこうなるのか？」「これを表現するにはどういう英語にしたらよいか？」「テキストのこの話題についてもっと知りたい」といった生徒の疑問を積極的に受け入れ、クラス全体にその疑問を投げかけ、生徒に仮説を提案させ、文献や実例で検証してゆく探求型の授業運営。
need for manipulation	習った言語事項を実際に使って楽しむ活動、実在の人物に手紙を書く等、言語使用場面が本物に近ければ近いほど効果的である。
need for activity	1時間中じっとして教師の話を聞いている授業ではなく、学習事項を動きや対話や練習で確認するプロセスのある授業。
need for stimulation	端的に言えば「飽きのこない」授業。わかり切ったことの繰り返しを避け、生徒にとって新しい発見や知的刺激のある授業。
need for knowledge	今までできなかったことを、できるようにしてくれる授業。自力では理解できなかった学問を、理解できるようにしてくれる授業。

　金森（2003）は小学校における英語活動が、日本語で級友たちとうまくコミュニケーションが取れない児童たちに、いかにコミュニケーション意欲を喚起しうるかを次のように事例報告している。

　母語によるコミュニケーション活動をとおしてこそ「自尊心」、「他者尊

重」は育てられるべきであるはずなのだが、現在の家庭環境、教育制度においては、容易に行われることではない。(中略) 幼児期に持つべきであった意思疎通、自己表現の機会の欠如こそ取り戻さなければならない体験であると考える。実際、英語活動を行っている児童の顔はほかの授業では見られない輝きを見せる。(金森, 2003, p. 13)

外国語使用がもたらすこの自由な雰囲気を上手に活用することが、コミュニケーション活動成功の1つの秘訣である。生徒はこの自由と、その中での新しい出会いを求めている。

●コラム●

Experience Is the Best Teacher.

　これからお話しすることは、教師として私が体験したことであり、これからの若い先生方の生き方の参考になればと思う。

　採用試験に合格して、普通科の英語の教師になれると思いこんでいた私に連絡があったのは、盲学校からであった。電話を切った後、今まで経験したことのないくらいの涙があふれ、止まらなくなった。中学生の頃より、教師に憧れ、英語を教えることが教師だと思っていたからだ。しかし、それは、自分では気づかなかった差別性を証明する涙でもあった。

　盲学校では、生徒1人ひとりに応じた教材・教具が必要であり、点字もわからない私にとっては、苦労の連続であった。しかし、それは新しい発見の連続でもあった。他にも、腐葉土を作るための落ち葉拾い、調理実習補助、体育補助、トイレ介助等、毎日いろんな活動を行った。そんな日々を送りながら、教師として、個を大切にしながら生きることを学んだ気がする。盲学校での体験は、私の教師観を変えたといっても過言ではない。

　それから、進学校に転勤ししばらくして、私は、Mの担任となった。彼は、筋肉が萎縮していくという難病をかかえながらも、3年間夢をあきらめず、そして、ついには国立大学の合格を手に入れた生徒であった(彼の要望で、当時の新聞には一切掲載されなかった)。

　高校2年生のある日、彼は緊急入院することになった。自力呼吸ができなくなったのだ。自力呼吸ができなければ、人工呼吸に切り替えるしかない。それは、彼から声を奪ってしまうことでもあった。病院に駆けつけた時、母親の目から涙があふれていた。「あの子、私に『殺してくれ』と言っ

C. 英語コミュニケーション活動は なぜ SELF を形成するのか

　人には、見る自分と見られる自分がある。SELF とは前者が後者を見る見方、すなわち自己意識である。SELF とは、

> an aspect of personality that consists of a person's view of their own identity and characteristics. A person's sense of his or her self is formed as a result of contact and experience with other people and how they view

たんです。『声も奪われ、手足の自由も利かず、1 人で死ぬこともできない』」と。何もできないことがたまらなかった。術後、毎日のように見舞いに行った。「生きろ」と伝えたくて。2 ヵ月後、無事退院できた。そして、彼の目標は、国立大学に合格することになった。学校に来ることが困難になっていた彼に、毎日授業を録画し、そのテープを届けた。他の先生方も家庭訪問をして、ボランティアで勉強の手伝いをしてくれた。みんなが彼を支えようと一生懸命だった。大学入試は、長い交渉の末、センター試験も二次試験も、私が彼の口の動きだけを読み取って答案をつくるという条件で認められた。そして、合格。彼は現在も生き続けている。
　現在、私は、附属に勤めている。たまに「附属の生徒はよくできるのでうらやましい。うちの生徒などは ...」という話を聞くことがある。正直、そのような先生に出会うと残念に思う。高橋一幸氏 (2003, p. 188) の「『うちの生徒には無理』と教師が思った瞬間に、生徒たちの持つ可能性の芽は枯れる」の言葉を読んだ時、まさしくその通りだと思った。附属には、附属の抱える問題がある。我々は、世間的に言う有名大学、難関大学に合格させればよいという短絡的な教育活動はしていない。着任した当初、担任した生徒が、最初の面談で医学部を志望する理由を「楽に金儲けになる」と真顔で述べた。私は、その言葉に愕然とすると同時に、「詰め込み教育の被害者」であると思った。「生命」に対する心がまったく育っていないのである。彼には、3 年間を通して、「人のために生きる」ことを説いた。そして、彼は日本で一番難しいとされる医学部に合格した。学校を去る時、「人のためになれる医者を目指します」と彼は言ってくれた。彼の合格は、彼自身と保護者、そして我々教師のたゆまぬ努力の上に成り立っていると信じたい。
　　　　　　　　　　　　　　　　　　　　　　　　　　（池岡　慎）

and treat the individual.（Richards, Platt and Platt, 1993）

と定義され、SELF は他者とのコンタクトを通じて、他者の自分に対する処遇や自分に対する見方によって形成されるという。類似した語に EGO があるが、EGO が利己的なニュアンスを持つのに対して、SELF は利己性・自己中心性を含まないので、本書では SELF を使うことにする。我々がコミュニケーションを行う時、Self-recognition（自己認識）、Self-acceptance（自己受容）、Self-image（自己像）、Self-esteem（自尊心）、Self-discipline（自己規律）、Self-disclosure（自己開示）、Self-assertion（自己主張）といった心的活動を動員しており、まさに SELF の存在なくして人間同士のコミュニケーションはありえない。

外国語でコミュニケーション活動を行うことは、外国語の世界に生きる新しい SELF の形成を促進する。そればかりか、こうして形成される外国語の SELF つまり Second-language Self が、母語の SELF と内的に対話し、それによって母語の SELF も成長する。

松畑（2002）はこの SELF の形成こそが、日本における英語教育の目標でなければならないと主張している。

> 英語を学ぶということは、「英語ということばに生きること」です。英語教育の最終目標は、「実践的コミュニケーション能力の育成」ではありません。それは、いわば手段です。手段が目的化してゆくとき、生きることとはつながりません。英語教育を考えるということは、「英語を学ぶことによって生徒が生きているか」を問うことです。いや、その前に、教師自身が生きているかを問うことです。（中略）日本語的思考という「単眼」に、英語的思考を加えて「複眼」にすることです。（松畑, 2002, p. 124）

ただしこれは、英語コミュニケーション活動をすれば自動的に SELF が形成されるという意味ではない。以下の 1, 2, 3, 4 に述べるような方向性を持って取り組めばの話である。

1. 安心できる意思決定の成功体験の積み重ねが SELF を育てる

はたして英語授業で、生徒はユニークな個人として行動できているだろうか。たとえば高校 1 年生の最初の英語授業で生徒に "Do you like watching

C. 英語コミュニケーション活動はなぜ SELF を形成するのか

movies?" と尋ねたとする。尋ねられた生徒は何ら言葉を返すことなく、ただもじもじして黙っている。すでに "I beg your pardon?" の聞き返しを習っているのに、それを使おうとしない。教師がもう一度同じ質問を繰り返し、"Do you understand?" と尋ねる。生徒はそれに応えることなく、今度は右隣や左隣の生徒とヒソヒソと相談する。長い協議の後、生徒はやっと小さな声で "Yes." と答える。なぜこんなに手間取るのだろうか。それは生徒が意思決定に不慣れだからである。教師の "Do you like watching movies?" に答えるためには、生徒は次のようないくつかの意思決定を行わなければならない。

（1） 質問がわからない時に「聞き返す」という意思決定
（2） 聞き返すならどういう表現で聞き返すかの意思決定
（3） 質問の意味がわかった場合、映画が「好き」と答えるか「嫌い」と答えるかの意思決定
（4） 好き嫌いをどういう表現で答えるかの意思決定

この生徒は、こうした意思決定のすべての場面で、独立した個人として決断することができず、周囲の生徒に相談しているのである。このように外国語によるコミュニケーションは、自己を隠し、他者とちがうことを恐れ、雰囲気的和合を重んずる日本文化に育った生徒には、恐い意思決定の連続である。英語授業で注意すべきことは、こうした生徒の弱い自己をいきなり人前にさらすのでなく、安心できる共感的雰囲気の中で、小さな意思決定の場面で成功させ、そういう成功体験を積み重ねることによって、独立した自己（SELF）を育てていくことである。後述の「相性テスト」(p. 73) は、そうした活動の一例である。ここでは、好きな食べ物・飲み物・歌手といった安全な話題で、生徒がパートナーと自分とのちがいを話し合って楽しむことにより、互いのちがいを appreciate する姿勢づくりをねらっている。

　筆者は、この意思決定の力の大切さを如実に物語る学生の作品を、大学の英作文授業で読んだことがある。おそらく、1人の少女の学校生命を救ったかもしれない、小さいが偉大な意思決定の物語である。その作品を以下に紹介する。

Emi Showed Me an Important Thing in Life

Y. S

I am proud of having a good friend, and her name is Emi. She showed me an important thing in life 10 years ago. I have liked and believed her since "the day", which was the happy and special day for me. We went to the same elementary school and junior high school, but we went to different high schools. She now goes to technical college and I go to university. However, we have been special friends for 10 years. For example, her grandmother usually says, "You look like sisters."

I think children sometimes do a cruel thing. When I was in my fifth grade at elementary school, the cruel game began in my class. It was that one of my classmates was ignored by the other girls in my class. In addition, the cycle of targeting was about a week. Also all of the girls in my class must be targeted not less than once. I think we did foolish things, but we did not notice it at that time. So they did it, and I did it, too. I ignored my friends. After about a month, Emi's turn came around. I usually came home with Emi, so we were companions. Therefore, I wanted to stop the cruel game, but I could not stop it. I was afraid of being a target. When she said, "Hello", I ignored her. Furthermore, I came home with another friend. Emi looked sad all the week long. Finally my turn came around. Emi was absent from school because of illness that day. When I said "Hello", nobody returned "Hello." I was alone during the recess all day. At that time I realized we did foolish things. Next day I did not want to go to school, but Mother made me go to school. Perhaps Emi knew I was the target, but she came to my desk and said, "Hello, Yukako" in a natural manner. I was surprised and cried because I felt so happy. Naturally, the cruel game ended after I was the last target.

I know there is discrimination all over the world now, such as racial segregation or discrimination against disabled people. I cannot root out all discrimination, but I can root out discrimination against my friends as Emi did not ignore me. If all people do so and wish to be happy with

> their friends, all the world will be happy. I know that it is difficult, but I believe we can.

　これも、英作文という、安心できる雰囲気の中で学生が意思決定して心を開いて書いた作品である。この文を書いた学生はこれを書くことにより、自立した意思決定の重要さを再認識していったにちがいない。まさにコミュニケーション活動とは、こうした個人（SELF）としての独立した意思決定ができる人物に育ちゆくための、process of becoming a person（Rogers in Brown, 2000, p. 91）である。逆に言えば、こうした SELF を育てつつ教えなければ、生徒は何に対してでも "Yes, I agree." としか言えない浅薄なパーソナリティにとどまり、英語でまともにコミュニケーションを行うことはできないのである。

2. 「聞いてくれた」感激が自尊感情を育てる

　筆者の大学 1 年生対象の教養英語の授業では、最終目標を「2 人ペアで 15 分の英語プレゼンテーション発表」に置き、そこから準備プロセスをブレイクダウンして半期の授業を展開している。前述の「英語名刺交換会」も、その第 1 ステップとして用いている。ちなみにこの学生たちは、先述の加藤（2004）の調査で、高校の OC 授業にあまり肯定的な評価を下していない学生たちである。しかし、全学で期間中 2 回実施される「学生による授業アンケート」の結果を見ると、このプレゼンテーション授業はかなり学生の評価が高い。「この授業でうれしかった時は？」の質問に、「下手な英語で気後れしていたが、クラスメートが一生懸命耳を傾けて聞いてくれた」という答が最も多い。学生が「聞いてくれた」と思うにはそれなりのわけがあって、プレゼンテーションを聞いている学生はコメント用紙に、感想を記入して提出する方式を取っている。ほとんどの学生は、褒め言葉と建設的批判を織り交ぜて、コメントを与えている。「相手が自分の言葉に一生懸命耳を傾けてくれた」という体験は、現代の学生にとって非常に新鮮かつ重要なものなのだ。これが自尊感情を高めてゆく。これは我々大人の想像を越えた重要性を持っている。

3. Second-language Self の形成

　先述のように、人が母語以外に第二言語を話せるようになるには、連動してその人の中に第二言語自己（second-language self）が形成されると言われる（Guiora, et al., 1975; Curran, 1976）。日本人生徒が英語を使えるようになるためには、連動して生徒の中に英語的自己が形成されることが必要になる。このように、新しい言語自己を獲得することは、母語の自己を脅かすことにならないのだろうか。むしろその逆であると Levine らは主張する（Levine, et al., 1987）。新しい言語自己は、母語の自己を損なうことなく、新たな自己の成長として説明される。

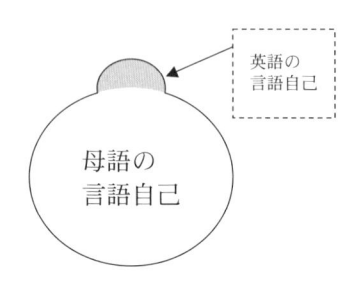

英語の
言語自己

母語の
言語自己

　このようであるから、生徒は日本人らしさを失うことなく、新しく英語的自己を成長させ、英語を話す時は英語的自己が、日本語で話す時は日本語的自己が主体になるというふうに、分業的に協同することになる。しかも生徒個人の中で、2つの言語自己は連絡を取り合い、互いを説明しあって調和を保つのである。そしてこの連携が異文化調整力を伸張させるのだ。

4. 個人として自分を堂々と主張する自己の形成

　英語教育と、英語的 SELF（自己）の形成の関係を如実に示した体験がある。企業人対象の英語研修所の先生（英語ネイティブ）の体験である。その先生はある時、日本の大手製造業のエンジニア 10 数名の企業内英語研修を頼まれたことがあった。その会社は、近々外国から大規模な工場システムを購入することを予定していた。購入にあたり、新規の製造設備の使用方法を説明するため、購入元からインストラクターが来日して、約 1 週間かけて日本のエンジニアに特訓をする予定であった。先生は、そのエンジニアたちが、

インストラクターの説明を理解できるように、英語特訓を施すことになったのである。先生は、何日かをかけてエンジニアたちに英語のマニュアルの読み方や工業英語などを教え、かなりの自信をもって訓練を終えた。数ヵ月後、偶然そのインストラクターと顔を合わせた先生は、それとなく例のエンジニアたちの英語力について感想を求めた。先生が研修を担当したことを知らないインストラクターは、率直にこう答えた。

「あのエンジニアたちを教えた時は、面食らったよ。どこかで英語の特訓を受けたって聞いたけど、まったく初歩的なことすらわかっていないんだ。」

先生はびっくりして、それはなぜかと問うてみた。

「研修を始めてみたら、私の話をみんなうなずいて聞いているし、理解できるかと聞けば『イエス』と答えるので、真に受けていたが、数日後になっていざシステムを操作させてみたら、私の話をまったく理解できていなかったことがわかった。おかげで、最初からもう一度教え直さねばならず、予定よりも研修が長引いてしまった。会社としては大変な出費だよ。わからない時に『わからない』って言えるだけの英語力さえ持ち合わせていなかったなんて」。

このことの教訓は何か。新しい言語を使うためには、新しい自己を形成する必要があるということである。大学出のエンジニアたちが、"I don't understand." という表現を知らなかったはずはない。にもかかわらずエンジニアたちは、"I don't understand." とストップをかける行動が取れなかったのである。日本語とはちがって、英語ではより良く理解するために相手を interrupt することはマナーにかなったことである。それを実行できる英語的自己が育っていなかったのである。

同様の英語的自己の未発達は、生徒が教室で英語で簡単な質問をされた時に取るためらい行動によく見られる。先ほど C–1 で述べた "Do you like watching movies?" の例がそれである。こうしたためらい行動の意味するところは何か？ それは、他者依存、自分の決断で物を言うことからの逃避、理解できないということを明白に表明することからの逃避である。もしこのような行動を英語圏の学校で取ったならば、その学生は "irresponsible"、"cheating" といったマイナス評価を受けるだろう。

英語は、自己を明らかにする言語である。「風邪を引きました」というような主体のあいまいな表現でなく、"I have a cold." と主体を表明する言語で

ある。先ほどの例に関して言えば、"Do you like watching movies?" という質問にも、「理解できない時は、理解できないと表明すべし」というのが英語的発想である。質問した人をほったらかしにして、2分も3分も他人に依存して返事を引き延ばすことの方が、不適切なのである。

　コミュニケーションの中心は「質問する」「意見を述べる」「提案する」「主張する」「正当化する」「反論する」「批判する」などの対人行動である。したがって中学生に "Excuse me." や "May I 〜?", "Could you 〜?", "I beg your pardon?", "Cathy, this is my friend Emi. Emi, this is my host mother Cathy." などの表現を教える時には、その表現で行動できるように教える必要がある。実際、海外ホームステイで中高大生を引率していて、自分のホストマザーを街頭で出会った友人に紹介する行動が取れる学生は非常に少ないのである。行動を取るためには、個人として自分の信念に基づいて決断する自己の形成が必要である。つまり単にオウムのように空疎な言語を発するのでなく、語るべき信念・内実を持った自己を育てることが必要である。授業で用いる、安全だが少し勇気のいるコミュニケーション活動での成功体験によって、そうした自己は形成されてゆく。1つの英語表現を学ぶことは、新しい思考や行動との出会い、自己の思考や行動の振り返り、新しい自己の伸張につながるものでなくてはならない。

D. 英語コミュニケーション活動はなぜ社会性を育てるのか

　おとなしくまじめだが社会性に乏しい少年が、人間関係の処理に窮して、殺人などの極端な解決法に走ってしまう、こうした事件が最近の日本に多発している。こうした事件に共通するのは、問題の少年が犯行に走るまでは、周囲の誰にも悩みを相談していないという点である。本来ならば少年は誰かに愚痴るなり相談するなりして、多少なりとも激情を発散し、周囲からの参考意見などを得て、犯罪に走らずにすんでいるはずである。こうした極端な事例の裾野には、その何百倍もの社会性未成熟者が存在する。彼らは自分の立場や都合を安全に自己主張できないために周囲に対して不適応を起こし、周囲の都合や迷惑を推し量ることができないために周囲からうとまれ、共感性が育っていないために他人の立場に立って考えることができない。日々大勢の人々とすれ違いながら、本人は窓も出口もないコンクリートの箱に密閉

された状態で、犯行に突き進んでしまう。

　科学技術の加速度的進歩により、今後ますます人間の労働は機械とコンピュータに取って代わられてゆくだろう。こうした流れの中で、ますます人間に要求されてくるのは、他人との利害を調整し、敵対を友好へと変えることのできる社会性と、これまで誰も思いつかなかったものを作り出す創造性である。社会性は、言語と非常に密接に結びついた資質である。言語コミュニケーションなくして社会性はありえないし、社会性の伸張なくして言語コミュニケーションの伸張はありえない。その意味で、本項では英語コミュニケーションがどのように社会性の育成に貢献しうるかを論じたい。

1. mind と heart の区別

　Mind と heart は日本語では共に「心」と訳されるが、英語では mind は「知性・理性の宿る心」、heart は「喜怒哀楽などの感情の宿る心」と区別されている(『ジーニアス英和辞典』)。さらに、英語文化では mind は頭に宿り、heart は胸に宿るとされている。英語文化では、この両者を区別して振る舞える大人に育てることが、教育の大きな目標の1つとされている。たとえば学校の職員会議で、来年の修学旅行の候補地を議論しているとしよう。会議の目的は、みんなで知恵を出し合って、最も良い答に到達することであるから、これは mind の働きである。仮に自分が出した提案に誰かが反論したとしても、それはより良い答に達するための mind の貢献であり、自分という人間に対する攻撃ではない。理性的に考えて、その反論が理にかなったものであれば、こちらもそれを受け入れるだけの話である。もしもここで、反論されたことを heart で受け止め、感情的に反撃したり不機嫌を表明したとしたら、その人はより良い答に到達するための共同作業を妨害したことになり、mind と heart を区別できない幼稚な人物と判断される。CNN News や ABC News で、キャスターが数人の政治家を招いて、質問に次ぐ質問をたたみかけて、政治家を追い詰めている場面をよく見かける。政治家はタジタジとなりながらも、決して怒ったりせず、むしろジョークなど交えて冷静さを保った応答をしている。ひょっとしたら腹の中は怒りで煮えくり返っているかもしれないが、ともかく mind の勝負に heart を混入させないのが文化的建て前なのである。これの最たるものがアメリカ大統領選挙の公開討論であり、もしもここでどちらかの候補が怒りに駆られて感情的に相手をのの

しったとしたら、その候補は大衆の支持を失ってしまうのだ。

　もちろん、英米人が四六時中 heart を滅却した mind 一辺倒の生活をしているわけではない。プライベートなつきあいでは、共感や情意を優先したコミュニケーションを取っている。また、会議や授業、仕事などの mind 中心のコミュニケーションが、歯に衣を着せぬ批判と反論ばかりのギスギスしたやりとりになっているわけでもない。むしろ婉曲表現や丁寧表現を多用して、相手の体面を傷つけぬよう配慮しながら反論している(加藤、2004；東、1994；脇山、1990；鶴田他、1988)。また『会議英語』(大杉、1980)を読めば、英語が公式の場でどれだけ礼儀を重んじた言葉づかいをしているかがわかる。

　現在の日本語のコミュニケーションの不成立状況を見ると、この mind と heart の区別がことさら重要に思われる。今日の子供たちの友達関係は、他の子と異なることを極端に恐れて、ひたすら大勢に盲従する傾向があるという。一見仲良く談笑しているように見えるが、実はみな本心を隠して同調しているにすぎず、本当の自分を明らかにしたら、友達から見捨てられるのではないかと恐れているという。これでは、間違った時は相手を正したり、互いに育て合ってゆくことはできない。つまり、今日の子供たちのつきあいはとことん heart 一辺倒になっている。ぜひとも mind と heart の区別を訓練する必要があるが、この訓練は上手に行わないと heart を傷つけ、新たないじめや不登校の原因にもなりかねない。

　実は英語授業で mind と heart の区別を訓練するのは、日本語で行うよりも楽に安全に行える。なぜなら、ここには外国語使用による fictitious な雰囲気があり、さらに英語力向上という大義名分を利用して生徒の心理的抵抗を弱められるからだ。このように、英語授業が実は日本語コミュニケーションにも貢献する可能性は大いにある。後述のディベート(p. 166)や、チェーン・レター(p. 141)はこうした安全な雰囲気の中で、mind と heart の区別を教えるのに適した方法である。

2. We agree to disagree の関係

　"We agree to disagree." とは、英語の交渉のマナーを象徴する表現である。「私とあなたは意見や利害が一致しません、一致しないということに関して私もあなたも同意見です」という意味である。十分に質問し合って、互いの

D. 英語コミュニケーション活動はなぜ社会性を育てるのか

一致点と不一致点を明確にし、そのちがいを容認しながら、なおも友好的関係を保とうという平和の知恵である。

それに対して、従来の日本語のコミュニケーションは、"We pretend to agree." であろう。そこでは、十分な質問追究はなされず、互いの不一致点は明確にされないまま話が進められる。たとえば次の会話を見てみよう。

〈会話例1〉
A：「会社の業績が低迷しているこんな時期に、重役そろって海外視察旅行とはいかがなものでしょうか」
B：「いろいろご意見はおありと思いますが、ここはよろしくご理解ください」

ここで、A は海外視察旅行に異論を唱えているのだが、"I disagree to the plan." といった明白な反対を避け、「いかがなものか」("What do you think?") という、あなたまかせの疑問文を発している。なぜ「いかがなものかと思う」のか、理由も明確に述べず、また相手にしっかりした答弁も要求していない。それに対して B も、海外視察旅行が必要な理由を述べておらず、また旅行を積極的に肯定しようともせず、ただ「ご理解ください」というあいまいなお願いをしているにすぎない。「いろいろご意見」とはどのような意見か、「ご理解」するのは何をどうご理解するのか、といったあいまいさのために、B の答弁はほとんど意味をなしていない。もしも、両者が本当に互いの考えを理解しようとするならば、次のような会話になるだろう。

〈会話例2〉
A：「会社の業績が低迷しているこんな時期に、重役がそろって海外視察旅行をすることには私は反対です。その理由は、海外視察旅行とは名ばかりで本当は物見遊山の観光旅行であり、経費の無駄使いだからです。重役はそんな観光旅行をしている暇があったら、その時間を会社の経営建て直しに振り向けるべきです」
B：「たしかに過去には海外視察が物見遊山だったことはあります。しかし今回はハイテク機器の先進的工場を視察することが中心の旅行であり、今後の当社の主力製品を考える上で非常に重要な機会です。ですからこれはお金の無駄使いどころか、経営再建のために重役として必要な任務です」

上記会話例2の下線部を見ていただきたい。英文パラグラフ構成のルール

によればおのずとこのような主張と根拠が必要となる。英語を学習していて、"We agree to disagree." の姿勢が身につくのは、英語の論述構成の中に会話例1のようなあいまいな雰囲気的和合を許さない要素があり、それを学習するからである。英語の段落では、まず全体のメッセージの骨子を伝える topic sentence を置き、support でそれを根拠づけることが要求される。さらに、topic sentence で予告した命題を、途中で心変わりすることなく最後まで貫くことが要求される。たとえば "I think school uniforms should be abolished." という命題で話し始めたならば、途中で "Nevertheless I want my children to wear a school uniform." などといった方向転換は許されず、制服廃止論をとことん展開しなければならない。これはライティングにおいてもスピーキングにおいても共通である。このように主張と根拠をしっかりと提示するので、英語のやりとりにおいては相手との一致点・相違点が明白になる。さらに、英文には理由や根拠、賛成や反対を表明する接続語句がよく使われ、それを学習することによって critical に発信し、受信する態度が身につく。

　ただし、上記は論述の段階で言えることであり、発想の段階ではもう1つ考慮しなければならないことがある。それは、日本の日常生活において、理由を問いただしたり相手に反論したりする機会が非常に少ないということである。そのため生徒は、発想段階で相手の意見に同調する傾向が強い反面、理由をただしたり反論するような critical なことを好まない。筆者は大学英作文の授業で、この傾向の根深さを実感することがある。

　英作文のライティング課題の1つとして、「新聞から投書を1つ選び、それに対するあなたの考えを投書にして書きなさい」を与えた。元投書は英字新聞から探すのが望ましいが、日本語新聞のものを自分で英訳してもよいとした。驚いたのは、元投書が何語であるにかかわらず、学生の論調が100パーセント元投書への賛成論だったことである。しかも、その中の多くは、新しい視点を何ら貢献しておらず、元投書と同じ見解を繰り返したにすぎなかった。

　そこで筆者は2年前から、「元投書に反論を書きなさい」という課題を与えることにした。その理由は、反論するために元投書の内容をより深く理解しなければならず、また反論を書く方がより学生の論理構成力を要求すると考えたからである。予想したとおり、この反論課題は学生をかなり苦しめた

ようだが、学生が最も困ったのは、反論したくなるような投書が日本語新聞にはなかなか見つからないことであった。

　筆者が中日、朝日、毎日新聞の投書欄と、The Japan Times の投書欄を比較してみたところ、The Japan Times には挑戦的な（provoking）投書がたびたび載っており、反論を書くのに好材料が豊富に見つけられた。一方、日本語新聞の投書欄に載っているのは、大多数の読者の共感を呼ぶような無難な投書が主流を占めている。そのため、学生は投書探しにかなり手間取ったのである。

　"We agree to disagree." を前提とし、相手の発言に鋭く突っ込みを入れ、自分の主張の正当性をたたみかけてくる英語コミュニケーションに、disagreeすることを回避する日本文化の中で育った生徒がどう参加できるのか、これが日本の英語教育の課題である。本当のコミュニケーション能力を養おうとしたら、これは避けて通れない課題であり、また日本の人間教育の大きな課題である。

　中嶋のチェーン・レターの実践（p. 141）はこの点で非常に貴重な方向を示している。チェーン・レターは中学生同士が相手の意見にさかんに反論する活動であるが、これを体験した中学生は「スカッとした」と述べており、このクラスからはいじめが減ったとも報告されている。

3. 言葉で自分の考えをきちんと伝える姿勢を育てる

　「つくば言語技術教室」を主宰する三森ゆりか氏（1996）は、日本人が外国人と交渉できる外国語力を身につけるためには、まず日本語で「言葉を略さないで最後まできちんと自分の考えを伝える」（1996, p. 93）姿勢を身につける必要があると強調する。氏の言語技術教室での指導は、まさにそのための対話型訓練である。筆者はこの対話手法が英語コミュニケーション活動の質的向上に大いに役立つと考える。たとえば、次のような対話は英語に直して行えば中学3年程度でも可能であるし、動員される知力という点では大人にも役に立つchallengingなものである。

　設定「これから答える答えは、全て「嫌い」にして下さい。」
　（えーっ、嘘ーっなどの反応あり。）
　問　「あなたは外で遊ぶことが好きですか。」

> 答 「ぼくは、外で遊ぶことが嫌いです。」
> 問 「どうしてですか。」
> 答 「ぼく、本当は外で遊ぶことが好きなんだけど。嘘でもいいの？」
> 問 「かまいません。嫌いだとしたらどう答えればいいか、考えてみましょう。」
> 答 「どうしてかというと、外で遊ぶと疲れて大好きな勉強ができなくなるからです。」
> (「えーっ、嘘ばっかり！」と揶揄の声があちこちから上がる。)
> 問 「すごい！ 論理的な答えですね。」　　　　（三森、1996, pp. 69–70）

　三森氏は日本人が、言葉を省略して相手に察してもらおうとする甘えに依存した身内言葉を、一般社会に持ち出してしまっていると指摘し、それが海外でいかに通じないかの例として、次のような逸話を紹介する。

> 日本人の女子学生が、ドイツのある家庭で台所へ行き、その家の主婦に「お腹がすいた。」と言ったきり食卓に座り込み、何かが出てくるのをじっと待っていた、というのだ。むろん、ドイツ人の主婦は女子学生の求めるところがわからず、何も出てこなかったという。出てこないどころか、主婦は女子学生の失礼な物言いに、腹を立てたという。（1996, p. 93）

　三森氏は、こうした言葉の使い方が人間の思考能力を鈍らせるばかりでなく、とことんたみかけるように質問してくる欧米人を相手にした時、日本人にとって極めて不利な印象を相手に持たれる恐れがあると指摘する。
　三森氏は日本語教育において、自分の考えを言葉できちんと伝える力を養成することを手がけている。同様のことは英語授業においても心がける必要がある。生徒が1人の独立したSELFとして、相手の考えを正確に深く理解し、自分の考えを言葉を尽くして説明する姿勢の育成は、英語コミュニケーション活動で非常に取り組みやすい領域である。それは何でもいいから英語をやりとりしていれば良いという姿勢ではない。自分と相手はちがって当然という立場に立って、相手を追及し、相手から追及されるタイプのコミュニケーション活動を取り入れることが必要である。そうした活動の典型例は後述のディベート（p. 166）やStrategic Interaction（p. 201）で扱うが、中学英語でできる次のような意見表明は日頃の授業でも駆使できるようにしたい。

〈相手との意見のちがいを前提とした表現〉
　　Do you agree?
　　What do you think?
　　In my opinion, 〜.
　　Do you really think so?
　　I don't think so.
　　I don't quite agree with you.
　　You may be right, but 〜.

〈相手を追及する strategy〉
　　I am not quite clear. Could you please explain it?
　　Could you give us some examples?
　　Why do you think so?
　　What evidence do you have (to support your idea)?
　　Is it a fact, or is it your opinion?

4. 英語という新しい言葉で生き直す

　外国語学習の大きな喜びの1つは、新しい言葉でコミュニケートすることによって、新たに人生を生き直すことができることである。このことは先述の金森（B–4）や松畑（C）の引用にも見ることができる。
　ここに、ある大学生が小さな英会話塾を回想した文がある。この学生は、むかし自分の人生のメインである学校のコミュニケーションが断絶してしまった状況の中で、この会話塾での新しい言語によるコミュニケーションが辛うじて自分を支えてくれたと回想している。

　　学級崩壊が絶えなかった中学時代、同級生との関係を恐れるようになってしまった自分が、英会話塾で年も文化もちがう人と、なんてことはないささやかな会話を成立させることができることで英語が好きになり、何度通じなくても順を変え語を変え、何とか意思の疎通を図ろうと自分から積極的に話しかけるようになっていった。（2004年5月、静岡大学2年生）

　先ほどセクションCで、独立したSELFを育てる英語コミュニケーションの意義を説明した。実はこのことは、独立したSELFを受け入れる社会の

成長と二人三脚の関係にある。学級崩壊に苦しんだ学生も、言語表明が苦手な小学生も、英語による新しいSELFが生きようとした時に、そのSELFを受け入れる英語のコミュニティが存在したことが救いとなった。すでに流暢な日本語能力を獲得していたこの人たちにとって、なぜこれが救いだったのか？

　その理由は、1つの言語によるコミュニケーションの閉塞から説明できる。本人を取り巻く人々の日本語コミュニケーションが、雰囲気的和合・自己の集団埋没一辺倒で硬直化していたため、彼らは新しいコミュニケーション手段を必要とした。それが英語という新しい言語だったのだ。新しい言語でコミュニケートすることは、人と人との新しい関わり方を生む。同じクラスメートと関わりながら、生徒は日本語コミュニケーションと英語コミュニケーションでは、それぞれ異なる関わり方を持ち、それが社会性の幅を広げてゆくのである。時に「日本人同士が英語を話すことには意味がない」という意見があるが、実はこのように、2つのチャンネルで話すことによって日本人同士のコミュニケーションも、より発展するのである。

　Savignon（2001）は、韓国の作家ミア・ユンの、同様の体験を紹介している。ミア・ユンは英語で小説を書く時に、「まるで新しいドレスを着るような」自由を感じると語っている。

> On the other hand, learners may discover a new freedom of self-expression in their new language. When asked what it is like to write in English, a language that is not her native tongue, the Korean writer Mia Yun, author of *House of the Winds* (1998), replied that it was "like putting on a new dress." Writing in English made her feel fresh, see herself in a new way, offered her freedom to experiment. When expressing themselves in a new language, writers are not the only ones to experience the feeling of "putting on a new dress." "My Language Is Me" calls for recognition and respect for the individual personality of the learner.（Savignon, 2001, p. 21）

　静岡文化芸術大学講師で五輪柔道銀メダリストの溝口紀子氏（2005）が、外国語使用について同様の体験を書いておられる。氏は何度かフランスを訪れて柔道のフランス・ナショナルチームを指導されているが、その際、日本語で会話するよりもフランス語で会話をする時の方が、選手の話をよく聞いて

いる自分に気づくという。「選手というのは面白いもので、話をよく聞いてあげると、気持ちが安定するようです」と述べておられる部分は、単なるコンプリヘンションを超えた関係性としてのコミュニケーションを適確に表現していると思う。

5. Only One 同士のめぐり合い

先ほど C–1 で筆者は、コミュニケーション活動が、個人としての独立した意思決定のできる人物に育ちゆくための、becoming a person のプロセス（Rogers）だと述べた。それと並行してコミュニケーション活動は、こうした SELF 同士が互いを受け入れる出会いの場を育ててゆくと述べた。実はこのことは、コミュニケーション活動の成否に大きく関わっている事柄である。なぜなら、生徒同士が集団に個を埋没した状態では、相手の言うことと自分の言うことは同じであり、お互いにコミュニケートする必要などないからである。独立した SELF として存在しない人間同士の間に、面白く傾聴に値するコミュニケーションは成立しない。そして、これは日本の教室の英語コミュニケーション活動が沈滞する大きな原因の 1 つなのである。

たとえば 7 月に教室で生徒に "What are you planning to do in the summer vacation?" と尋ねたとする。生徒の返事がいつの間にか "I am planning to watch TV." など、1 つの陳腐な答に集約されていってしまうことがありうる。大学生の英作文においても然りである。'My Happy Memory' というテーマで書かせると、大半の学生が高校の部活動で苦労し、最後の大会で全力を尽くして頑張った思い出か、海外ホームステイでホストファミリーに優しくされた感激を書いている。それほどに、日本の生徒の発話・作文は無意識的に無難な主流に流されやすい。これを放っておくと、教室は集団埋没の文化に染まり、コミュニケーション活動の産物はどこを切っても同じ金太郎飴のように退屈極まりないものに堕してしまう。これは、決して日本の生徒に個性がないわけではない。個性を埋没させようとする力学のために、個性を自覚していないのである。

英語コミュニケーション活動では、教師が「あなたのユニークさを大切にしなさい、あなたにしか言えないことを言い、あなたにしか書けないことを書きなさい」ということを生徒に強調するかどうかが、成否の分かれ目となる。これは決して大それたチャレンジではない。たとえば言い換え作文

(Guided Composition)(p. 104)で、

> I am proud of myself because I am kind to small living things.
> One thing I can do well is to wash the dirty school toilet clean.
> I like those people who have positive mind.

のように自分を探しながら文を作ることによっても育てられる。

　後述の名刺交換会(p. 111)で、'How I am unique'という項目を設けるのもそのためである。また、列ごと会話リレーで生徒を順に指名して"When are you very happy?"などの問いにcreativeに答えさせる際には、先に教師が「前の人が言った答は繰り返してはいけません。何か別の答が出せるように、答をいくつか考えておきなさい」と釘をさしておくとよい。大学生の英作文では、判で押したような部活の思い出を書いた作品には「残念ですがこれだけでは、高校生の作文と変わりがありません。この体験と、その教訓、その解釈の中に、大学生の君にしか言えない何かがあるはずです。それを掘り下げて、もう一度提出しなさい」と指示する。こうした指導をすることによって、教室に only one としての自分を表現する姿勢が生まれ、それによって only one 同士の出会いがあり、それがコミュニケーション活動をより面白いものにするのである。

6. 誰もがヒーローになれる教室

　これは特に創作型コミュニケーション活動について言えることだが、活動が単一の答を要求しないため、個々の生徒の持ち味がより発揮しやすくなる。個々の生徒が、自分の得意な部分を生かした発表をすることが奨励されるので、授業に複数の価値基準が生まれる。平たく言えば、誰もがヒーローになるチャンスが与えられる。

　この端的な例は、後述の Show and Tell(p. 126)やスキット作りとジョーク作り(p. 136)である。こうした活動では、

- アイディアがユニークな発表
- 内容が豊かな発表
- 発音がきれいな発表
- 研究に深みのある発表
- 映像提示が素晴らしい発表

- 聴衆への語りかけ方で引きつける発表

など、さまざまな点で他に秀でた発表が可能である。これぞまさに、大勢の生徒が集まって一緒に学習するメリットを生かした共育活動である。1人ひとりが自分の得意分野を発揮してクラスメートに認められ、それによって自己評価が改善されてゆく。英語が得意な生徒は、見事な英文と発音で皆をうならせることができる。英語が苦手だけれど絵の上手な生徒は、自作のポスターを使って話したり、漫才のような掛け合いでみなを笑わせるなどして、時には英語の得意な生徒を凌駕する英語発表をすることができる。価値基準が複数あるから単純な勝ち負けは存在しない。1人ひとりが、他の生徒の発表から自分にない長所を学ぶことができる。英語力は高いがユーモアに乏しい生徒は、英語力が低くてもクラスを笑わせる発表を見て、自分の新しい努力点に気づくだろう。

E. 生徒は英語コミュニケーション活動にどのようなニーズを持っているか

これまではどちらかというと教師の視点から、また学説の視点から英語コミュニケーション活動の意義を考察してきた。はたして当の生徒自身は、英語コミュニケーション活動をどう見ているのだろうか。このセクションでは、英語コミュニケーション活動そのものについてではないが、英語授業について、中学・高校・大学生がどのようなニーズを持っているかを、アンケート結果をもとに考察してみよう。

1. 英語学習目的アンケート調査からわかること

表5 (p.40) は2003年に、「何を目的として英語を学習しているか」について中学生361人、高校生580人、大学・短大生372人にアンケート調査した結果である。この調査は中部地区英語教育学会課題別研究プロジェクト「英語コミュニケーション活動研究」グループのメンバー11人が、直接自分が担当するクラスの生徒・学生に実施・回収したアンケート調査に基づくものであり、すべてのクラスにおいて回収率は95%以上である。

表5の結果で特徴的な点は、

表5 学校の英語授業の目的は何か、についてのアンケート調査結果
（永倉，2005）

英語授業の目的をどう考えるか （下記項目ごとに、自分にとって非常に重要な目的と考えるなら3、重要と考えるなら2、少し重要と考えるなら1、重要でないと考えるなら0を付けさせた。右列の数字は、そのポイント合計を人数で割ったもの）	中学生回答 （2003年調査、静岡県・愛知県の中学生361人）	高校生回答 （2003年調査、静岡県・愛知県・石川県の高校生580名）	大学生回答 （2003年調査、静岡県の大学・短大生372名）
ア）入試や就職試験に受かる英語力を養う	2.50	2.22	1.64
イ）英語を使って外国人と話が通じる力を養う	2.29	2.30	2.25
ウ）英語検定などで高得点を取る英語力を養う	2.09	1.66	1.42
エ）日本語でも英語でも、自分と人が互いにわかりあう力を養う	2.02	1.99	1.81
オ）外国の文化を知り、文化のちがう人々とも仲良くする素養を養う	1.99	1.96	1.86
カ）外国語の勉強の仕方がわかるようになる	1.73	1.61	1.49
キ）地球環境を良くするなど、言葉のちがう世界中の人々と協力して、世界をより良くする	1.72	1.62	1.58
ク）アメリカやイギリスなど、英語圏の文化を知る	1.62	1.54	1.55
ケ）英語の勉強を通じて頭脳のトレーニングをする	1.61	1.42	1.35
コ）英語学習を通じて、日本語をもっとよく理解する	1.50	1.41	1.17
サ）世界の中で強い日本経済を作る力を育てる	1.16	1.11	1.29

※網掛け部分が、中学・高校・大学生それぞれの英語学習目的の上位3位である。

（1） 試験対策的目的（アとウ）は高校生までは上位を占めているが、大学生になると下位に落ちる、
（2） 外国人とのコミュニケーション的目的（イ）は、中学生から大学生まで一貫して上位を占める、
（3） 対外国人にとどまらず、全人的コミュニケーション能力を高める目的（エ）も上位を占める。
（4） 異文化理解的目的（オ）も一貫して上位を占める、
（5） 国策的目的（サ）はあまり支持されていない、

などの点である。ここで中高生が点数重視的目的とコミュニケーション・友好理解的目的という、2つ並び立った目的意識を持っていることが確認できる。つまり中学・高校においても、「生徒のニーズに応えるためには受験対策が本命であり、そのためにはコミュニケーション能力育成を犠牲にしてもやむをえない」という論法は誤っていることがわかる。大学生ではもはや入試を必要としないため、途端に点数重視的目的は下位に後退してコミュニケーション・友好理解的目的が中心となっている。

2. 大学生の振り返りからわかること

　今度は、大学生が高校までの英語学習をどう評価しているかを見てみよう。筆者は2004年に静岡大学教育学部の英語科教育法 II の授業で、受講学生60人に対して、「私が高校までに受けてきた英語授業は、私の人間形成にどう役立ったか」という題でレポートを課してみた。レポートの形式は、日本語で自由記述式とし、「人間形成には役立たなかった」という答も入れてよいとした。期限（翌週）までに学生から提出されたレポートは53本であった。筆者は学生レポートの中に述べられた「役立ち方」を分類して主要な9つのタイプに分類し、それぞれの「役立ち方」が全レポート中に出現する回数をカウントした。なお、1本のレポートの中に2つ以上のタイプが出現した場合には、出現したものすべてをカウントした。表6（p. 42）がその集計結果である。「人間形成には役立たなかった」という答は2通のみであったので、表には載せていない。なお、中には英会話塾が学級崩壊の中で救いだったという印象深い回答があったが、これは D の4ですでに紹介したので割愛する。
　表6で特徴的なことは、中高英語授業が「全人的コミュニケーション能力

表6　「高校までの英語授業が自分の人間形成にどう役立ったか」大学生レポートの結果（2004年5月調査、静岡大学教育学部 英語科教育法II 授業にて、対象学生60名、提出本数53本）

タイプ番号	各タイプの内容	出現回数
タイプ1	他者とのコミュニケーションの取り方を学んだ。/タイプのちがう人とも積極的に話せるようになってきた。/話すことが楽しいと思えるようになってきた。/自分のことをもっと伝えたい、相手の話をもっとわかりたいと思うようになった。/自分とはちがう他者が受け入れられるようになった。	23
タイプ2	新しいコミュニケーションの手段を獲得できた。（例：店に来た外国人にちゃんと接客できた、/道案内ができた、/友達同士で習った英語で会話してみた）	21
タイプ3	言葉の構造や文化や考え方のちがいに接して、日本や日本語や自分がより客観的に見られるようになった。/多文化を知るにつれて、日本人の中だけで生きていたら自覚しないことについても考えるようになり、自文化について見つめ直すようになった。/物事を多面的にとらえるようになった。	20
タイプ4	自分もコツコツやればできるという自信を英語学習から得た。（例：英語の歌詞を自分で理解できるという喜びは私に達成感と充実感を与えてくれた）	14
タイプ5	恐い異国人としか見えなかった人々を1人の人間として見ることができるようになった。/ちがう言葉の人とも話したいと思うようになった。/海外に関心を持つようになった。/視野が世界へと開けた。	13
タイプ6	日本語ではとても引っ込み思案だった自分が、英語で話す時、自分でも不思議なほど積極的になれた。/思い切って話しかけてみると道が開けるという1つの成功体験がきっかけで、自分に自信が持てるようになった。そのおかげで、前よりも積極的に行動できるようになった。	9
タイプ7	自分の意見を持つことの大切さを知った。/自分はどう思うかということを考えるようになった。	7
タイプ8	予習復習をやることから、自分の学習の管理ができるようになった。（例：目標を定め、達成のために練習し、課題を見つけ、克服してゆくという流れを作り上げるのにつながった）	6
タイプ9	テキストや読み物から、人権問題や環境問題、世界の偉人、外国の風物などを読み、知識が広がり、またそうした問題について考えるようになった。	4

を育てた(タイプ1)」という報告が一番多いことである。

　以上のように、表5と表6は、中・高・大学生が英語教育に対して持つ期待感・ニーズが何であるかをはっきりと解明している。つまり、最も大きなニーズは、全人的コミュニケーション能力の育成である。受験英語という必要の陰に隠されてはいるが、このニーズは中高生にとっても切実なものであることが表5からわかる。教師がこのような生徒のニーズを真摯に受け止め、そのニーズに応える方向で授業開発を進めること、それが授業成立の原点である。

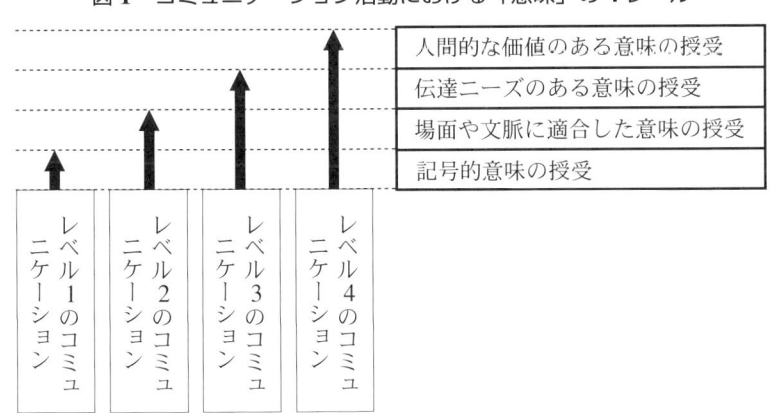

3. コミュニケーション活動における「意味」の4レベル

　最近英語教育の研究会で「意味あるコミュニケーション活動」とか「意味あるタスク活動」という言葉がよく聞かれる。どのようなコミュニケーション活動が「意味があり」、どのようなコミュニケーション活動は「意味がない」のだろうか。「意味」という言葉の定義が人によって異なるため、なかなか議論がかみ合わない。そこでここでは、コミュニケーション活動における「意味」とは何かを定義してみよう。およそ人が言葉を用いる時、そこで伝達される意味には、図1のように4つのレベルが存在する。なお、これら4つのレベルは重層構造をなしており、上位レベルは下位レベルを包摂している。

図1　コミュニケーション活動における「意味」の4レベル

	意味の授受レベル
レベル4のコミュニケーション	人間的な価値のある意味の授受
レベル3のコミュニケーション	伝達ニーズのある意味の授受
レベル2のコミュニケーション	場面や文脈に適合した意味の授受
レベル1のコミュニケーション	記号的意味の授受

a. レベル1のコミュニケーション：記号的意味の授受

レベル1のコミュニケーションは、単なる字面の意味の伝達にとどまり、事実との対応や伝達ニーズは考慮していない。たとえばパタン・プラクティスで生徒は、教師の prompt に合わせて "I like dogs." → "Cats." → "I like cats." → "Cockroaches." → "I like cockroaches." と発話するであろうが、これは字面の意味だけを運んでおり、生徒が本当に犬、猫、ゴキブリが好きかという事実とは何の関係もない。

b. レベル2のコミュニケーション：場面や文脈に適合した意味の授受

レベル2では、事実と対応する意味の伝達はあるが、その意味は価値や伝達ニーズを必ずしも伴っていない。たとえば同じクラスの中で、"Who is your homeroom teacher?" と問う活動は、互いに自明のことをわざわざ聞いているわけであり、伝達する価値やニーズを伴わない。ディスプレイのためのコミュニケーション活動はこのレベルにとどまっている。

c. レベル3のコミュニケーション：伝達ニーズのある意味の授受

レベル3では、発信者と受信者の間で、伝達ニーズのある意味のやりとりが行われる。一方が知っている情報を、他方が知らないという情報のギャップが存在し、それを埋めようとする際に、伝達ニーズが生まれる。ただし、このレベルでは必ずしも当事者にとって価値ある意味を扱うとは限らない。たとえば地図を用いたギャップ活動で、生徒が「こんな行く予定もない人工的な街の地図を完成させることに何の意味があるのか？」と疑念を抱けば、活動は無意味である。

d. レベル4のコミュニケーション：人間的な価値のある意味の授受

レベル4では発信者と受信者の間で、自分や相手にとって価値ある意味を持った伝達が行われる。マスローの欲求階層の各レベルの充足につながる事柄や、自己受容、自己防衛、自己向上、他者理解、人間関係づくり、啓示的価値、芸術的価値などを含む意味のレベルが伝達される。

以上まとめると、レベル1～3までの活動は、慣れを生むための擬似コミュニケーション活動として役に立つものであり、下位練習としてその存在意義はあるが、英語授業のコミュニケーション活動がこのレベルで終わってしまってはならない。仕上げ段階ではレベル4の人間的価値のある意味の授受まで高め、生徒の交流欲求を満たすべきである。

こうしたレベル4のコミュニケーション活動の具体例は、中嶋（2000a, b）、JACETオーラルコミュニケーション研究会（2002）、松畑（2002）、菅ほか（2002）、三浦ほか（2002）などにも詳しく紹介されている。生徒の交流欲求に英語授業が適切に応えることの必要性を、金森（2003）は小学校英語活動を論じる中で次のように強調している。

> 小学校における「国際理解教育の一環としての英語会話」の「国際知識」では、外国語、外国文化のスキルや知識の獲得だけではなく、コミュニケーション能力を育てるための活動をとおして、「自尊心」を育て、同時に「他者尊重」の心を育むことも大切である。そのための英語活動とは、英語を媒体とした「楽しい」コミュニケーション活動であり、人と触れ合う体験を持つことであり、自己表現の機会を持つことである。（金森, 2003, p. 12）

英語で自分を人に伝え、人とわかり合う活動の授業では、教室の人間関係が次のように向上する。

（1）教師にとって生徒は単なる教授対象や被験者ではなく、教師が学ぶべき相手ともなる。
（2）教室に一元的価値ではなく、多元的価値が認められるようになる。こうした多元的価値肯定の中で、すべての生徒がユニークな個人として光り輝くチャンスがある。40人のクラスには40の人生と希望とアイディアが交流される。

〈教室の多元的価値観の例〉
form（文法的正確さ）の出来
content（内容的豊かさ）の出来
presentation（発表の素晴らしさ・呈示の工夫）の出来
volume（分量の多さ）の出来
artistic quality（芸術性）の出来
individuality / uniqueness（個性・独創性）の出来

（みんなそれぞれ得意があって、それで互いに貢献できる。）

F. 英語コミュニケーション活動にはなぜ幹が必要か

1. 単なる枝葉の寄せ集めは授業ではない

　近年、英語教授法の進歩には目覚しいものがあり、毎年新しい指導法が提案され、多くの指導書が出版されている。英語教師はこうした how-to 技術の洪水にさらされている。ともすれば教師は、こうした指導法の流行の波に流され、断片的な指導技術の追いかけに終始し、自らが直面する教育的課題を見失いがちである。指導技術はいわば樹木の枝葉であり、いくら枝葉を収集してもそれを有機的に統合する幹がなければ、「行く先のない」授業にすぎず、生徒を納得させることはできない。

2. 幹ある授業の例

　では、授業の幹とは何か。それは、

① 目の前の生徒の実態に対する理解と、
② 学習・教育の理論的知識に基づいて、
③ 教師が授業目標を立て、目標に到達するための道筋を立て、提案することである。

　たとえば、菅正隆氏(1994)は、英語嫌いで学習意欲に乏しい生徒たちの英語授業を、意欲にあふれた学びの場へと劇的に変えた教師である。「英語授業は嫌いだけど、外国には興味がいっぱい」という生徒の特質を考慮して、学校に国際公衆電話を引き、生徒が英語で外国の諸施設のインフォメーション・カウンターに電話をかけて必要な情報を聞き出すというタスクを与えて、生徒の学習動機付けをはかり、見事に成功させたのである。

　また、やはり大阪府の中学教師だった太田佐知子氏(1988)は、指導困難校に赴任して、生徒の低学力・低意欲・心の荒れに直面し、「生徒が言いたいことを言えずに腹にたまっている」という状況判断に基づいて、「今日の表現」という活動を授業に盛り込み、生徒の声を挙手で募って毎回1つずつ英語に直して与えた。「今日の表現」集はノートの裏表紙に書き溜めさせ、定期試験にも出題した。本当に言いたいこと優先であったため、未習の文法

事項も含んでいたが、生徒は自分たちの思いが英語になることを喜び、未習事項への抵抗はなかった。それどころか、後に教科書の新出文法事項を導入する際に、すでにそれが「今日の表現」に使われていた時などは、導入が楽にできたという。

　筆者もかつて指導困難高校で教えたことがあった。そこでは、生徒の最も嫌いな教科が英語であり、ほとんどが就職希望者で「将来英語なんか必要ない」と考えていた。授業中生徒は私語、居眠り、徘徊、よそごとにふけり、授業成立は困難であった。3年間既存の授業スタイルで格闘したあげく、筆者は思い切ってまったくちがう授業スタイル(三浦, 1991)に転換した。授業を生徒が話したいことを中心に組み直し、英語で一緒に考える時間に変えたのである。「ガールフレンド」「好きな音楽」「いじめ問題」「将来の職業」「夏の旅行プラン」「最近見た映画」などの話題で、生徒が意見表明できるよう自作プリントを作って授業を行った。この新方式に生徒は大いに乗ってきて、眼を輝かせて授業に参加し、毎回の授業は生徒たちの知っていることや意見の活発な交換の場となった。

3. 授業の幹をなす3要素:
どこから、どこへ向かって、どのようなルートで

　これらの実践に共通するのは、第1に教師が生徒の実態、すなわち生徒が抱える問題や関心事項・学習ニーズを深く把握しようとしていたことである。先述 ① の「目の前の生徒の緻密な観察・洞察」がこれである。指導法の流行や小手先のテクニック依存に流されると、それらが授業の主人公となり、目の前の生徒が主人公でなくなってしまう。第2の共通点は、低学力・授業妨害・学習動機の欠如などの問題を前にして、教師が「こんな生徒は教える価値がない」と投げるのでなく、「この生徒たちが学習する可能性はどこにあるか」を ② の学習理論に照らして考察したことである。菅氏の依拠した理論は、「人は学んだことを実際に適用して物事を操作してみたい」というオースベル(1968)の学習動機理論に通じる。太田氏の理論は、「人間は自己の思いを安全に、恐怖なしに表現し、他者に受け入れられることを求める」というロジャーズ(Rogers in Brown, 2000, pp. 90–91)の理論に通じる。そして筆者の対応は、「人は誰しも、愛されたい、人から認められたいと欲している」というマスロー(1954)の理論に通じるものであった。教師

の無手勝流の頑張りやあきらめで未知の事態は打開できない。目の前の暗い現実の向こうに、生徒のまだ見えない可能性を見るためには、学習理論による展望が必要なのだ。第3に共通するのは、生徒理解と学習理論に基づき、③の「こうすればこうなるはずだ」という、目標に到達するための道筋を立て、思い切ってそれを生徒に投げかけたことである。「このやり方で、この期間頑張れば、君たちはこういうことができるようになる。一緒に頑張ろう」である。こういうリーダーシップが、クラスを変えてゆくのである。授業を貫く「幹」とは、これら3つの要素を言う。つまり、① どこから出発

●コラム●

英語教師を何にたとえるか

教員研修の講話などで、「英語教師は○○のようでありたい」といった話が出ることがある。よく耳にするものには、英語教師＝コメディアン、マジシャン、仕掛け人、coordinator、カウンセラーなどがある。

筆者は、こうしたたとえがどれだけ本質的かを考えるのに、背理法で考えてみる。たとえば、「コメディアンのように振る舞えない英語教師は、英語が教えられないか？」と問うてみる。すると答が見えてくる——「生徒をノセることだけ上手でも、教える力量がなければ、生徒に信用されはしない」。この背理法で考えてみると、上にあげたたとえはどれも、英語教師に絶対なくてはならない要素ではないと思われる。

それでは、他にどのようなたとえが望ましいか、と考えると、筆者は「英語教師＝医者」「英語教師＝船長」だと考える。

英語教師は、生徒1人ひとりを診察して、その現在の英語力を診断し、今後どのような自助努力と指導援助が必要かの処方を書くことが要求される。だから「英語教師は医者のよう」だと思う。また、医者は患者を選り好みなどしない。名医ほど、重症の患者を進んで引き受けるものであり、「私は風邪引きと軽症の患者しか診たくない」という医者は藪医者である。教師もまたしかりで、「もともと学力の高い生徒しか教えたくない、英語のできない生徒のいる学校には転勤したくない」というのは、プロ教師として恥ずかしいことである。

英語教師は、教えるクラス40人の生徒の生命をあずかる船長であり、授業は40人の船員と船長の乗った船である。船長は、その船を約束のパラダイスに着けるために、自分の知恵と経験を頼りに必要なリーダーシップを

し、② どこへ向かって、③ どのようなルートをたどって旅するか、がはっきりした授業である。

このように見てくるとわかるように、授業成立は生徒にタレント的に受けることや、名人芸的授業テクニックによるものではなく、もっと地道で確固とした構成要因から成るものである。こうした幹があってこそ生徒が信頼してついてくる。ただ面白おかしい活動が脈絡もなく続いているだけでは、ただ単なる遊びの時間になってしまう。先述の、OC授業の不人気の理由もそこにあったと思う。

発揮する。あまりに低俗な目的地に向かおうとすれば、船員は他の船に移りたいと言うだろう。あまりに犠牲の多い、過酷なルートを取れば、船員は反乱を起こすだろう。船員の持てる能力と潜在欲求を見極め、彼らにとってかなり高めではあるが実現可能な、すばらしい目的地を選び出し、彼らに向かってその旅のすばらしさ、到達した時の栄冠を熱く訴えかけなければならない。航海の途中では、なかなか見えない目的地に業を煮やして、船員たちが「もうやめた」とストライキを起こすこともあるだろう。たとえ40人対1人の対決になろうとも、船長は約束したパラダイスへの道をゆずってはならない。そして、首尾よく船が目的地に着いた時には、栄光を船員に帰して、「よくやった」と見送るだろう。不幸にも船を目的地に導けなかった時には、なによりもまず自分のリーダーシップの至らなさを責めるだろう。

なるほど英語教師がコメディアン的であるのもよいだろう。教室でマジックを使ってわかせてもよかろう。どっと生徒をのせる仕掛け人であってよい。生徒の自主活動の援助者であってよいし、生徒のよき相談者であってよい。しかしそれらはみな、英語教師の仕事の周辺事項であり、それ以前に備えておくべき基本のスタンスは別にある。それは、医者のような教師、船長のような教師の姿勢だと思う。生徒の学力・状態が診断でき、適切な対策が処方できなければ英語は教えられない。広範な経験と見識に基づき、思い切ってすばらしい授業構想を生徒に指し示し先導できなければ、生徒はついてこない。どちらも、生徒のウケを気にして小手先のことで一喜一憂する人気取りとは無縁の世界である。コメディアンなりマジシャンは、こうした基本的スタンスを身につけてから志向するのが正しい順序だと思う。

(三浦 孝)

G. 日本語コミュニケーションと英語コミュニケーション活動の関係

　筆者は日本語学者でも日本語教育の専門家でもない。そのような門外漢が、日本語コミュニケーションについて発言してよいのだろうかと、ためらいもある。しかし本書のテーマである「日本の生徒の全人的コミュニケーション能力の育成」を考える時、日本語コミュニケーションと切り離して英語コミュニケーションを語ることはできない。門外漢としての無知ゆえに、読者からご批判を受けることを承知の上で、両者を関連づけた言語教育の将来像について、議論を提起してみたい。

1. 現代日本のコミュニケーション状況

　英語の運用能力養成強化が叫ばれる中で、実は母語である日本語のコミュニケーションが危機に瀕している。日本語はもはや日本社会のコミュニケーション手段として十分に機能しえなくなっている。近年、昔ならば日本語で和気あいあいと解決できていた小さな葛藤までもが、殺傷事件や自殺や執拗ないやがらせに発展し、日本社会の安全を脅かしはじめている。図2は、日本における母語のコミュニケーションがなぜ不成立状態に陥ったか、さらにその不成立状態を修復するために今後どのような言語教育が必要かについて、筆者の見解を図示したものである。

a. 村落共同体に依存した過去の日本語コミュニケーション

　江戸時代、日本語コミュニケーションは、門地に従って厳しく管理された村落共同体を基盤として完成された。先祖代々同じ集落に住む住民同士であるため、情報の共有部分が大きく、言語的コミュニケーションは大幅な省略を特徴とした。村落共同体では、雰囲気的和合が最優先され、そのために明白な言語的表明は危険視された。個々人は、雰囲気的和合のために自己を集団に埋没させ、その見返りとして集団から安全と社会参加を保障されていた。

　明治以後、日本語が依拠していた村落共同体は徐々に解体されはじめたが、まだ日本語コミュニケーションはなんとか成立していた。しかし、昭和

の高度経済成長期になると、村落共同体は都市や産業コンビナートに労働力を供給するために大規模に解体され、最後の共同体である家庭も単身赴任・出稼ぎという形で解体されるに至った。このようにして都市に集められた群衆は、古い日本語コミュニケーションのスタイルを持ったまま、それが通じない群集雑居社会に投げ込まれたのである。

b. 村落共同体崩壊後の現代の日本語コミュニケーション

村落共同体崩壊後、群集雑居社会での共通規範作りは、組織的取り組みもなく、ただ自然発生を待つ形で放置されてきた。一時は市民運動や反戦運動、労働運動が共通規範になりかけたことはあったが、大きな貢献を残さずに沈滞していった。人々は、以心伝心の通じなくなってしまった他人を相手に、自己を言語化できない未熟さをかかえたまま「わかってくれてもよさそうなものを」と幻想を抱き続ける。共通規範が通じない群集社会の中で、人々は知人同士の間柄では旧来の村落共同体的コミュニケーションを細々と維持しながら、見知らぬ者同士ではあたかも相手が存在しないかのように傍若無人に振る舞うという使い分けで日々をしのぐ。読書の衰退は「他人の立場に立って考える」というイマジネーションを衰退させ、また読書による疑似体験の不足は、他者の生き方から学ぶことを不可能にした。功利的目的優先の教育で常に競争にさらされ、低い自己評価しか持ちえなくなった若者は、些細な注意を受けてもそれを自己への重大な攻撃と受け取り、脆弱な自我を守るために極端な暴力的反応に訴える。バス・トイレ付きワンルームマンションに住み、コンビニで対話もなく日用品を買える便利さは、逆に誰からも孤立した形で生活することを普通にし、人間の社会性の衰退を招いた。このようにして、日本語コミュニケーションは急激な社会の変化に適応できず、徐々に不成立情況が進行してきた。

また、こうした共通規範欠如の空白を埋める形で、マスメディアが規範に代わるものとして影響力を拡大して共通規範の代役を果たすかに見える。だがこれは一歩間違えば、松本サリン事件における犯人でっちあげ事件に見られるように、証拠や理性に基づかぬ風評バッシングで世論を誘導し、大衆を批判的思考から遠ざけ、結果的に盲従を招く危険をはらんでいる。

図2 日本のコミュニケーション状況と、これから求められるコミュニケーション教育

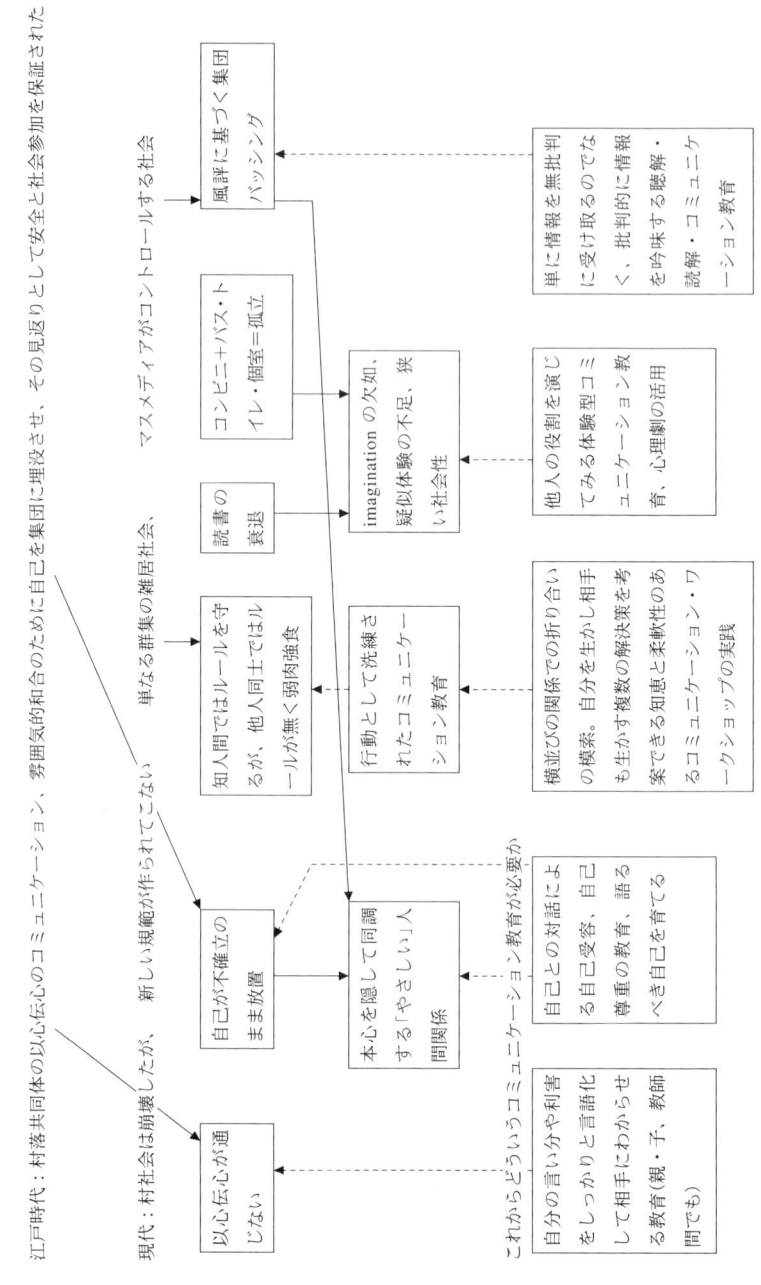

江戸時代：村落共同体の以心伝心のコミュニケーション、雰囲気的和合のためのコミュニケーション、その見返りとして安全と社会参加を保証された

現代：村社会は崩壊したが、新しい規範が作られてこない

- 以心伝心が通じない
- 自己が不確立のまま主体放置
- 本心を隠して同調する「やさしい」人間関係

単なる群集の雑居社会、
- 知人間ではルールを守るが、他人同士ではルールが無く弱肉強食
- 読書の衰退
- コンビニ＋バス・トイレ・個室＝孤立
- imaginationの欠如、疑似体験の不足、狭い社会性

マスメディアがコントロールする社会
- 風評に基づく集団バッシング

これからどういうコミュニケーション教育が必要か
- 自分の言い分や利害をしっかりと言語化して相手にわからせる教育（親・子、教師間でも）
- 自己との対話による自己受容、自己尊重の教育、語るべき自己を育てる
- 横並びの関係での折り合いの模索、自分を生かし相手も生かす複数の解決策を考案できる知恵と柔軟性のあるコミュニケーション・ワークショップの実践
- 他人の役割を演じてみる体験型コミュニケーション教育、心理劇の活用
- 行動として洗練されたコミュニケーション教育
- 単に情報を無批判に受け取るのではなく、批判的に情報を吟味する聴解・読解・コミュニケーション教育

2. これからのコミュニケーション教育のあるべき方向

　このような、日本語によるコミュニケーションの不全状態を前にして、英語教育も含めた日本の言語教育は何をしなければならないか。図2の下段「これからのコミュニケーション教育のあるべき方向」は、そのあるべき方向を提案したものである。その各項目について、以下に解説する。

（1）自己との対話による自己受容、自己尊重の教育、語るべき自己の育成の教育

　自己を言語的に掌握する訓練、自己を客体化して建設的に評価する態度、自己を世界で唯一のユニークな存在として認め、伸ばす姿勢の教育。

（2）自分の言い分や利害をしっかりと言語化して相手にわからせるコミュニケーション教育

　以心伝心が通じた過去の「言わなくてもわかってくれるはず」という甘えを脱し、しっかりと自分を言語化し、相手にもしっかりと言語化を要求する教育を行うべきである。これを、最も身近な家族間、生徒−教師間から開始すること。

（3）横並びの関係での日本人の新しいコミュニケーションのあり方の創造

　消失してしまった家父長制に戻ろうとするのでなく、横並びの関係で人々が相互の折り合いを模索し、自分を生かし相手をも生かす複数の解決策を考案できる、知恵とユーモアと柔軟性のある新しいコミュニケーションの仕方を開発する教育。

（4）他人の立場に立って考える力を育てる、体験型コミュニケーション教育

　ロールプレイやサイコドラマなどの擬似体験で、自我の安心を確保しながら、新しいコミュニケーションの仕方を開発する。

（5）行動として洗練されたコミュニケーション教育

　コミュニケーションは、ただ相手にこちらの意志が通じればそれでよいわけではない。それだけならば、相手を傷つける暴力的コミュニケーションや、話し手の品位をおとしめる下品なコミュニケーション、相手を踏みつけにして自分の勝手な都合だけをまくしたてる arrogant なコミュニケーションまでもが良しとされてしまう。生徒がこのような vulgar な発言をした場合に、それを放置するのでなく、本人を傷つけぬよう配慮しながら反面教材として取り上げ、より建設的で品格のある発言へと高めてゆく指導を行う必要

がある。後述の「Your Excuse」「問題投書へのコメント」「人生相談への回答書き」「外国人からの Why? に答える」「Strategic Interaction」はそうした指導の実例である。

(6) 単に情報をうのみにするのでなく、情報を批判的に吟味するコミュニケーション教育

単にテキストの内容理解で終わらせず、聞き・読んだテキストに対する批判的検討作業まで高める。特に次のような批判的検討作業を重視する。

ア）テキストに述べられた主張に対しては、それを裏づける十分な根拠が提出されているかを問う。
イ）テキストの中で、少数の事例から全体を決めつける過剰一般化が行われていないかを吟味する。
ウ）テキストが事実を述べているのか、それとも単に憶測を述べているのかを識別する。
エ）テキストが第一次情報（直接に目撃した情報）に基づくものなのか、伝聞によるものなのかを識別する。
オ）何に言及し、何に言及していないかによる情報操作、用語選択による情報操作を看破する。
カ）上記の検討作業で発見したテキストの欠陥・問題点を、論理立てて批判する発信活動を行う。

これを見てわかることは、実はこれらは日本の英語教師たちがこれまで授業で開発し教え合い改良してきた言語活動テクニックに通じるものであり、それが見事にこの新しい言語教育に応用できることである。英語教育が日本語教育と連携して、その両者をより豊かに高めてゆく道筋がここにある。

第Ⅰ章のまとめ

第Ⅰ章の最後に、冒頭に投げかけた3つの質問への答をまとめてみたい。3つの質問とは「本当のコミュニケーションとは何か」「意味あるタスクとは何か」「学習者にとって意味深い言語とは何か」である。今までの論述を通じて詳しくこれに答えてきたわけだが、最後にまとめるならば、次のような答となる。

① 「本当のコミュニケーション」とは、学習者が個人として独立した意

思決定のできる人物に育ちゆくために、自己を肯定的に理解し・恐れなく自由に自己を他者と伝え合う becoming a person のプロセスである。
② 「意味あるタスク」とは、オースベルらが提唱した人間の 9 つの精神的欲求に応えるタスクである。「自尊心」を育て、同時に「他者尊重」の心、"We agree to disagree." の精神、mind と heart の区別を育むタスクである。人間的な価値のある意味の授受から成るレベル 4 のタスクのことである。
③ 「学習者にとって意味深い言語」とは、学習者の人間性の琴線に触れ、学習者を励まし支える言語である。マスローが唱えた人間の 5 つの基本的欲求を授業へと接続し、欲求のエネルギーを生産的・建設的発露へと導く言語である。英語という新しい言葉で人生を生き直すこと。相手を生かし自分も生かす、品格のある言葉である。

●コラム●

教師として何に幸せを感じるか

　A校を去る時に、「先生、なんで転勤するの？」と涙目で聞いてきたのは、1年前まで勉強に対して無気力な生徒であった。この学校は、いろいろな問題を抱える生徒でいっぱいの学校であった。授業は、ほとんど成立していないと言っても過言ではなかった。そうかと言って、騒がしいわけではなく、何ら目的もなく、何かにひたすら耐えているといった感じであった。想像してほしい。授業をやっても生徒は白昼夢なのである。しばらくして、私の方が耐えられなくなった。「授業を成立させたい！」私の教師魂に火がついたのである。彼らにとって必要なことは何だったのだろうか。その答を探すために、専門書を読んだり、研修会やセミナーに参加したりした。しかし、それが直接の処方箋になったかと言えば、答はノーであった。

　以下の詩は、数年前、あるセミナーで蒔田守氏（筑波大学附属中学校）に紹介（公式 HP http://www.footprints-inthe-sand.com/ © 2005 Footprints-inthe-Sand.com）されたものを、後日、当時勤務していた職場の ALT と相談して Friendship Version にしたものである（原詩では my best friend が the Lord となっている）。

Footprints in The Sand

One night I dreamed I was walking along the beach with my best friend.
Many scenes from my life flashed across the sky.
In each scene I noticed footprints in the sand.
Sometimes there were two sets of footprints.
Other times there was one set of footprints.
This bothered me because I noticed that during the low periods of my life
when I was suffering from anguish, sorrow, or defeat,
I could see only one set of footprints.
So I said to my best friend, "You promised me that when we became friends,
you would walk with me always."
But I noticed that during the most trying periods of my life
there was only one set of footprints in the sand.
"Why, when I needed you most, you were not there for me?"
My best friend replied,
"It is because (*) through those hard times."

*I carried you

この詩は、4月の最初の授業で配布し、空欄を埋めてもらうようになっている。最初の授業ということもあり、生徒からの発言は期待できないが、記入された用紙を回収し、後で読むことによって生徒1人ひとりの個性が見えてくる。
　さて、BGM（一期一会）を流しながら、ゆっくりとした調子で、答を伝えた時の生徒の反応はさまざまである。しかし、それがスタートなのである。ここから1年間かけて取り組むのである。お互いが不安定な人間関係が、1年後には、1人ひとりが Autonomous Learner となり、教室が「仲間と学び合える場」となるのである。
　彼らとはホントに紆余曲折があった1年間であった。しかし、その分、たくさんの思い出ができた。離退任式の時、体育館の壇上で、通勤途中に車のラジオで聞いた、中坊公平氏の人生論の話をした。「中坊公平氏の父親は、仕事は持っていたけれど、とても遊び好きで、中坊氏が子どもの頃は、家がとても貧しかったらしいのです。そして、そんな父親を中坊氏は、とても恨んでいたそうです。ところが、父親が年を取り、病気になり、いよいよ最期という時になった時に、ベッドの上でにやにや笑っていたそうです。中坊氏は、驚きと同時に、こんな風に悟ったそうです。『父親は楽しく遊んでいるのを思い出しているのであろう。人は金や名誉をあの世には持っていけない。人の幸せとは、人生の中でどれほどの思い出を作ったかではないか』と。そして、私は、最後に、君たちにこの言葉を残して去ります。君たちと過ごした1年間は思い出でいっぱいですよ」と。体育館は、割れんばかりの生徒の拍手だった。教師として、これほどうれしい瞬間はないくらいだった。

参考文献（私のオススメ）
市川伸一（2004）『学ぶ意欲とスキルを育てる』小学館
河合隼雄（1998）『こころの処方箋』新潮社
佐藤　学（2003）『教師たちの挑戦――授業を創る　学びが変わる』小学館
下村湖人（1981）『論語物語』講談社
D. W. ジョンソン、R. T. ジョンソン、E. J. ホルベック（1998）『学習の輪――アメリカの協同学習入門』二瓶社
中坊公平（2002）『金ではなく鉄として』岩波書店
Kessler, C. (eds.). 1992. *Cooperative Language Learning: A Teacher's Resource Book*. Prentice Hall.
Olsen, R. W. and S. Kagan. 1992. About Cooperative Learning. In Kessler, C. (eds.). 1992. *Cooperative Language Learning: A Teacher's Resource Book*. Prentice Hall.
Scharle, A. and Szabo, A. 2000. *Learner Autonomy: A Guide to Developing Learner Responsibility*. Cambridge University Press.

（池岡　慎）

第Ⅱ章

英語コミュニケーション活動の基本形

第Ⅰ章で述べたように、英語コミュニケーション活動は、もし成立すれば大変に有意義かつ楽しいものであるが、成立させるためにはいくつかの要所を押さえておく必要がある。本章では押さえるべき要所として、

- どのように学級集団を育てたらよいか
- 生徒が話す気になるための条件をどうつくるか
- 応用性の高い原型的アクティビティにはどのようなものがあるか

について解説する。

A. コミュニカティブな集団育成の原理

はじめに

　コミュニケーション活動をさせようとしてもなかなか思うように生徒がのってこないということはよく聞く話である。どこに問題があるのであろうか。次の写真をご覧いただきたい。この写真は、筆者がかつて勤務していた高等学校2年生と3年生の授業の1コマである。生徒が活発に挙手して学習に参加しているが、実は、この学校は、筆者が赴任した当時は、シラケてどうしようもない状態であった。問題行動は1日数十件、授業が始まっても、着席はしていない、教科書は出ていない、そして5分もたたないうちに睡眠が始まり、3年生はと言えば、入学当初の1クラス分の生徒が退学しているといった状況であった。まさに、無気力、無責任、無感動な生徒の集団がそこにあった。しかし半年後には、そのような生徒がこの写真のように授業に活発に参加するようになったのである。

何が彼らをこのようにやる気にさせたのであろうか。実に簡単な話である。それまでの授業が、お互いのやる気を殺ぐものであったのである。つまり、教室が「仲間と学びあえる場」になっていなかったのである。生徒たちが、授業に参加したくなるのは、「わかった！」「できた！」という達成感を実感できる時であり、その積み重ねが自信となり、結果として積極的な態度が生まれるのである。

　さて、シラケた状況下で有効な手だては何であろうか。それは、生徒のレベルに応じたタスク中心の授業展開を考えることである。

　中嶋は、『英語を好きにするマネージメント30の技』第4章の中で、タスクを成功させる条件として、以下の2つを紹介している。

　① ちょっと努力すれば到達できそうなゴールを設定すること。
　② 創造的になれるタスクを考えること。

創造的になれるタスクとは、

　ア）習ったことを使って書けるようになっていること。
　イ）身近でイメージが持ちやすいものになっていること。
　ウ）やってみたいこと、面白そうなものになっていること。
　エ）条件（行数や文型、単語など）が設定されていること。

である。

1. 仲間と学び合える場をつくる

　コミュニカティブな学習集団とは、どのような集団であろうか。まずは、

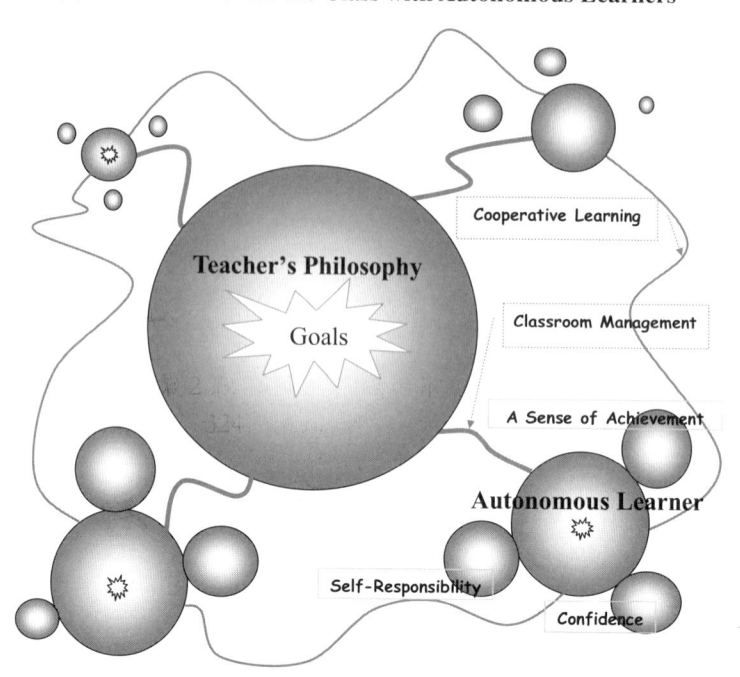

図1 The Model for the Class with Autonomous Learners

全体像を見ていただきたい。図1で示しているように、集団の学習者1人ひとりが Autonomous Learner であると考えることが大切である。Autonomous Learner とは、コミュニカティブな学習集団を支えることのできる自己が確立している学習者を意味している。自己が確立している学習者とは、自己責任、達成感、自信・自己肯定感を持った学習者である。そして、そのような学習集団が存在する学習環境は、非常に居心地がよく、「仲間と学び合える場」となっているはずである。さて、このようなコミュニカティブな学習集団作りをするためには、どのような配慮が必要であろうか。

(a) 教師が持つべき視点

まず、「学び合える場」にするためには、教師自身が確固たる哲学を持っていなければならないのは当然であろう。中嶋(2000a)は当時、同僚であった3人の優れた教師が持つ共通点を以下のようにまとめている。

① 小さくても授業に夢を持っている。
② 生徒たちに活動を通して自信をつけさせている。
③ 生徒の変容を教師自身が楽しんでいる。
④ ちがいを大切にして、生徒たちを関わらせながら育てている。

　夢があれば、1年後あるいは3年後の計画が立てられる。その計画があればこそ、日々の授業の実践に張りができるのである。その実践は、たとえ小さなものでも、1年後あるいは3年後の大きな成功を支えるのになくてはならないものなのである。

　夢を持たない教師や授業に生徒が魅力を感じるだろうか。たとえ、少しずつでも、その夢を実現させるために頑張っている教師や授業だからこそ、生徒たちは、自らの意志で授業に参加しようと思うのである。そして、頑張っている教師や授業を通して、生徒たちは自己肯定感を味わい、それが自信につながるのである。そして、そんな自信を持った生徒たちの変容を、教師は微笑みながら楽しむのである。もちろん時には、互いの理解不足から衝突もあるかもしれない。しかしそんな時こそ、ちがいを認め、学び合い、支え合うことを教えるチャンスであることを、優れた教師はわかっているのである。

　しかし、教師のほとんどが、教師になった瞬間から優れているわけではない。また、単に専門書を読んだから、優れた教師になったわけでもない。さまざまな関わり合いの中から、血のにじむような努力や経験を積み重ねたからこそであることを忘れてはいけない。

(b) 居心地のよい集団

　なぜ、居心地がよくなければならないのか。それは、子どもの目線に立てばわかることである。居心地が悪いと感じる子どもが1人でもいれば、そのクラスは、居心地のよい集団になっているとは言い難い。まず、居心地のよい集団をつくるためには、居心地がよくなる環境づくりをしなければならない。たとえば、草花を育てたことがある方ならおわかりだろうが、居心地のよい環境とは、種にとって発芽する条件が整っているということである。子どもたちが成長するためには、適切な環境がなければ、その能力を開花させることは難しい。

　それでは、どのような視点で居心地のよい集団を目指せばよいのであろう

か。最低限必要と思われることは、次の3点である。

① 間違いを認め合える雰囲気
② ゆとり（気づく学習）のある授業
③ 笑顔のあるクラス

「ミラーニューロン」という言葉をお聞きになったことがあるだろうか。最近注目され始めたものであるが、どうやらミラーニューロンというものがあることにより、我々は他人につられて笑ったり、もらい泣きをするといった行動が起こるらしい。つまり、自分の行動や感情が他人に移ってしまうのである。表面的には何ら問題がなさそうなクラスにおいても、活動をさせるとうまくいかないというのは、互いのミラーニューロンがマイナスに働いているからだと言えそうである。

それでは、どうすれば上記の3つの必要条件を整えられるだろうか。その一例を紹介する。たとえば、次の早口言葉をクラス全員で競い合ってみよう。

> ある日のこと、カエルピョコピョコ三ピョコピョコ合わせてピョコピョコ六ピョコピョコと書かれた赤パジャマ青パジャマ黄パジャマ茶パジャマを持っている東京特許許可局局長の客はよく柿食う客で、生麦生豆生卵も好きだったが、訴訟勝訴記念に地図帳で無人島を探しながら404泊405日かけて新春シャンソンショーを見に行く予定だった。ところが、裏庭には2羽、庭には2羽鶏を飼っている高くくった鷹狩った肩硬かった方が高かった肩たたき機買ったそうで、しかし、釘が気になるので引き抜こうとしたら、「この釘引き抜きにくい」ということで、高かった肩たたき機を「すもももも桃も桃のうち」という車種と交換したそうだ。ところが有料路走行中、お綾が現れ、すぐそこの竹垣に竹立てかけて、向こうの竹垣にも竹立てかけたそうだ。それを見ていた母親とお綾の間で「この竹垣になぜ竹立てかけた？」「竹立てかけたさに竹立てかけた」「それならお綾や、お謝りなさい」という会話がなされたそうだ。

日本語ということもあるが、内容がないことに妙な面白さが伝わってくる。その雰囲気がクラスに広がるのである。練習時間を少し与えて、全員を

起立させて、「よーい、どん！」。「最後になった人は、デモンストレーションしてもらいます！」とプレッシャーをかけながら読ませていく。一生懸命読もうとするが、失敗するから面白い。この雰囲気のまま、英語の早口言葉に移れば、教室は、実に活気のある居心地のよい集団になる。

また、近年、「笑い」に関する医学的な研究が進み、口を大きく開けて「ハハハハ」と笑うことが健康につながるらしい。人は笑うことによって、呼吸が大きくなり、運動をした時と同じ状態になる。これが新陳代謝を向上させ、健康体につながる仕組みらしい。

この「笑い」に関しては、文教学院大学外国語学部専任講師で社会学、異文化コミュニケーション、ユーモア学が専門の大島希巳江氏の考えが参考になる。大島氏は、いまや世界各地で公演されるなど、注目を集めている落語で世界を笑わせている。

氏によれば、「ユーモア」には必ずメッセージ性があり、「笑い」というのはその結果生じるものである。そして、何か問題に直面した時に、正攻法でぶつかるだけでなく、「ちがった切り口から柔軟にその解決策を考えることにつながる」という効用もある。アメリカでは、ユーモア・コンサルティングという分野が確立されており、そういうコンサルティング・サービスのみを提供する会社が存在するようである。つまり、理詰めで相手をうち負かすことばかりを身につけるのではなく、柔軟に問題解決できる能力も身につける必要があるということである。

大島氏のユーモアは、『英語落語 RAKUGO IN ENGLISH』（DVD、ビクターエンタテインメント）(http://www.english-rakugo.com)に紹介されており、一見の価値がある。

(c) 自学自習のできる集団

筆者の家には愛すべき2人の娘（6歳と4歳）がいる。そして、2人には家族のためにする仕事を与えている。お姉ちゃんは庭の水やりで、妹は新聞や郵便物を取ってくる仕事である。水やりや郵便物を取ってくるといった仕事は簡単ではあるが、娘たちには、自分が家族の一員として必要とされていることを実感してもらいたくてやらせている。実際、娘たちに「～してくれて助かるね」と声をかけると、なにか大切なことをやり遂げたような、とてもいい顔をする。

さて、クラスの生徒についてはどうだろうか。やはり、同じである。1人ひとりがクラスの中で、安心し自分の存在意義を感じて生活できるように、教師は以下の点に、特に配慮する必要があると考える。

① 規律を守ることのできる集団
② 自己責任を果たすことのできる集団
③ 達成感、自己肯定感を感じることのできる集団
④ リーダーが存在する集団

教師が、授業時間に毎回のように遅刻してはいないだろうか。また、切れ目が悪いからと授業を延長してしまうことはないだろうか。それでは、授業のマネージメントができているとは言い難い。私の授業のモットーは、「0分から50分まで」である。しかし時には、緊急の用事が発生して、授業に遅刻してしまうことはある。そんな時は、理由が何であれ、ひとこと「申し訳なかった」と謝ることにしている。授業時間を守るというのは、生徒との信頼関係を築き、より強い学習集団をつくるための基本であることを確認したい。子どもたちに責任感を持たせたいのであれば、まず、教師が手本(規律を守り、責任を果たすこと)を見せることである。まさに「子どもは大人の背中を見て育つ」のである。

さて、定期考査や小テストに関して、生徒の間で次のような会話が聞かれることはないだろうか。

〈例1〉
A:「テスト勉強やってきた?」
B:「ううん、全然してないよ。どうしよう。」
〈例2〉
C:「おい、点数見せろよ!」
D:「いやだよ!」
C:「うああ、負けた!」

はたして、このようなやりとりをする子どもたちの人間関係はどのようなものであろうか。我々が目指すべきものは、

〈例3〉
A':「テスト勉強やってきた?」
B':「もちろん。わかんないことがあったら教えてあげるよ。」

〈例4〉
C':「おい、点数見せろよ！」
D':「いやだよ！」
C':「なんだ、おまえ、頑張ってるじゃん！」

という、相手を思いやれる人間関係ではないだろうか。それが、教室の中で「暗黙の規律」をつくり、互いが支え合える(学び合える)学習集団づくりとなるのである。

そのような学習集団づくりに参考になるのが、TT（ALTとのティーム・ティーチング）でのALTの発言である。生徒の発言に対する彼らのコメントのつけ方は実にうまい。ALTは、生徒の発言が間違っている場合でも、"Good try!", "Good challenge!"という言葉を使う。人は、間違うとハズカシイと思うのが大半であり、ハズカシイという思いは、集団の中では自己否定につながりやすい。自己否定感を持った子どもが積極性を失ってしまうのは当然である。ALTのやり方は、それを解消するものである。さらに、注目すべきなのは、その答に至った思考のプロセスを確認することを大切にしている点である。このようなやり方が良いのは、間違った解答に至ったプロセスが、実は他の生徒が抱えているトラブルスポットにも関係している可能性があり、やりとりをしているうちに、他の生徒が「わかった！」ということにもなり、学びの共有化がはかれるからである。

さて、筆者は、常日頃から生徒に「学力を身につける3つの力」を説いている。それは、

① 集中力
② 問題解決力
③ コミュニケーション力

である。集中力とは、授業に集中し、理解できることと理解できないことを見分ける力を意味する。生徒は授業で、専用のノートを作り、わからなかったことをその場でメモに残す。1時間が終わった後に待っているのは、②の問題解決力である。各自が自分のわからなかったことを考え、できるだけ自分の力で問題解決することを目標とさせている。しかし、たいていの場合、自分1人ではわからないことがあるので、③コミュニケーション力を利用して、友だちや先生に尋ねるようにと言っている。しかし、ここで大切なの

は、誰に尋ねてもよいというわけではないということである。それぞれが得意な教科(「得意」というのは、「説明がうまい」という意味)があり、筆者の代わりに教えてくれるリーダー的な存在の生徒を見出している。最初は、よく知らない相手に、自分が理解できないことを質問することに抵抗を感じていたが、「わからないことは決して恥ずかしいことではない。恥ずかしいのは、わからないことを解決しようとしない態度である」と説くことにより、ずいぶん教室の雰囲気も変わってきた。

2. 折り紙で成功体験

　学習集団づくりをする時に大切なことは、子どもたちに成功体験を持たせることである。しかし、クラスが編成されたばかりの4月の最初には、これが少し難しい。その有効な手立ての1つが「折り紙」である。「折り紙?」と思われるかもしれないが、今や折り紙は世界的なコンテストが行われるほど有名な日本の文化の1つとなっていることをご存知だろうか。日本では、昔から家族の中で、大人が子どもにいろいろな折り紙を折ってやったものである。そして、それを子どもたちは、真剣なまなざしで観察し、「真似ぶ」ことを通して、今度は自分のオリジナル作品を作り出そうと、さまざまな工夫をしたものである。まさに、Experience is the best teacher. である。

　ところが現代では、ノンクリエイティブなゲームがもてはやされ、子どももそれが当たり前だと思っている。英語の授業の前に、この成功体験を導入することの意味は、英語の授業ではなかなか実感できないことを短時間で体験できるというメリットがあるからである。なお、折り紙は、対象レベルよりも少し難易度の高いものを導入すると互いに協力し合う体験ができる。

図2　折り紙で Autonomous Learner を育てる

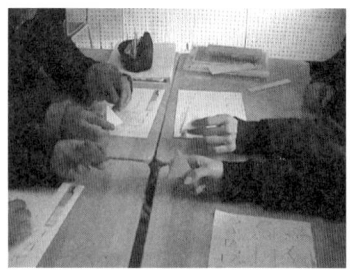

A. コミュニカティブな集団育成の原理

　筆者は、先生方を対象とした研修会やセミナーの中でも、「仲間と学びあえる場」を通して、Autonomous Learner を育成する過程を疑似体験してもらうために、必ずと言ってよいほど折り紙をしてもらうことにしている（図2参照）。

　さて、この折り紙での疑似体験の進め方を、図3を利用しながら説明すると次のようになる。まず、グループ（4名～5名）を作り、その中でリーダーを決める。この時のポイントは、リーダーは、原則として誰がやってもよいこととする。リーダーというのは、その分野に長けている者というイメージがあるが、「名選手必ずしも名監督ならず」の精神を取り入れて行う。リーダーが決まったら、折り紙をグループのメンバー分取りに来させる。教師はここで、リーダーの動きをよく観察することが大切である。どのように取っているか。他のリーダーへの気配りがあるか。残った折り紙を整えているか等。リーダーとしての資質を高めることは、クラスルーム・マネージメントにとって、とても大切な要素となる。

　いよいよ、折り紙を折ることとなるが、ここで目標となる完成品（goal）

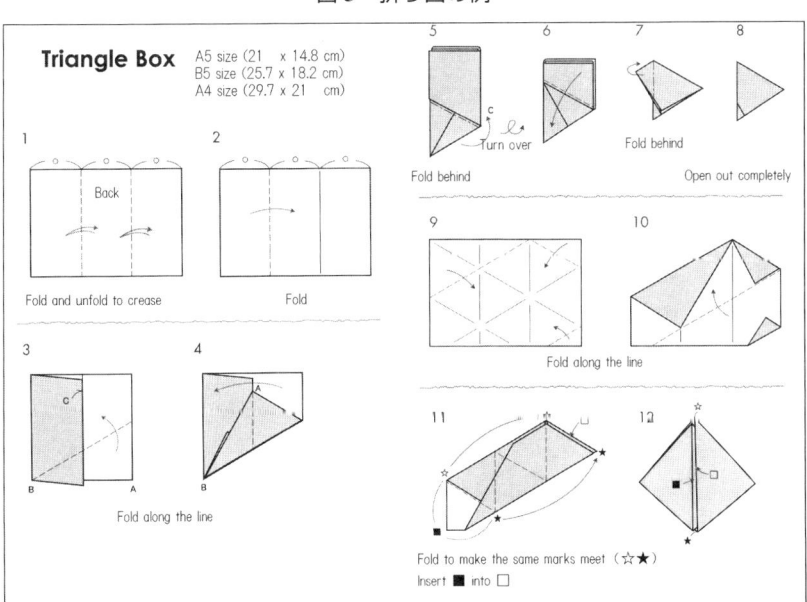

図3　折り図の例

を呈示する。各グループは、このモデルと折り図を参考に、アドバイスをしたり、観察したりしながら、互いに支え合い協力（cooperative learning）しながら作業を進めることとなる。この時、時間設定をし、メンバー全員が完成したらリーダーが申告しなさいといった指示を出すと、生徒の集中力は加速度的に増していく。さらに、グループで取り組んでいることも相まって、自分もしっかりしなければと思うことにより、自己責任（self-responsibility）が生まれる。そして、完成することにより、「できた！」と達成感（a sense of achievement）を感じ、「自分にもできるんだ！」という気持ちが自信や自己肯定感（confidence or self-esteem）を生むことになる。結果として、それぞれの生徒は、学習（ここでは作品作り）に対して、みんなができる（ここではみんなが完成する）という成功体験をし、「仲間と学び合える場」の共有ができる Autonomous Learner となるのである。

B. 話す気にさせる力学の原理

「2人でペアを組み、高校野球について英語で話しなさい」、このような指示がよく英語教科書に無雑作に載っている。経験ある教師ならすぐにわかるが、このような指示で生徒が英語で話し始めることはまずありえない。「なぜいま高校野球について話さなければならないのか？」「ここで話し合って何になるのか？」がまったくわからないのだから、当然である。人と人とが話すためには、話す必然性がなければならない。その必然性をどうつくるかが、コミュニケーション活動の成否の鍵を握っている。

これから述べる(1)〜(3)の原理は、コミュニケーションを生起させるダイナミズムを教室にどう作るか、についての原理である。これらは相互に排他的なものではなく、むしろ相互補完的である。たとえば正式なディベートを例に取ってみると、学習者は相手チームとの意見のギャップを埋めるために（ギャップの原理で）、チームで協力して意見を雄弁に主張し（ディベートの原理で）、相手を論破することを目標に（タスク達成の原理で）、コミュニケートするのである。

1. ギャップの原理

ギャップの原理とは、聞き手と話し手の間に、持てる情報・意見などの差

がある時に、その差を埋めるためにコミュニケーションが発生するという原理である。ここでは、ギャップをいくつかのタイプに分類し、そのタイプごとにどのような活動があるかを例示し、ギャップを活動へと高めるための原則を述べることにする。

(1) インフォメーション・ギャップ

インフォメーション・ギャップとは「情報の差」である。この原理は、下記のように説明されている。

> 学習者間で自然な形で情報を交換させるには、話し手と聞き手の間に、互いに持っている情報の違いがなければならない。この「情報の差」（information gap）を埋める形で対話を行わせる練習のことをいう。たとえば、二人の対話者が第三者のことについて話そうとしている場合を考えてみよう。一方の学習者はその人物の名前、年齢、趣味を知っているが、他方はそれを知らない。しかし、その人物の電話番号、兄弟・姉妹の数、就きたい職業については知っている。このような状況で、両者が知りたい内容・伝えたい内容を伝え合うことで真のコミュニケーションが成立することになる。この練習を導入することにより、教室内で行う活動が機械的・不自然になることが避けられる。（JACET 教育問題研究会, 2001, p. 59）

ここで補足したいことが2つある。第1に、インフォメーション・ギャップがあるからといって、ただちに「聞き手が知りたがる」とはかぎらないことである。よく、Bill, John, Helen ... といった名前と、彼らの誕生日を尋ね合ってギャップを埋める活動があるが、Bill も John もただ人工的につくった無意味な記号にすぎず、それを知ったからといって生徒の生活が少しも豊かになるものではないので、活動としての魅力は少ない。活動とするためには、第Ⅰ章 E–3 で述べたレベル4の要素を持たせることが必要である。生徒が知りたがるためには、自己関与すなわち自分にとって意味ある情報のギャップとすることが必要なのである。

第2に、インフォメーション・ギャップ活動には、closed と open の2種類がある。前者は、あらかじめ決められた答を求めて情報をやりとりする形式である。たとえば生徒Aと生徒Bが組になり、それぞれが相互に補完し合う不完全な表や図を片方ずつ与えられ、自分に欠けている情報を目標言語

で相手に尋ねることによって、あらかじめ定められた正解を完成させていく活動である。利点としては、明快なタスク達成感が得られること、用いられる情報が closed（あらかじめ決められている）なので、発話がコントロールされ、生徒の発話に時間がかからず、正しいかどうかの判断がつけやすい点があげられる。

　オープン・インフォメーション・ギャップ活動は、互いに不完全な表などを完成するために目標言語で尋ね合う点では同じだが、授受するのが話者のオリジナルな情報という点で違いがある。三浦(2000)の高校用「オーラル・コミュニケーションＡ」教科書調査によれば、検定教科書には、どちらかといえば運用の手軽なオープン・インフォメーション・ギャップ活動の開発が非常に手薄である。

　なお、「インフォメーション・ギャップ」は、コミュニケーション活動を成立させる『条件づくり』であって、活動そのものではない。なぜなら、そのインフォメーションを生徒が知りたくなる意味づけを、必ずしも伴っていないからである。ギャップは意味づけの situation を伴って初めて活動になりうる。

（2）オピニオン・ギャップ

　オピニオン・ギャップとは、相手と自分との意見の差がコミュニケーションを生むという原理である。この原理は下記のように説明されている。

> 場面や状況に応じて、学習者が抱く個人的な「好み」、「感情」、「心的態度」の差異に気づかせ自己表現させる練習である。たとえば、意見の分かれるトピックで展開している対話を途中まで提示し、それに対する個人的な意見を付加しながら、対話を完成させる練習がある。たとえば、意見の分かれる「ファッション」や「食べ物」に関する対話の一部を提示し、自分の意見を付加しながら、ペアーワークで完成させることが考えられる。また、社会的な問題にまで幅を広げて、自分の意見やその根拠を表現させる練習などその応用範囲は広い。議論の方法や手順を設定して、最終的に議論の勝ち負けを明らかにするディベートもこの発展的応用形態である。(JACET 教育問題研究会, 2001, p. 56)

　小は 3 分程度で完結するものから、大は 1 時間を超すものまで、非常に適応範囲が広い活動である。ただ、学習者同士で意見のちがいを話し合うこと

に「何の価値があるか」がやはり問題となる。"You like an apple. I don't like an apple. So what?" と生徒に言われないためには、ギャップ活動の意味づけ、つまり生徒が相手の意見を知りたくなる意味づけが必要である。その意味づけの仕方を、次の (a), (b) で例示する。

(a) ギャップ活動の意味づけ例:「相性テスト」

次の「相性テスト」は、初級者対象で10分程度で完結できる簡便な活動であるが、意見を交換するタスクの上に、相手と自分の相性を診断するという上部タスクが置かれている(必ずしも本当に相性を診断するわけではないが)。生徒の、クラスメートについてもっと知りたいという社会的欲求とつなげることによって、伝達の価値づけを与えている。

〈相性テスト〉
　やり方
　　(ア)　次の下線部に、自分の大好きなものを英語で書き込む。
　　　　1. I like ＿＿＿＿＿. [　]
　　　　　　　　　（食べ物）
　　　　2. I like ＿＿＿＿＿. [　]
　　　　　　　　　（飲物）
　　　　3. I like ＿＿＿＿＿. [　]
　　　　　　　　　（歌手）
　　　　4. I like ＿＿＿＿＿. [　]
　　　　　　　　　（スポーツ）
　　　　5. I like ＿＿＿＿＿. [　]
　　　　　　　　（その他なんでも）
　　(イ)　それを、パートナーに向かって話し、反応を聞く。相手が "I do, too." と言ったら [　] に○を、"No, I don't." と言ったら [　] に×を記入する。
　　(ウ)　4人のパートナーに尋ね、あなたと好みが最も異なる人をさがそう。

(b) ギャップ活動の意味づけ例: Ken's Love

オピニオン・ギャップ活動のもう1つの例として、筆者が高校用に書いた "Ken's Love" という教材を紹介しよう。これは活動aと活動bから成り、a

はアンケート方式でクラスの意見交換を図る簡便なアクティビティ、b は生徒のオリジナルな創作を要求するアクティビティである。

Ken's Love

——Please Give Him Your Kind Advice——

I. Ken's Letter

Dear Sir/Madam,

　Hello. I am a high school student. I am in the twelfth grade. I have been unhappy recently. I cannot sleep well. I cannot study at all. I often day-dream in class. So I have got poor marks in the exam.

　All is because of my one-sided love. Every morning, when I take my train at Nagano Station, I find her on it. She is so pretty and attractive. Her smile is so sweet ! She is like an angel.

　My problem is that I am extremely shy. I have never spoken to girls. When I try to speak to girls, my tongue stammers and my face turns red. Every morning I stand a little away from her, with my heart beating fast. I have spent almost one year in this way. She never knows how I love her.

　I want to speak to her. I want to ask her to be friends with me. But I don't know how to start a conversation. In a few months I am finishing high school, so I am growing impatient. I must do something. Please give me your kind advice.

Sincerely Yours,

Impatient Ken

活動 a. Opinion Polls

Question A: Who is an attractive woman? Choose two most important items for you.

- a．She is good-looking.
- b．She is warm-hearted.
- c．She is intelligent.
- d．She is obedient.
- e．She is cheerful.
- f．She is a good cook.
- g．She is pleasant to talk with.
- h．(your original answer)

Question B: Who is an attractive man? Choose two most important items for you.
- a．He has long legs and cool looks.
- b．He is warm-hearted.
- c．He is intelligent.
- d．He is athletic.
- e．He is strong.
- f．He is intelligent.
- g．He is pleasant to talk with.
- h．（your original answer）

活動 b. Giving Advice

You are the staff of the advice column. First, write your advice for Impatient Ken in about 300 words. Then, write advice as a group.

　活動 a の Opinion Polls は，「魅力的な女性の条件」「魅力的な男性の条件」を，あらかじめ用意された選択肢の中から選ぶ活動である。各自が選んだら，次には男子の答と女子の答を比較させた。筆者のクラスの男子生徒は，モテる男性の条件を「腕力」や「脚の長さ」だと思う傾向が強かったが，女子が選んだモテる男性の条件が「やさしい」「話し相手として楽しい」であることを知り，新鮮な驚きを感じていた。生徒の答と教師や ALT の答を比較させると，それぞれの持つ異性観が対照できて面白い。もしも海外に姉妹校があれば，海外の生徒の答と比較してもよい。筆者は以前，この Opinion Polls をイギリスのある会社に勤める男性 15 人に実施したところ，魅力的な女性の第 1 条件は She is intelligent. であった。なぜかと聞いてみたら，男性の最も大切な adviser は妻であるので，妻となるべき人には有能な adviser としての知性を求めるという返事だった。なるほどと思わされた瞬間であった。このように，意見表明というタスクの上に，男女比較や異文化比較といった上部タスクをかぶせることによって，活動が生徒を引きつける意味を持つようになる。

　活動 b の Giving Advice は，最初に宿題として各自にアドバイスを書かせておき，授業でそれをグループ内で鑑賞し合う。それから，すべての作品を総合してグループとしての共同アドバイスを作成する。次に，各グループのアドバイスをプリント配布して生徒に配り，良いと思う作品 2 本に投票し，クラスで最も共感を呼ぶアドバイスを決定する。出て来る作品には，品良く恋を告白するための，若者ならではのいろいろな工夫がいっぱい盛られている。特に参考になるのは，こういう告白に長けたおませな男子のアドバイス

や、女の子の心理をていねいに解説した女子のアドバイスである。生徒は、実生活で役立つ情報いっぱいの、こんな活動には身を乗り出してくる。この活動の特徴は、アドバイス作成という下部タスクの上に、互いのアドバイスから対人関係を学び合うという上部タスクを載せ、生徒の社会的欲求に応えている点である。

大部分のインタビュー活動は、オピニオン・ギャップを利用したものである。たとえば *iTALK*（Macmillan）には、このような活動がふんだんに紹介されている。なお、「オピニオン・ギャップ」も、コミュニケーション活動を成立させる「条件」であって、活動そのものではないと考える。活動とするためには、それを行うことによって生徒が何らかの意味で豊かになるという意味づけが必要である。

（3）イマジネーション・ギャップ

実は日本の中学・高校の教室でインフォメーションやオピニオンのギャップをつくるのは容易ではない。それは、どの生徒も大体同じような生活を送っており、似通った意見を持っているからである。そうした現実的制約を打ち破り、教室に情報や意見のギャップを豊富に作り出す方法として、イマジネーション・ギャップの利用がある。課題や設問に対して、生徒1人ひとりが、事実であることに縛られずに、自由に空想を働かせて答えてよいとする。こうした設定は一見絵空事に見えるかもしれないが、現実の制約の範囲内に限った発想をしていては、現実を乗り越えてゆく構想は生まれない。これまでの偉大な科学者の発想の原点は、中学生時代までにすでに形成されていたと聞く。それを考えると、発想豊かな思春期の若者に、こうした現実を越えた発想の機会を与えることは、英語授業を活性化させることにとどまらず、大いに人間形成的効果があると思う。イマジネーション・ギャップ活動の例としては、中嶋（2000a, p. 85）の「なりきり作文」があるが、その他にも次のような活動がある。

（a）イマジネーション・ギャップ活動の例: My Dream School

日本の教室でコミュニケーション活動を行う際の困難点の1つは、生徒がほとんど似通った生活を送っているため、日常生活を話題に取り上げた時、情報のギャップが得られないことである。たとえば、7月の授業で、「夏休

みのプラン」を題材にインタビュー活動をしようとしても、"I will attend the summer courses.", "I will have a part-time job." か "I will attend my club activity." という返事ばかりで、尋ね合う必然性が生まれない。そんな時、Your Ideal Summer Vacation と題して、何になってもよいし、どれだけお金がかかってもよいから、何でも可能だという前提で夢のような夏休みを計画させてみる。そうすると、生徒の潜在的願望が言葉を与えられて、実にバラエティ豊かな summer plans が教室に出現する。生徒のイマジネーションは決して似通っていないので、それをもとにすれば十分にギャップが出現する。

またたとえば、教科書には生徒同士が自分の学校について物語る活動がよく出現するが、これを同一学校の同一クラスで行った場合、情報のギャップがないために、なかなか盛り上がらない。しかし下例のようにこれを、「あなたの理想の学校を想像し、それについてメモを作成し、ペアで自分の理想の学校について話し合いなさい」とすると、急に情報のギャップが広がり、活発なコミュニケーションが生起する。硬直化した学校観を打ち破って理想の学校を構想するタスクである。

〈**My Dream School** の例〉
　例にならって、My Dream School について Memo を作成し、それから次のモデルを参考にしてペアで互いの My Dream School について質問し合いなさい。

　会話モデル
　A: So, how do you like your new school?
　B: I like it a lot. It is really a dream school.
　A: In what way? Please explain.
　B: ＿＿＿＿＿＿＿＿＿＿＿＿＿＿＿＿＿＿＿

Memo	
Questions	Answers
1. What is the name of your school?	St. John's School.
2. Where is your school?	In Honolulu, Hawaii
3. Who is your principal?	Tiger Woods is.

4. What is your future goal?	To be a golf coach.
5. How many classes are you taking this year?	English, golf and tourism.
6. What do you usually do after school?	I work part time at a golf shop, and have tea at fancy cafes.

(b) イマジネーション・ギャップ活動の例: Talk and Listen

　Talk and Listen は Richard Via 氏が、元来俳優の訓練に用いていたものを英語教育に応用したものである。見てわかるようにここで用いるシナリオは、場面・登場人物について、自由な解釈を許すものである。生徒 2 人がペアになり、たとえば下記の [A] [B] のようなシナリオを持ち、それに 2 人が解釈を盛り込んだ上で、表情をつけてクラスで演じて見せる。他の生徒は、そのやりとりを見て、2 人がどういう関係で、今何が起こっているのかを当てようとする活動である。

Role [A]	Role [B]
A: You've finally made it!	A:
B:	B: What are you talking about?
A: The list, you're on the list.	A:
B:	B: You're joking.
A: I saw it myself.	A:

　上のシナリオで、たとえば生徒は次のような解釈を思いつくかもしれない。

〈解釈 1〉
　ここは俳優養成所の中、B と A は先輩・後輩の間柄である。A は先輩 B を敬愛しており、B がいつか俳優として世に出ることを心待ちにしている。ちょうど、次回公演の配役の決定時期にあたり、A はいち早く掲示板に張り出された配役リストを見て、先輩 B が主役に抜擢されたのを知る。
〈解釈 2〉
　ここは俳優養成所の中、A と B は同じく主役を狙うライバル同士である。

ちょうど、次回公演の配役の決定時期にあたり、A はいち早く掲示板に張り出された配役リストを見て、B が次回公演の主役に抜擢されたのを知る。

　解釈 1 と解釈 2 では、同じシナリオを用いてもまったくちがったセリフの話し方になる。この Talk and Listen の利点は、①生徒が自分たち自身で考えた解釈なので、感情移入がしやすいこと、②セリフを創作する言語的負担がないので、より解釈と感情移入に専念できることである。この程度のシナリオならば、中学英語教科書から抜粋してためてゆけば、便利なシナリオ集ができる。

　指導にあたっては、良い話し手、聞き手となるために、次のような点に留意させる。

① 同じ表現にさまざまな感情を込めて言い分けられるようにする。たとえば同じ "Congratulations!" でも、「親友の結婚を心から祝して」「相手は合格、自分は不合格、ねたみの気持ちで」「商店街の福引世話係が、1 等を当てた人に向かって」など言い分ける。
② 自分の表現力を客観的にチェックし、磨きをかける。たとえば "Hi!" のひとことでも、鏡に向かっていろいろな表情を試してみて、最も魅力的な言い方に気づかせる。また、英語で対話している様子をビデオに録画して本人に見せ、改善点に気づかせる。

　以下に、Via が挙げたシナリオ例から代表例を紹介する。

〈例 1〉

Role [A]	Role [B]
A: What's the matter?	A:
B:	B: Nothing.
A: But I've never seen you like this.	A:
B:	B: I'll be all right in a minute.
A: Well, I wish you'd tell me.	A:

〈例2〉

Role [A]	Role [B]
A: It's your turn. B: A: But you were here first. B: A: Well, that's very kind of you, thank you.	A: B: No, I think it's your turn. A: B: I really don't mind. You go ahead. A:

〈例3〉

Role [A]	Role [B]
A: Here we are at last. B: A: But nothing has changed. B: A: Let's go in, shall we?	A: B: After so many years. A: B: Except us. A:

(c) イマジネーション・ギャップ活動の例:「何でも消せる消しゴム」

　杉浦氏(2005a)が世界の高校生対象に行った「何でも消せる消しゴム」の実践も着目に値する。杉浦氏は "What would you erase if you had an eraser that could erase anything?" という質問を生徒に投げかけ、英語で答えさせた。そして同じ問いを韓国とオランダの高校生にも質問した。そして、それぞれの国の高校生の作品をタイプアウトして交換し、自分たちの作品と比較対照させた。このアクティビティは、「何でも消せる消しゴムがあったら、何を消したいか？」という空想上の問いを設定することによって、普段生徒が気づかずにいる無意識の願望に気づかせるというタスクの上に、3ヵ国の高校生の願望比較という異文化比較のタスクを置いたものである。杉浦氏の報告によると、3つの国の高校生が選んだ、消したいものベスト3は下記のものであった。

　　　日本の高校生:　　虫・学校・むかつく人
　　　韓国の高校生:　　嫌な思い出・自分の欠点・ストレス

オランダの高校生： 戦争・病気・差別

　まさに、英語を勉強しながら、広く人間的にも学ぶことがある、それがこの活動の特徴である。
　以上まとめると、イマジネーション・ギャップとは現実の制約を取り払って生徒の空想による発想を取り上げ、その違いを伝え合って互いの発想から学ぶ活動である。

　以上紹介した「My Dream School」「Talk and Listen」「何でも消せる消しゴム」でわかるように、どれも空想のギャップの上に、生徒の問題意識を反映し、生徒が語り合いたくなる上部タスクを載せている。やはりここでも、単なるギャップだけでは活動にならないのである。
　ギャップの原理の解説の最後に、リーズニング・ギャップ (reasoning gap) について言及しておきたい。リーズニング・ギャップは、ギャップ活動の典型として英米の外国語教授法のテキストによく紹介されている、話し手と聞き手の間の思考のギャップがコミュニケーションを生むという原理のことである。このギャップを利用したコミュニケーション活動の実践としては、Prabhu (1987) がよく代表例として紹介されている。しかし、Prabhu の指導法は教師主導型の一斉授業形式で、生徒は終始受身的立場に置かれており、第Ⅰ章冒頭で定義したコミュニケーション活動 {「英語授業で、参加者同士（生徒と生徒、生徒と教師、生徒と ALT）が、情報・意見・意向や感情の授受のために、音声または文字を用いて互いに英語でやりとりを行うこと」} とは異質なものである。また、筆者の浅学のためかもしれないが、実際にリーズニング・ギャップを用いたコミュニケーション活動の実践例はあまり聞かない。日本でのリーズニング・ギャップ活動に関する著作としては、清水 (1996, pp. 258–264) がある。

2. タスクの原理

　教室で生徒に英語を話す気にさせる力学要因の 2 つ目は、タスク（非言語的課題）の原理である。これはグループやペアが、共同してタスク（作品を作り上げたり、課題を仕上げたり、問題を解決する任務）を果たすために、作業言語として英語を使用することを意味する。課題内容に「非言語的」とい

う条件がついている理由は、従来の言語操作的課題(例:「次の文を受動態に書き換えなさい」「be going to を用いて、あなたの週末の予定を書きなさい」など)と区別するためである。

　タスクを用いた言語活動（Task-based Language Teaching）は、従来の［Presentation（新出言語事項の提示）→ Practice（その新出言語事項の練習）→ Production（その新出言語事項を用いた発信活動）、略して PPP］という授業サイクルの限界を克服するために考え出された新しい言語活動である。PPP の限界とは、PPP サイクルで教えているだけでは、実際の言語使用場面で、使える言葉は何でも使って臨機応変にコミュニケーションを成立させる力が育たないというジレンマである。したがって、本来のタスク活動では、使用する語や表現の指定が一切なく、課せられた非言語的課題を果たしさえすればどのように達成してもよいことになっている。非常に実践的な指導法である。

　日本ではこれとは異なり、目的志向型の活動であれば、使うべき語や表現を指定したものでも「タスク」と呼ぶ傾向が一部にある。この立場に従えば、「be going to を用いて、あなたの週末の予定を書きなさい」もタスクだということになる。筆者はそうした活動の意義は認めるが、そうした活動をわざわざタスクと呼ぶことには疑問を持つ。なぜならそこまで「タスク」を拡大解釈してしまえば、「タスク＝言語形式を指定した発信活動」となり、それはもともとタスクが乗り越えようとしていた PPP 活動と同じものになってしまうからである。ここはやはり、言語形式を指定した活動は「アクティビティ」と呼び、タスクは「言語活動を指定しない目的指向型の活動」に限定して区別すべきである。したがって本書では、言語形式を一切指定しない目的指向型の非言語的課題をタスクと呼ぶこととする。以下に、日本の学校で実行可能なタスク活動を紹介する。

a. 問題解決型（problem-solving）のタスク

　与えられた課題をペアやグループ単位で英語を使いながら、正解を見つけていく活動である。

　これは英語教育の指導書では、犯人捜し(殺人事件の犯人を、関係者の供述や目撃証言などからつきとめる活動)や生き残りゲーム(気球や救命ボートの乗組員が、乗り物を救うために誰が 1 人犠牲になるかを議論して決める)

が例として引き合いに出される。

　しかし、このような場面設定に本書の筆者たちは抵抗を感じている。理由は、第1にモラルの問題である。授業で犯罪を軽々しく場面設定に用いることは適切だろうか？　また、生き残りゲームのように、自分だけが生き残りさえすればよいというあからさまに selfish な議論は、日本的心情に合わないのではないか。

　第2に、場面設定に難がある。殺人事件も、気球墜落も、前向きな設定ではなく、忌むべきネガティブな場面である。しかも生徒の人生とあまりにかけ離れた絵空事であり、イメージが浮かばない。このような場面設定が話し合うニーズをさほど喚起するとは思われない。「そんな絵空事の事件の犯人当てなんてどうだっていいよ」「べつに気球なんて乗ることないし、誰が生き残ったっていいじゃない」という冷めた声も聞こえてきそうである。

　逆に言えば、problem-solving 活動は ① 道義的な節度を保ち、② 生徒に身近な場面設定で、③ 場面設定がポジティブで、やってみたくなる課題、が望ましい。このような条件を満たす problem-solving の場面をどう作ればよいだろうか。答は、扱う problem を生徒から募集することである。それによって、problem が生徒にとって身近なものになる。後述のインタラクティブ・ライティングの「人生相談への回答書き」（p. 178）はその条件を満たす活動である。

b. 立案型（planning）のタスク

　ある条件を与え、その条件に合うプランを、英語のデータを駆使しながら、作業言語を英語で立案するタスクである。静岡大学附属島田中学校の柳瀬昭夫氏（2001）の英語クラス遠足の実践はタスク活動の例である。12月の休日にクラス遠足に行くことにし、担任が英語教師であるのを活用して、その行き先を班ごとに立案させ英語でクラスにアピールし、生徒の投票で最も人気のあるプランを実際に実施した。生徒はたとえば,

> Let's go to Satta Mountain Range on our class excursion. It is about forty minutes from Shimada Station by train. We can have a very good view of Mt. Fuji and the Suruga Bay from the range. We will walk along pleasant mountain paths, and it will be a good exercise.

といった紹介をしてクラスにアピールする。所要時間は、班としての立案作業に 1 時間、班ごとのプランをクラスの前で紹介するのに 1 時間である。

　中・上級者向けの立案型タスクの例として、次に挙げる Finding Accommodation がある。これは生徒がペア(またはグループ)で travel agent の役割を担当して、客の意向に沿った宿をリストから選び出して紹介する活動である。宿のリストは英語で書かれたものを用い、客の意向も英語、ペア内の作業言語も英語、立てたプランの発表言語も英語とする。以下に詳しい手順を述べる。

Finding Accommodation

　生徒はペア(またはグループ)を組み着席する。各ペアに宿泊施設一覧表を配布する。宿泊施設はできるだけ同一地域のさまざまなタイプのものを、各タイプ 2 つ以上混ぜておく(1st class hotel, ordinary class hotel, cheap hotel, B & B, motor inn, youth hostel など)。

　次に、数組のお客からの、宿探し依頼の電話を録音したものを流し、学生に表 1 のように顧客情報をメモさせる。各ペアによって進度に違いがあるので、できれば電話録音テープとテープレコーダーを各ペアに渡しておき、1

表 1　Finding Accommodation の顧客メモの例

Customers	Purposes of stay	Budget	Request for amenity	Other conditions	Accommodation recommended	Reason for recommending
Family (couple, three little children, housedog)	Holiday making	$300 per day altogether	Stay with housedog	Make a lot of noise		
4 male students	Attending seminar	As cheap as possible	None	Quiet room		
Couple	Honey-moon	No limit	Swimming pool, Jacuzzis, bars, room service	Romantic views		

組の顧客の依頼を聞き取ったらさっそくそれに合うおすすめの宿を協議して決定し、顧客リストの Accommodation recommended と Reason for recommending 欄に推薦宿と推薦理由を記入する。それが終わったら、テープで次の顧客の電話を聞き、推薦宿をさがす。このようにして制限時間(目安は15～40分間)内でできるだけ多くの顧客に宿を推薦する。

時間が来たら、教師が司会をして、それぞれの顧客にどの宿を推薦したかを、各ペアから聞き取り、板書してゆく。同タイプの宿を2つ以上入れてあるので、答は2～3候補に分かれてくるはずである。それらのうち、どれを、なぜ推薦したのか、生徒に意見を募りながら、ディベート的要素を取り入れながら、最終案を決定する。なお、これらの全プロセスを通じて、作業言語は英語とする。

この活動の成否は、2つの鍵にかかっている。1つは、タスクを解くのに使用する作業言語としての英語表現の蓄積である。タスク活動の主目的が作業言語としての英語使用であるから、教師の指示はもちろん、学生同士の打ち合わせも英語で行うべきである。それができるためには、作業手順を表す英語表現が必要であり、それを駆使できるようにするには多少の熟練が必要である。下記は作業言語としての英語表現の例である。

〈グループ活動の英語〉
1. Let's form groups of five students. 　5人のグループを作りましょう。
2. Who is the leader for today? 　今日の議長は誰ですか？
3. Who is the secretary for today? 　今日の書記は誰ですか？
4. It's you, Mr. Kato. 　それはあなたです、加藤君。
5. Okay, I'll be the chair. 　オーケー、私が議長をやります。
6. What are we supposed to do? 　何をすればいいんですか？
7. I think we should .... 　私たちは...することになっていると思います。
8. What is the question? 　質問は何ですか？
9. What is your idea? 　あなたの考えを言ってください。
10. Do you agree with X? 　X さんに賛成ですか？
11. I have another idea. 　私は別のアイディアがあります。
12. It's your turn. 　あなたの番ですよ。
13. How many minutes do we have? 　あと何分ありますか？
14. Are you sure? / Is that right? 　本当にその答でいいですか？
    Do you really think so?

15. Is it clear? わかりましたか？
16. Do you understand me? 私の言っていることがわかりますか？
17. Is this correct? これで正しいですか？
18. I enjoyed working with you. （活動しめくくりのあいさつ）
    Thank you.—So did I. Thank you.

〈つなぎ言葉〉
19. well, / let me see, / just a moment, / er, / how shall I put it, / sort of

　もう1つの鍵は、行く先として生徒にとってうんと魅力的な場所を選ぶことである。タスク活動は学習者にかなりの言語的・作業的負担を強いるので、それに耐えられるだけの作業モティベーションを生む魅力的な話題を選ぶ必要がある。どれだけおいしいニンジンが用意できるかが、成功の鍵を握る。筆者の教える学生の場合は、カナダのウィスラー・スキー・リゾートやバンクーバー、ニュージーランドのクライストチャーチ、イギリスの湖水地方などの宿探しが人気がある。さらに、宿泊リストには宿の写真やイラストがふんだんに入ったものが望ましい。こうした教材は旅行会社のツアーパンフレットを利用することもできるし、海外旅行をするたびに、現地の Automobile Association（日本の JAF にあたる組織）や Tourist Information で手に入れることもできる。下記に紹介した冊子は、筆者おすすめの魅力的な宿のリストである。

> *New Zealand Accommodation Guide*, New Zealand Automobile Association
> *Whistler Resort*, Whistler Resort Association
> *Super, Natural British Columbia Accommodations*, Tourism British Columbia
> Darbey, J. et. al.（2000）*The Best Bed & Breakfast England, Scotland, Wales*. U.K.H.M. Publishing. London: U.K.
> Dawsons Holiday & Business Solution: http://www.dawsons.com.au/

c. 作品完成型（completing）のタスク

作品完成型タスクの例: Picture Stories
　生徒全員に、かなり解釈の幅のある絵カードの6枚セットを配布する。そ

図4 絵カード

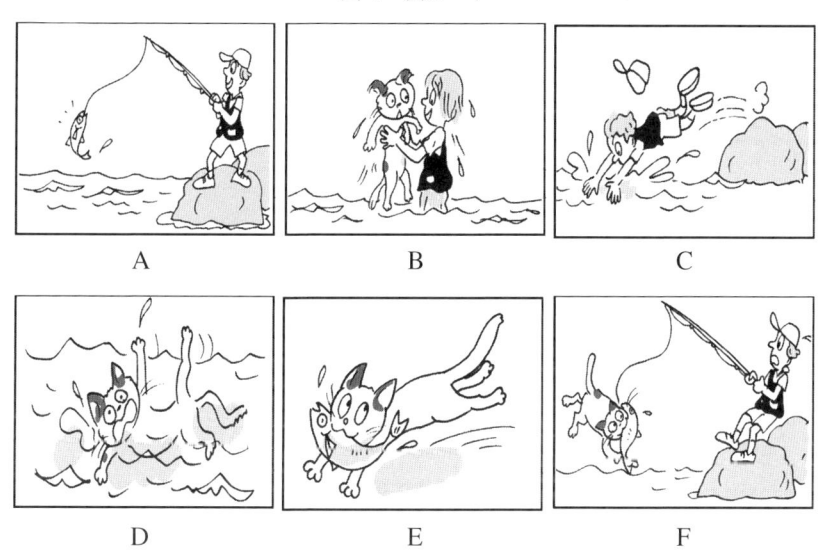

の絵をもとに一連のストーリーを作れるような4枚の絵を選び、絵を順番に並べるのがタスクである。個人個人で作成することから始めて、最終的にはグループで共同の案を作成するところまで発展させる。この間の作業言語は、すべて英語とすることが望ましいが、生徒の力に応じて柔軟に対処してよい。また、4枚の絵では負担が重過ぎる場合には、3枚の絵を選んでストーリー作りをしてもよい。下記に活動手順を示す。

〈Picture Stories の手順〉
(1) 生徒全員に図4のような6枚セットの絵カードを配布する。
　この絵カードから4枚を選んで、さまざまなストーリーを作ることが可能である。下記はその一例である。

〈A, E, D, B 順〉
　(A) One day, John catches a big fish. He is excited.
　(E) But the next moment, a cat takes his fish and runs away.
　(D) The cat falls into the water. It can not swim.
　(B) John helps the cat from the water. Well done, John!

〈A, D, F, E 順〉
　（A）One day, John catches a big fish. He is excited.
　（D）The next moment, he finds a cat. The cat can't swim.
　（F）So John catches the cat with the fish.
　（E）John helps the cat, but the cat runs away with the fish.

〈F, E, D, C 順〉
　（F）One day, John catches a big fish. But then a cat takes the fish.
　（E）The cat runs away with the fish.
　（D）The cat falls into the water. It cannot swim.
　（C）John jumps into the water. He helps the cat.

〈B, A, D, C 順〉
　（B）John and his cat go to the sea.
　（A）John starts fishing and forgets about his cat.
　（D）His cat cannot swim. He-e-e-lp!
　（C）John finds it, and jumps into the water. He helps his cat.

なぜ、6枚の絵を全部使わないのか、その理由は、物語を作るのを容易にするためである。自分の発想に合った絵を選ぶことができるからである。

　（2）まず生徒は各自で、A～Fの絵をはさみで切り取る。それから、好きな4枚を選び、ストーリーができるような順番に並べる。並べたら、絵1枚につき1～2文の英文で、一連の物語を作って、それを原稿に書く。これが第1のタスクとなる。
　（3）次に、4人でグループを組む。1人ひとりが順に発表者になって、自分が作った英文物語を、絵カードの順番を隠して、相手に語って聞かせる。聞き手は、それを聞きながら、そのストーリーに合う順番に自分の絵カードを並べてゆく。すんだら、並べた順番が正しかったかどうかを、発表者に聞く。発表者は、聞き手が正しく並べられるように、わかりやすく語る必要が生ずる。また聞き手は語られたストーリーの順序に正しく絵カードを並べる必要が生ずる。これが第2のタスクとなる。
　（4）グループ全員が自分のストーリーを話し終えたら、今度はそれらを参考にして、グループとしての完成版ストーリーを作成する。個人作品の中で

一番良かったものをベースにして、みんなで知恵をしぼってセリフを磨いて作成してゆく。なお、この打ち合わせの作業言語も英語とする。

〈英語を作業言語とした打ち合わせの会話例〉

So, B comes first.
Yes. And A comes next.
Right. What comes after A?
How about D.
Okay. I have the same idea. D is number 3.
Let's make C the last one.
Yes, let's.
How do we start the story in B?
How about "John and his cat Tama come to the sea. But they quarrel there."
That's a good idea. What about the next picture, A?
"So they do different things. John starts fishing."
Okay. Good. What is the story for the third picture, D?
How about "Tama enjoys swimming."
Well, I have another idea. How about "Tama can't swim."
Good. Then "John jumps into the water and helps Tama" in picture C.
Right! So this is finished.

こうして作成したストーリーは、各グループが大きな画用紙に絵カードを貼り付け、英文物語文をその下に書いて、教室の壁に掲示する。これが第3のタスクとなる。

（5）それから15分程度作品鑑賞の時間を設け、生徒が投票用シール3枚を持って各グループの作品を鑑賞して回り、特に良いと思う作品にシールを貼る。これが第4のタスクとなる。鑑賞が終わったら、最も多くシールを貼られたベスト3のグループが、教室の前に出てストーリーを発表する。発表の方式は、あらかじめ教師が用意しておいた大型の絵カード（1枚が画用紙4つ切り）を1人が1枚ずつ持って、ストーリー順に並び、順番に自分の持つ絵をクラスに向かって英語で描写する。これが第5のタスクとなる

この活動の留意点は、選ばせる絵カードの数をあまり多くしすぎないこ

と、また絵が自由な解釈を許容するよう、あいまいさを残すことである。

　他に作品完成型として、Jumbled Sentences がある。これはあらかじめ出来上がった一連の物語を、1 文ずつはさみで切り離して生徒に与え、それを生徒が筋の通った物語に並べる活動である。ただしこうした既成文の並べ替えは、見かけほど容易ではない。なぜなら、すでに文がきちっと確定しているために、決まりきった並べ方しか許容せず、生徒の creativity が生かせないからである。

●コラム●

「事実」ほど、相手が納得できるものはない

　生徒指導などで、服装のだらしない生徒や茶髪にした生徒を先入観で判断することがある。しかし、そんな生徒たちでも、明るく元気に「おはようございます！」とあいさつをしたり、道を尋ねた時にわざわざ現地まで連れて行ってくれたりすることがある。確かに外見は大切である。しかし、多くの場合、外見だけで判断してしまっていないだろうか。

　ありのままに見るとは、実際に話をしてみて、「自分の感じるままに相手を見る」ということである。私たちは、ものごとをありのままに見ているだろうか。もっと、「事実」を見ることを優先しようではないか。本に書いてあることや聞いたことをスタンダード（判断基準）にすると、つい自分をそれに合わせてしまうことがある。子どもたちの実態が二の次になる。「書いてあることはうまくいくのだ。聞いたことは確かなのだ」という思いこみがあると、子どもの気持ちから離れていってしまう。途中「これでいいのかな？」「どうもおかしいぞ」という気持ちがふと芽生えても、なんとなく最後までいってしまうことが多くなる。

　学校の中の「事実」はどうだろう。確かに、テストの結果も事実には違いない。だが、むしろ、それは次のステップに進むための「事実」ではないだろうか。もっと大切なのは、データをとって、変容を見るということである。そうでなければ、次の一歩は生まれてこない。実態を最初に知っておかなければ、個々の変容は見えてこないのだ。黒板の前で「説明」をしているだけでは、子どもたちのつぶやきを拾うことはできない。今、どんなところでつまずき、何ができるようになってきているか、といった「毎日の事実」は見えない。

　目標に準拠した評価が導入されてから、現場では「説明責任」という言

3. ディベートの原理

　教室に活発な意見交換を喚起するもう1つのダイナミズムは、ディベートの原理である。人は自分の関心ある話題では、非常に議論好きである。誰かの意見がきっかけとなって、教室に活発なコミュニケーションが発生する。「なぜだ？」「よくぞ言った！」「とんでもない！」——こうしたリアクションが、教室のコミュニケーションの原動力になる。

　1つの意見が引き金となって、活発な議論がまきおこる典型例は、特に英

> 葉にピリピリしている。毎時間、データを集めなければと、授業中の活動を止めさせてまで評価をしている人もいる。一方で、いまだに、ノートやワークの提出状況を「コミュニケーションへの関心・意欲・態度」にカウントしたり、教科書の本文をそのまま定期テストに出して「理解」を見ようとしたりしている人もいる。年度当初に、生徒に「評価規準」を示すという学校は増えてきたが、具体的な評価方法が示されていないので、生徒には意識されていない。また、授業の最後には「楽しかったですか、友だちと協力できましたか」等といった、到達させたい規準とは無関係の観点の自己評価カードが配られている。混乱はなかなか収まらない。
> 　あえて言うなら、客観的な評価などあり得ない。評価は、教師の主観によってなされるものである。しかし、たとえ最初は1つの主観でも、同じものがたくさん集まればそれは客観になる。だから、個々の教師の主観（評価の眼）を磨くことである。「主観」は、生徒のデータ、緻密な計画と計算、子どもたちを丁寧に見ること、他の教師と摺り合わせることによって、「客観」になりうるのである。
> 　もっと教師の「勘」を磨こう。もし、「クラスで5の生徒をあげなさい」と言われたら、即座に名前が言え、その理由が述べられる。そうなりたい。表計算ソフトを使って点数を入力していき、合計点で評定を出しているというのでは、どこができてどこが弱点かという部分は見えてこない。つまり、基準の異なるテストの合計点では「生徒の到達度やつまずきの事実」が消えてしまうのである。普段から、蛍光ペンでB基準に何度到達しているかをチェックしたり、A基準のものに○を付けたりして、ソートされた合計点数からは見えてこない4技能の到達のバランス、弱点やつまずき等を見ておきたいものである。説得よりも納得。点数の合計で相手を説得しようとするから、疲れるのである。むしろ、学習者や保護者が納得するためにはどうすればいいのかを考えようではないか。
> 　　　　　　　　　　　　　　　　　　　　　　　　　　（中嶋洋一）

字新聞の投書欄に見られる。「日本人は信用できない」「日本は女性を奴隷にしている」「喫煙者にも権利がある」等々の投書がきっかけとなって、1ヵ月以上にわたって活発な投書のリアクションが展開されたのを筆者は記憶している。

「意見のちがい」を利用するという点では、ディベートはオピニオン・ギャップ活動と似ている。しかし、以下の2点で異なっている：(1) オピニオン・ギャップが「好き嫌い」や「感想」なども含めた広範囲な意見を許容するのに対して、ディベートは「根拠」「正当性」といった客観性を重視する。(2) 普通オピニオン・ギャップでは、話者が自分自身の意見を主張するが、ディベートでは「あなたは〇〇派を担当しなさい」というふうに、自分の意見に関係なく立場を割り当てられる。

ディベートというと、ものものしいと敬遠しがちであるが、高梨ら(1995)は科目オーラル・コミュニケーションC（旧指導要領のコミュニケーション科目）を例にとって次のように述べている。

> 「ディベイト・ディスカッション」などと言われると、日本の英語教師は(生真面目な人が多いものだから!)すぐディベイト大会におけるようなFormal Debateを連想するのではないだろうか。これにはいろいろなルールもあるし、かなりの英語力も必要であるから、専門家による訓練を受ける必要がある。しかし、オーラル・コミュニケーションCにおけるディベートをそういう高級なものと考える必要はない。もっと気楽に「これからますます国際化する社会において、相手の言ったことが納得できなければ、Why? でその理由をたずね、理由を聞いても賛成できなければはっきりNoと言えること。逆に相手に理由を聞かれたらBecause...と自分の考えを説明できること」と考える発想が必要である。

また、中嶋(2002)は上記の第2点(必ずしも自分の意見に関係なく立場を割り当てられるところ)が、ディベートの利点だと指摘する。中嶋はディベートの準備段階としてチェーン・レター(p. 141)という筆記式ディベートを用いているが、その中でわざと「前の人の意見を読んで"I don't agree, because...."で反論しなさい」という指示を出し、その目的を次のように説明している。

このチェーン・レターやディベートのように「相手の言っていることをつぶす」活動や、文法の間違い探しのように「人の書いたものを修正する」という活動は、生徒を生き生きとさせる。いつも同じ答を要求されている生徒にとって、禁断の実をとるようなくすぐったい誘惑を感じるからである。人の心理として、何かを批判する、自分以外の人が書いたものを直すという行為は楽しいのである。しかも隠れてするのではなく、授業の中で明るく公然とできるのである。
　クラスの居心地をよくするには、この「反論できる」という図式を授業の中に組み込んでしまうことである。ディベートを何度も経験すると、男女が仲良くなり、いじめがなくなり、クラスが明るくなる。それは、相手の言い分をまずしっかりと聞こうとすることにより、相手を受容することができ、ものごとを一面的な見方（思いこみや偏見）ではなく、複眼的に見られるようになるからである。（中嶋, 2002, pp. 50–51）

ディベートの具体的運用方法については、「マイクロ・ディベート」の項 (p. 166) で紹介する。

C. 活動タイプによる分類

　この項では、学校英語授業で実施可能な代表的コミュニケーション活動を、20 のタイプに分類して紹介する。どれも実際に使用した上で、成立と効果を確認した活動のみを取り上げ、3 名の著者がさらに改良を加えた活動である。活動の選択にあたっては、次の点に特に留意した。

（1） 日本の学校現場で、日本人教師が、日本人学習者に対して実施可能な活動を集めた。
（2） 英語コミュニケーション能力養成と共に、生徒の人間形成（特に対人コミュニケーション能力の育成）に貢献する活動を集めた。
（3） さまざまな加工・応用が可能な原型的活動を集めた。

また、活動の配列にあたっては、次の点に留意した。

（1） 英語コミュニケーション能力養成の基盤となる活動から、より複合的な活動へと系統的に配列した。

(2) 各活動ごとに、基礎的活動と発展的活動とを紹介した。
(3) 「必要な下地づくり」欄と「成功させるための秘訣」欄を設け、教師が教室の実情に合わせて tailor-make するためのヒントを紹介した。

1. 描写（Describing）と 言い換え（Paraphrasing）

(1) 絵の描写（Picture Description）: 描写力を身につける

　ここでは、英語コミュニケーションの基礎として、話題に出てきた事物や状況を即興的に英語で描写して相手にわからせる方略を鍛えるアクティビティを紹介する。いくらコミュニケーション活動と銘打っていても、英語で言えない事柄に出会うたびに会話を中断して辞書を引いたり、"It is mochi（餅）in Japanese." などと日本語を混入させるのを許していたら、生徒の方略能力は育たない（このような日本語混入は、相手が日本人以外だったらまったく通じないので、ただ通じるという幻想を与えるにすぎない）。生徒には、自分の今ある英語力とボキャブラリーを駆使して、何とか代替表現を工夫するよう奨励すべきだし、また生徒にはその力があることを自覚させたい。
　描写力の育成の取り掛かりとしては、絵や写真の描写が適している。絵や写真などの視覚的補助があれば、それを頼りに説明がしやすくなる。たとえば、デジカメ画像をテレビに映して利用するとよい。デジカメのメリットは、数多くの写真をストックしておけるということである。身の回りのもの、教科書に載っているもの、雑誌や新聞などからも自由自在に取り込める。提示する時は、アップにすることも可能だ。また、古いものを破棄し、どんどん新しいものに変えていけるというのも魅力だ。

基本設計

対象レベル: 中学2年生〜大学生
活動テーマ: ペアになって、話し手は課題として出された状況や事物について、聞き手にそれが何のことかを当てられるように、英語で描写して聞かせる。
所要時間: 5分〜10分
目　　　標: 特徴をよく理解し、大から小、大枠から細部など、伝える順序

に従い、4〜5つぐらいの英文で適切に伝えることができる。
評　価　例： 期末テスト等で、りんご、辞書、テレビ、地図などのような名詞を、そのものずばりの訳語（apple, dictionary, TV, map など）を一切使わずに、英語で説明させる。

指導手順
＊基礎的活動
① ペアになってジャンケンをする。
② 勝った方がテレビに向かって立つ。
③ 負けた方は、勝った生徒と向き合って立つ（テレビを背にする）。
④ 教師は、課題映像（デジカメの写真）をテレビに映し出す。
⑤ 教師の "Start." の合図で、勝った方は、30秒間相手にそれを英語で説明する。
⑥ 負けた方は、30秒間聞いていて、教師の "Guess what it is." の合図で、それが何のことかを相手に向かって答える。

＊発展的活動①
① 上の活動に慣れたら、表側と裏側に、それぞれ異なる5個の単語が日本語で書いてあるワークシート（4種類の色西洋紙に印刷、次ページ参照）を配る。
② 各自、自分のワークシートにのっている日本語の、英語説明をワークシートに書く。英語が不得手な生徒には教師が個別指導をする。
③ 同じカードを持っている者同士で集まり、情報交換をし、説明の練習をする。（教室の四隅）
④ 違うカードを持っている者同士がペアになってジャンケンをし、順番を決める。勝った方から1分30秒ずつ、自分が考えた英語説明を相手に話して、3分で2人でどれだけ当てられるかを他のペアと競争する。

　ワークシートには、①カテゴリー（動物、人間、機械、道具等）、②色や形状、③具体的な様子（動き、食べ方、使い方等）といった順に4文から5文で書き表していけるように枠を作っておく。

〈ワークシートの例〉

シートA（イタリック部分は生徒が記入する部分）

事物名	カテゴリー（動物、人間、機械、道具）	色や形状	具体的な様子
1. デジカメ	It's a machine.	It's solid and hard.	When we take pictures, we use it. We can see the picture as soon as we take them.
2. Project X	It's a TV program.	It's on NHK. It's very popular.	Many people cry after watching this. Miyuki Nakajima sings the song of the program.
3. シャープペンシル	It's a tool.	It's very useful. It's always sharp.	When we want to write something, we use this.
4. りんご	It's a fruit.	It's round and red.	They are from colder parts of Japan. We sometimes eat it in a salad.
5. ホタテ貝	It's a kind of food.	It lives in the sea. It is a shell. It's bigger than other shells.	We boil it with butter.

　他に、シートB, C, Dにも違ったものが書いてある。これを4人に1枚ずつ配る。

　たとえば、watermelonであれば、① It's a fruit. ② It's big and round. It is red or yellow inside, and green on the outside. ③ Usually, you eat it in summer. ③ You use straw when you grow it. のように書いていくのである。ただ、すぐに書こうとしても書けないので、どう描写するかをノートにマッピング*で書かせてみるとよい。

　それができるようになったら、次にはペアで教師から与えられたワークシート（A、B2種類）に記された5つのものをどう説明するかを互いに考えて書く。書き終わったら、ペアの相手に読んで伝える。相手はそれが何かを言い当てる。終わったら交代する。

---

*マッピング　情報を整理し、関係づけて発展させていくのに有効な方法である。1つのバルーンの中に、関連する単語を書いてつなげていく。

*発展的活動②

　1枚1枚に絵が描かれた(または写真が印刷された)トランプ大のカードを20枚ほど用意し、各ペアに1セットずつ持たせる。ペアの一方が出題者、他方が回答者を担当する。出題者は、切られたカードを束ねて手に持ち、カードを相手に見せないで上から順に、描かれた絵を英語で相手に説明していく。言えないものはパスしてもよい。回答者は、それが何についての説明か、わかった時点で英語で(習っていないものは日本語で)答える。3分経ったら役割を交代する。3分でペア(異なったレベル同士、英語の得意な生徒とそうでない生徒のペアが望ましい)ごとに、協力し合ってどれだけ言えたかを記録していく。この活動の目標は、情報を論理的に描写できるようにすることである。

成功させるための秘訣

　このような活動を、授業の最初の5分間、「帯的な活動(継続して行う活動)」として2週間ぐらい続けて行うとよい。やっている間、ジェスチャーは厳禁である。基礎的活動では、答がわかった時点で答えてしまうと、他の生徒たちに答が聞こえてしまうため、相手はたとえ途中で答がわかっても与えられた時間内は答えずに待つ。活動のねらいは一定時間、説明する側がいくつもの文を考えて描写し続けるというところにある。ただ、テレビ画面に映った写真をパートナーに描写して聞かせる際には、守るべきルールがある。それは、相手に伝えるには、I like this. とか All of my family use it. のようなパーソナルな意見では伝わりにくいということである。誰もが認識できるような「事実」を伝えることが大切であるということを徹底しておきたい。

　生徒に即興的描写力を育てるためには、教師が日頃から難語の言い換えをしてみせて、お手本をふんだんに示しておくことが大切である。教科書の新出単語の導入時は、*Oxford Elementary Dictionary*, *COBUILD New Student's Dictionary* などの英英辞典で調べ、黒板に絵を描きながら英語で説明したり、ALTと難語描写の寸劇をしたりして、生徒にそれが何のことかを考えさせるようにしておく。また、復習においても、語の言い換え練習をふんだんに行うとよい。単元が2つ3つ終わった時点で、今度は既習の事物をそれぞれ写真で示し、生徒にそれを英語で描写させる。このように、描写の指導は教師の言い換えのプレゼンで始まり、生徒が自分で目標事物を英語で描写で

きるようになるまで練習をし、最後は定期テストに描写問題を出題して達成を確認する。たとえば「トマトを 'tomato' という単語を用いずに、4文程度の英文で相手に何のことかわかるように説明せよ」といった形式で書かせて仕上げとする。

(2) 言い換え (Paraphrasing)：言い換える力を身につける

　パラフレーズとは「語句の意味をわかりやすく別の言葉で述べること、もとの文をさらにわかりやすく、簡単に言い換えること」である。自分の言いたい表現がわからない時に、自分の知っている表現の中から、近い言い方を選んで代理する技法と考えてよい。Show and Tell やスピーチ、プレゼンテーションなどの発表型のコミュニケーション活動でよく見かけるのは、前述したように It is ～ in Japanese. と安易に日本語を入れたり、自分が和英辞典で調べてきた未習語を、聞き手にわからないと知りながら、何ら解説も入れずに平気で羅列する話し方である。教師が評価カードに「アイコンタクト、抑揚、発音」といった手法一辺倒の評価項目を載せたりすると、こういう事態が起こりうる。大切なのは内容であり、それも自分がわかっている内容ではなく、相手にわかってもらえる内容が肝心である。ただ発表で終わるのではなく、必ず最後に質疑応答や感想を伝え合うようなインタラクションの場を設けなければ、コミュニケーションにまで発展しない。相手がわかるように言い換える、つまり paraphrase する力は、一方的話し方を相互的意味交渉へと転換するのに欠かせない、重要な方略能力である。

基本設計

対象レベル：中学2年生～大学生
活動テーマ：英語でどう言うかわからない単語を、自分の知っている英語で言い換えることができる。
所 要 時 間：5分～10分
目　　　標：未知の語に出会った時に、そこであきらめることなく、コミュニケーションを続けようとする意欲を育む。知らない単語があっても、言い換えることで相手に伝わることを理解する。
評　価　例：授業中にノートに書いた言い換え法を後で集めて、コメントを加え、評価する。定期テストや小テストなどに、パラフレーズ

する問題を出題し、評価する。

指導手順
＊基礎的活動（下地の活動①）
① やさしい英語で言い換える練習の手始めである。教科書で習った英語のチャンク(センス・グループともいう)を利用して行う。右側に既習英語のチャンクを 20 個(たとえば "in the park", "what to say", "to play the piano")、左側にその日本語訳(「公園で」「何を言えばいいか」「ピアノを弾くために」)を書いた A4 判プリントを用意する。紙を真ん中で二つ折りにすると、英語か日本語の片方だけが見えるようにプリントする。
② 全員にプリントを配布し、ペアになりジャンケンで先攻、後攻を決める。
③ 勝った方が、1 分半の間、日本語の cue を読む。負けた方が、プリントを見ないでその cue を聞いて英語に直していく(学力実態に応じて、最初は英語 → 日本語でもよい)。

1. 英語を勉強するために ⟶ 1. to study English
2. どんな種類の音楽 ⟶ 2. what kind of music
3. ポケットの中に ⟶ 3. in your pocket

この活動がスムーズにできるようになったら、次の段階(下地の活動 ②)に入る。

＊基礎的活動（下地の活動②）
① 下地活動 ② として、和製英語を英語で正しく言い換える課題を与える。
② 例として次のような身近なものを扱う。
プリン (custard pudding)、シャーペン (mechanical pencil)、ペットボトル (plastic bottle)、サインペン (felt pen)、ボールペン (ball-point pen)、ファミレス (restaurant)、カレーライス (curry and rice)、ソフトクリーム (soft ice cream)、オルゴール (music box)、ガソリン・スタンド (gas station)、キーホルダー (key ring)、ナイスプレイ (good play)、ファイン・プレー (beautiful catch)、プリント (handout, photocopy)、アルバイト (part-time job)、ミス (make a mistake)、ヒアリングテスト (listening comprehension test)、バイキング (buffet

style)、グレードアップ（upgrade）等。
（ケビン・クローン『トンデモ英語デリート事典』）

　和製英語は、本来英語でどう言うのか、ということを知ると、「なるほど」と納得できることが多い。それは、ちょうどパラフレーズする（言い換える）のと同じ感覚である。

＊発展的活動
① 教師から宿題を出しておく。各自で日本文化に関するものを2～3取り上げ、それらを英語で説明できるように準備してくる。
② ペア（隣同士）でリハーサルをする。互いに準備してきたものを英語で説明し、それが何のことか相手がわかるかどうか確かめる。
③ 相手は、わかりにくかったところを指摘し、どう変えればわかりやすくなるかを一緒に考える。
④ 新しいペア（できれば座席が離れた生徒）になって向かい合い、ジャンケンをし、先攻、後攻を決め、先攻の生徒から自分の説明を相手に話して聞かせ、それが何のことかを相手に当てさせる。話す際にはノートを見るのでなく相手を見て話させること。最初のペア同士で、ノートに頼らず言えるようになるまで練習をする。

必要な下地づくり

　生徒には、現在の英語力と語彙力を創造的に応用すればおおよその語は paraphrase できることをわからせたい。たとえば、「朝日が昇る」という表現を提示する。普通なら中1の生徒は、「朝日」も「昇る」も習っていないからできないと言うだろう。そこで、「朝日」を他の英語で考えさせる。ほどなく、morning sun が出てくる。今度は「昇る」であるが、昇るとはどういう状態かを他の日本語で置き換えさせる。「上に行く」である。こうして、go up に行き着く。The morning sun / goes up. という文に、生徒は「おおっ」と感嘆する。次に「太陽は東から昇り、西に沈む」と書く。The sun / goes up / in the east / and goes down / in the west. が出てくる。後は、どんどん応用問題を出す。たとえば「家庭ではくつろげる」はどうしたらよいか。まず、誰がくつろぐのか、主語を考えさせる。すると、"we" が出てくる。次

に「くつろぐ」とはどういうことかを別動詞で言えるかを考えさせる。「リラックスする」「心地よく感じる」等々、いろんな意見が出される。出された意見を、黒板に書いていく。We can relax at home. / We feel comfortable at home. などで近似的に表現できることを示す。名詞では「遠距離恋愛」「オタク」「産婦人科医」などはどう近似表現したらいいか。long distance love / a calm person who knows a lot about a certain thing / the doctor for the mother and her baby 等々、なんとか言い換えられそうである。他にも「できちゃった婚」「オレオレ詐欺」などは、どんな内容なのかを考えれば to marry because they had a baby / the call from someone who says "Hey, it's me. I'm in trouble. Send me your money as soon as you can." と言えそうだ。

　このようにして、「逃げ方」がわかってくると、生徒はなんとか言い換えようと工夫するようになる。生徒が行き詰まった時に、教師はまず「他の日本語に置き換えると、どうなる？」「知っている単語でどう逃げる？　どう言い換える？」と近似表現を生徒に考えさせてから英語で言わせるのがコツである。

　たとえば、よく母親が子どもに言う「宿題終わったの？」を中学1年生が英語で言えるようにするには、どうしたらよいだろうか。現在完了形はまだ習っていないので、当然、"Have you finished your homework?" は使えない。しかし、「宿題終わったの？」と言っている母親の気持ちを考えさせることにより、代替表現がわかってくる。つまり字面で言い換えるのでなく、「相手に何をさせたいのか」で考えればよいのだ。そうすると母親は、「テレビを消しなさい」「自分の部屋に行きなさい」「宿題をやりなさい」と言おうとしているのだとわかる。ここまで気がつけば、"Turn off the TV." / "Go to your room." / "Do your homework." は容易に出てくる。

<u>成功させるための秘訣</u>

　パラフレーズには、コツがある。生徒には折にふれて、このコツを例示しておくとよい。

① 何を言いたいのか、普段から、日本語をさらに分かりやすい日本語にパラフレーズする習慣をつけておく。たとえば「窮屈だ」は、「狭い」のか「余裕がない」のかを分析し、「狭い」→「スペースがない」;「余裕が

ない」→「時間がない」というようにする。また、「成功する」は、「うまく行く」「夢を叶える」「金持ちになる」と具体的なイメージに言い換える。定期テストでは、「これは何ですか」ではなく「きゃ、なんよ？」（What's this?）といった方言を取り上げて、何を伝えたいかを考えさせ、英訳させるようにする。
② ある程度代替表現で言ってから、How do you say it in English? と相手の助けを求める。これも生きる力である。全部自分が説明するのではなく、相手の力も利用する。

さて、言い換えのためには、同じことを表現するにも、複数の言い換えが可能だということを知っておくことが必要だ。たとえば「東京は人口が多い」は、There are many people in Tokyo. / Tokyo has many people. / The population of Tokyo is big. / Many people live in Tokyo. のように、さまざまな文で表すことができる。何を主語として選ぶかが、それに続く部分を決定するので、文を作りやすい主語を選ぶことが秘訣である。授業では、折りを見て、最初の語だけを与え、その後の文を完成する訓練をしておきたい。

また、次のように、英語で英語を説明するパターンを覚えておくとよい。特に関係代名詞を使って説明する言い方は、英英辞典でよく使われるパターンで、便利である。白野（1996）には、次のような paraphrasing に有効な表現が豊富に紹介されている。

> It's something like . . . / It's like . . . / It's a kind of . . . / It's Japanese . . . / It's something you use when you . . . / It's for . . . / She is a person who . . . / It's a place where . . . / It's a time when . . .
> （白野伊津夫『英語パラフレーズ会話術』）

2. 会話リレー（Relayed Conversation）

基本設計
対象レベル：中学1年生〜大学生
活動テーマ：大勢が簡便に短時間のうちに自己を語る。
所　要　時　間：活動本体は約5分
目　　　　標：自分のユニークさを発見し、それを発信することにより、自己

表現能力を伸ばす。

評　価　例:　一斉活動であるので、専用ノートを準備し、Today's Conversation 等という名前をつけて、自分の発言を書きためて提出させる。教師は、回収したノートにコメントを加えて評価する。

指導手順
＊基礎的活動
① まず、教師が1つのタテ列を選び、その列の最初の生徒に質問(テーマ)をする。
② 質問された生徒は、その質問に自分に即して答えたのち、後ろを向いて自分の後ろの生徒に同じ質問をする。(他の生徒は聞いている)

　例) A: What is your favorite food?
　　　B: My favorite food is sushi.
　　　A: Oh, I see. Thank you.
　　　(Bは後ろを振り返って)
　　　B: What is your favorite food?
　　　C: I like sushi.
　　　B: Me too. Thank you.
　　　C: . . .
　このように、順次に会話をリレーしてゆく。
③ 最後に一番後ろの生徒が、一番前の生徒に質問して、終了する。

＊発展的活動
① 列の会話の終了後に、少し離れた生徒に、"What is A's favorite food?" とさっき答えた人物の好きな食べ物について質問したり、"How many people . . . ?" と列全体の情報を引き出す質問をすることができる。
② 相手の発言に対して、その理由を問うようにすれば、より現実的なコミュニケーション活動になる。ただし、あまり会話を長くすると、本活動自体の意味が薄れてくるので手短にすること。
③ テーマとしては、他に "When do you feel happy?" などのような抽象的な質問も考えられる。

必要な下地づくり

スムーズにできるためには、日頃から基本例文の暗唱を心掛けることが大切である。また、コミュニケーションを継続させるために、相手の発言に対して、Oh, I see. / Me too. / Great! などのあいづち表現や、相手の発言がわからない時には、I beg your pardon? などの聞き返しの表現を使えるようにしておく必要がある。

成功させるための秘訣

① テーマの設定は、身近な話題、会話が継続するような話題を基本として、あまりにもプライベートな話題や個人のイデオロギーが問われるような話題は避ける。
② 中学・高校で導入する時は、時間制限を設定し、緊張感を高めてやると活動が活性化する。
③ 前後のペアを立たせて、誰が会話しているかが目立つようにすると、クラスの他の生徒が聞きやすくなる。
④ 表情やジェスチャーを大切にするとよい。

3. 言い換え作文（Guided Composition）

基本設計

対象レベル: 中学1年生〜大学生
活動テーマ: 習った表現に、自分のオリジナルなメッセージを載せて簡便に作文する。
所 要 時 間: タスクの量と難易度によって変わる。
目　　　標: 指定された条件を満たしながら、自己表現能力の基礎を養う。
評 価 例: ワークシートを準備し、指定された条件を満たしているかどうかを基準に評価する。

指導手順

＊基礎的活動

例: 例文中の（　）内は、生徒が作成する部分、それ以外は最初から与えておく部分（stem）である。

【自己紹介バージョン】
1. My name is (*Shin Ikeoka*).
2. I live in (Fukuyama).
3. My city is famous for (roses).
4. My favorite food is (*sushi*).
5. I'm interested in (basketball).
6. (My basketball) is my good friend.
   他に、
7. I think I'm good at (growing plants).
8. (A letter from my friend) always makes me happy.

① ワークシートを配布する。
② 自分に関する内容で空欄を埋めさせる。
③ ペアを組み、記入したものをもとに互いに相手に伝え合う。
④ 話し手が "My favorite food is sushi." と言ったら、聞き手は "Your favorite food is sushi." というふうに、共感的にメッセージを返すようにする。
⑤ ある程度慣れてきたら、ペアを起立させ、終了したら着席するようにすると、集中して会話するようになる。

他には、4人組になり、対角線上の生徒に紹介しあうといった活動もできる。

＊発展的活動
用いる文構造の難易度を上げることにより、発言内容の幅を広げることができる。たとえば、次のような stem を与えてカッコ内に自分のメッセージを入れさせる。

1. I like those people who (are kind to other people).
2. I feel happiest when (I am sleeping).
3. People say I'm a lazy student, but (I try to do my best every day).
4. I want to be (a doctor), because (I want to help people who suffer from bad diseases).

必要な下地づくり

　いきなり自己表現活動を教室に導入しようとしても、発言する際の恐怖感や教室の雰囲気等で、必ずしもうまくいかない場合がある。口頭での発表を恐れるクラスでは、はじめのうち紙に書かせて回収し、教師が温かくコメントして返すことを通じて、表現する楽しさを実感させ、徐々に口頭表現にもってゆくとよい。

成功させるための秘訣

① 相手の発言に対して、Oh, I see. / Me, too. / Great! などの相づちを入れるとよい。
② この活動では、メッセージ中心となるように（　）の部分を設定すること。たとえば、I get up at 7:00 every morning. は、(a) のように空欄を設ければメッセージ中心となるが、(b) のように設定すれば文法的ドリルとなってしまう。
　　(a) I get at (　) every morning.
　　(b) I (　) up at (7:00) every morning.
③ 単語のスペルや文法の知識ばかりにこだわると、本来の目的の意味が薄れ、生徒のやる気をそぐ可能性があるので注意が必要である。

4. 言い換え会話（Guided Conversation）

基本設計

対象レベル： 中学1年生～大学生
活動テーマ： ペアが対話モデルの一部を言い換えて、簡便に自分たちに即した対話を創作し、実演する。
所 要 時 間： タスクの量と難易度によって変わる。
目　　　標： 習った表現に、自分と相手のオリジナルなメッセージを載せて対話する。
評 価 例： 以下の評価基準で評価する。
　　　　　　① メモを見ずに相手を見て対話ができているか。
　　　　　　② なめらかに対話ができているか。
　　　　　　③ 内容が対話として成り立っているか。

指導手順
＊基礎的活動

　この活動は、自分の経験を伝えることが中心となっている。たとえば、次のような教科書本文を土台として、言い換え会話にもってゆく。

〈例1〉　教科書本文 "Spring Vacation"

A:　How was your spring vacation?
B:　My spring vacation? It was wonderful! I went to London and enjoyed sightseeing. How about you?
A:　It was terrible. I had a bike accident and broke my leg.
B:　Oh, that's too bad.

① 教科書の一部を空欄にしたワークシートを配布する。
② 各自が、自分に即した内容で空欄を埋める。
③ メモを見ないで対話ができるようにする。
④ 教師や生徒のジャッジの前でペアで対話してみせる(その際に、メモを回収してから対話させる。メモは評価の1つとする)。
⑤ 何組かに発表してもらう(メモは回収してしまって手元にない)。

【配布するワークシート】

A:　How was your spring vacation?
B:　_____. How about you?
A:　_____.
B:　_____.

＊発展的活動

〈例2〉　教科書本文 "Spring Vacation"

A:　Hello, Mr. Brown. How was your spring vacation?
B:　I enjoyed it very much. I went to Yosemite National Park with my family.
A:　Really? Did you take many pictures?
B:　Yes, I did. But I don't have them with me today.
　　(開隆堂、*Sunshine English Course 2*, 改題)

【配布するワークシート】

　下線部を空欄にしておく。この活動は、Bの行き先を聞いて、Aのパートをつくらなければならない自由度の高いタスクである。

A: Hello, Ken. How was your spring vacation?
B: I enjoyed it very much. I went to New York to see the Statue of Liberty.
A: Really? Did you climb up to the top of it?
B: Yes, I did. But it was very hard.

必要な下地づくり

　スムーズに行うためには、日頃から基本例文の暗唱を心掛けることが大切である。また、コミュニケーションを継続させるために、相手の発言に対して、Oh, I see. / Great! / Wonderful! / That's too bad. などの表現を使えるようにしておく必要がある。

成功させるための秘訣

① 対話として用いる英文は、教科書をベースにする。
② 教科書以外のテーマを設定する時は、身近な話題を取り上げる。
③ いきなり自由度の高い対話を導入せず、まずは基礎的活動で自信をつけさせる。
④ 顔の表情やジェスチャーを取り入れるとよい。
⑤ より具体的な場面設定(季節、場所、時間等)を行うと活性化する。

5. インタビュー

基本設計

対象レベル: 中学1年生～大学生
活動テーマ: 英語の質問をきっかけにして、大勢のクラスメートに声をかけ、対話する。
所 要 時 間: 活動自体は5分程度
目　　　標: 自分が担当したトピックで、今まで話したことのない多くの人とコミュニケーションをはかる。
評　価　例: インタビューした結果をレポートにして提出させ、評価する。

〈レポート例〉

```
Date____
Class____  No.____  Name_____
My question is（質問文）
I asked（数字）people.
（数字）people said, "Yes."
（数字）people said, "No."
```

指導手順

① インタビューに使うトピックをクラスの人数分作っておき、1人に1つずつ配布する。

〈例〉
1. Find someone who wants to live in foreign countries in the future.
2. Find someone who loves cats better than dogs.
3. Find someone who lives within five minutes' distance from the school.
4. Find someone who has been to Disneyland more than five times.
5. Find someone who believes the existence of UFOs.
6. Find someone who has received a love letter.
7. Find someone who wants to live longer than 100 years.
8. Find someone who doesn't like natto.
9. Find someone who usually gets up earlier than six o'clock.
10. Find someone who sleeps more than eight hours.

② 各自、自分が与えられたトピックが理解でき、英語でインタビューできるかを確認する。もし自信がない場合には、挙手をして教師の援助を求め、インタビューできるようにしておく。

③ 教師の合図で、教室を歩き回って自分の質問を尋ね歩く。あらかじめ、何分経ったら終了するかを教師が指示しておくとよい。

④ インタビューが終わったら、相手にサインをもらうか、名簿にチェックする(誰にインタビューしたか記録に残す)。

⑤ 質問をする際には、"Excuse me, but..." で始め、インタビューが終わったら "Thank you very much." で終わる。

⑥ 時間が来たらインタビューを終了し、自分の席に戻り、インタビューの結果を下記のようなメモに作成する。

My name is ＿＿ ＿＿.
My topic is (与えられたトピック文).
I interviewed (数字) classmates.
(数字) said, "Yes," and (数字) said, "No."

＊基礎的活動

〈例〉

A: Excuse me, but I am looking for a person who usually gets up earlier than six o'clock. Could you tell me what time you usually get up?
B: I usually get up at 5 o'clock.
A: Oh, I see. Could you write your name here?
B: Sure.
A: Thank you.

＊発展的活動

① 基礎的活動では、教師がトピックを準備するが、慣れてきたら各自で準備させてもよい。これにより、クラスの生徒が知りたい、さまざまなトピックが出てくる。ただし、事前にどのようなトピックをインタビューするかを確認しておくべきである。

② もしインタビューに、傾向調査的面白さを持たせたければ、クラスの人数を半分に割り、20名は interviewer、他の20名は interviewee とし、interviewer は自分の質問を interviewee 全員に尋ねるようにするとよい。

必要な下地づくり

　教室の人間関係が悪いと、活動に参加できない生徒が出てくる。また、恥ずかしさ等の理由から、同性へのインタビューのみで終わってしまう場合もある。そのようなことが起こらないように、日頃の活動においては、お互いを理解し合うことの大切さを説いたり、ペアワークなどの際は、異性同士で取り組ませるなどの下準備が必要である。そのためには、配布するプリントの裏に、次のような工夫をしておくとよい。男子に配るプリントの裏には赤字で、女子に配るプリントの裏には黒字で数字を書き、同じ数字同士でペア

を組ませる。あるいは、男子が女子に、女子が男子にインタビューするなど。

成功させるための秘訣
① インタビューの最初は、Excuse me, but ... で始め、最後は Thank you very much. と礼を述べる。
② インタビューをする際は、自分のインタビューを優先させることばかりを考えず、相手の質問に答える気遣いが大切である(誠意をもって対応する)。
② クラスの雰囲気が和むように BGM をかけると、リラックスした雰囲気の中で活動できる。
③ あらかじめ、制限時間を伝えておく。このことにより緊張感が生まれ、活動が活性化する。

6. 名刺交換会

基本設計
対象レベル: 中学2年生～大学生
活動テーマ: 自作の英文名刺をきっかけにして、クラスメートに声をかけ、相互理解を深める。
所要時間: 活動本体は約20分

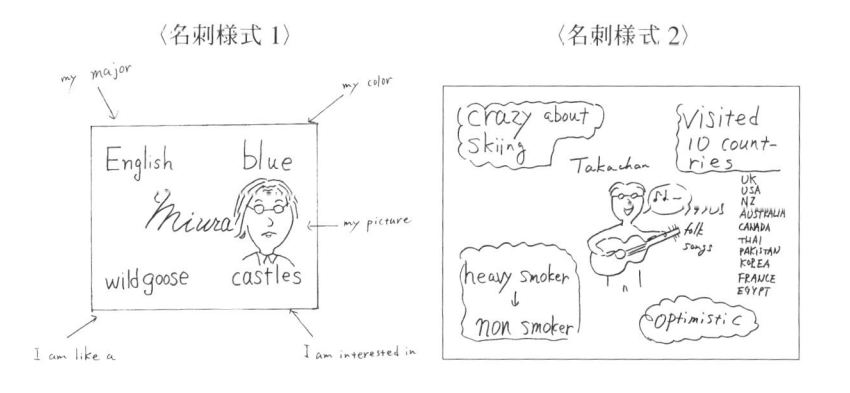

〈名刺様式1〉　　　　　　　〈名刺様式2〉

指導手順

① 各人があらかじめ、前ページの見本のような様式で、名刺を10～15枚用意してくる。中心に自分の似顔絵を描き(たとえ下手でもいいから自分で描くこと)、その横にクラスメートにどう呼んでほしいかを書く。四隅に自分を紹介するキーワードを書く。上例の様式1(1回目用)は、
- 右上に、自分を色にたとえたら何色かを書き、英語で説明できるように考える。
- 右下に、現在興味を持っている事柄を書き、英語で説明できるように考える。
- 左下に、自分を動物にたとえたら何かを書き、英語で説明できるように考える。
- 左上に、自分の専門分野を記入する。

② 一斉に立って教室中を歩き回りながら、これまで口をきいたことのない人と、名刺を交換し名刺の内容について伝え合う。20分ほどで交換会を終了し、次回までの宿題として、次の指示をする。
「今日もらった名刺を全部レポート用紙に貼り付け、名刺交換会の感想を英文で書いて提出しなさい」(図5のレポート例を参照)

③ 次回の授業でレポートを回収し、それに教師がコメントして返却する。

④ 2回目では、様式2の名刺を用意させる。中央に自分のイラストを描き、どう呼ばれたいかを書く。その周囲に、「自分はどのようにユニークか?」についての答を書く。ユニークさは、どんな小さなことでもよい。この質問は最初はかなり学生を戸惑わせるものである。学生は普通、自分が人と同じようになることに汲々としてきたので、他人とちがう自分の存在に気づいていない。このアクティビティをやってはじめて、自分にユニークな面があったことに気づく。

必要な下地づくり

　新学期でクラスの雰囲気がまだ打ち解けていない時には、この活動の前時にインタビューや会話リレーを行ってリラックスさせておくとよい。

成功させるための秘訣

① 名刺作成を指示する時に、以前の学生の楽しい名刺の見本を見せて、興

C. 活動タイプによる分類

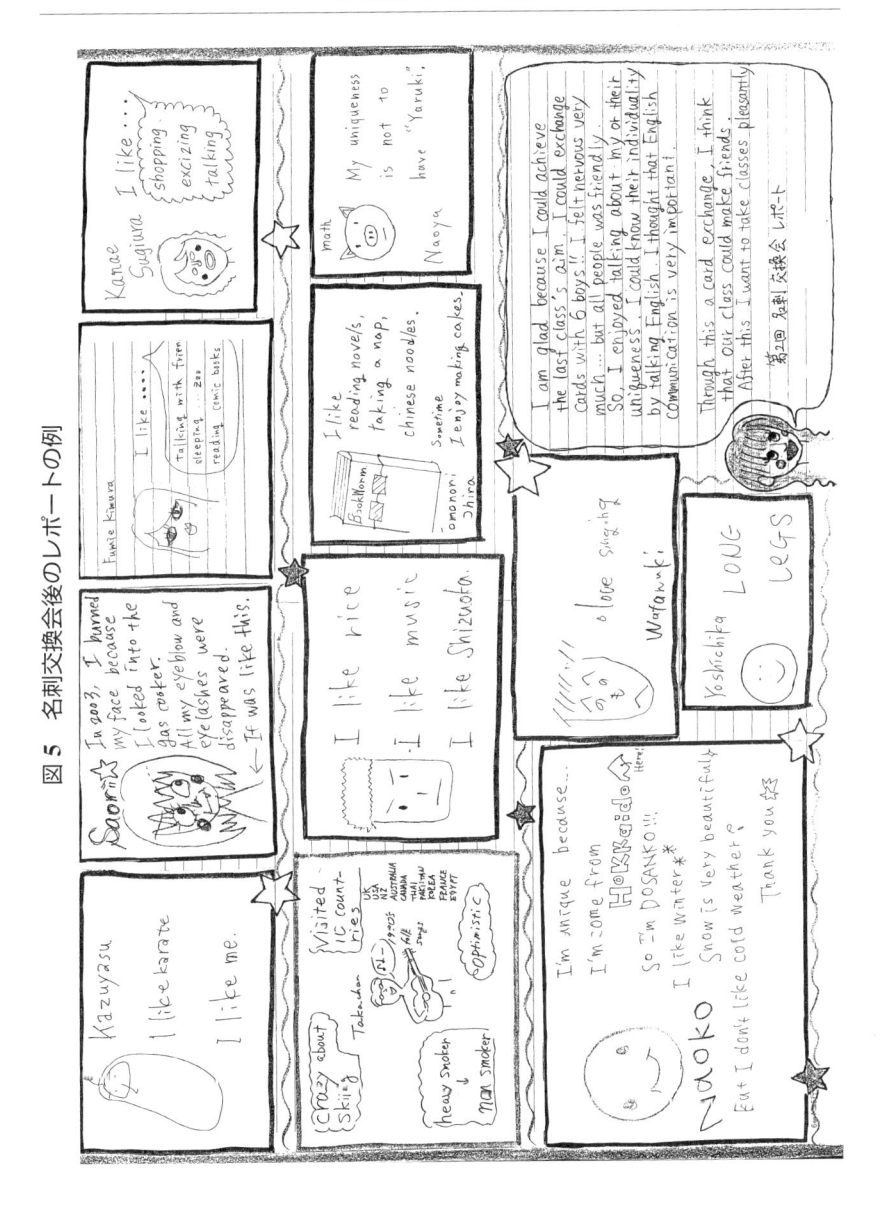

図5 名刺交換会後のレポートの例

味を喚起する。
② 名刺交換に入る時、放っておくと引っ込み思案の学生は自分の席にしがみついて動こうとしない傾向がある（机は時として人と人との間に壁をつくり、コミュニケーション活動を妨げる）。入る前には、必ず全員を起立させ、できれば机椅子は教室の隅に押しやって広い空間を作り、そこで名刺交換に入るとよい。
③ 取り掛かりには、ボサノバとか英語ポップスなどの BGM をかけてリラックスさせてもよい。

7. 絵や図を使ったインフォメーション・ギャップ活動

　これは 71 ページで紹介したクローズド・インフォメーション・ギャップ活動である。ペアを組み、それぞれが相互に補足し合う不完全な表や図の片方を与えられ、自分に欠けている情報を目標言語で相手に尋ねることによって、あらかじめ定められた正解を完成させていく活動である。

(1) 絵のちがいを探す活動

　2 種類の異なった絵を用意し、ペアの生徒に 1 枚ずつ持たせて、there is/are や現在進行形を使って尋ね合って、互いの絵のちがう箇所を発見する活動が手軽にできる。また before and after のように、同じ登場事物で時間が経過した 2 枚の絵をペアに 1 枚ずつ持たせ、互いの絵のちがいを過去進行形で尋ねたり説明したりすることもできる。また、その場で学習者に自由に絵を描かせ、それを利用してインフォメーション・ギャップ活動を行う方法もある。たとえば、自分の部屋や公園の絵である。大枠だけが描いてあり、それに指定されたものを自由に描き込んで、相手にそのレイアウトを伝えるという活動である。

<u>基本設計</u>
対象レベル：中学 2 年生〜高校生
活動テーマ：ペアで 2 つのちがう絵や図を見ながら、相手に尋ねて情報を交換する。
所要時間：10 分〜15 分

目　　　標：自分の絵や図の内容を、相手に正確に伝え、協力し合ってちがいを見つけることができるか。
評　価　例：ペアで絵や図の情報を交換し終わったら、2人の絵を見せ合い、ちがっていた部分を〇で囲んで確認する。いくつ答えられたかを評価する。定期テストのリスニング問題で、問題用紙にあらかじめ印刷された枠の中に ALT が英語で説明するものを描き込む問題を出して評価する。

指導手順
＊基礎的活動

図6　絵のちがいをさがす活動のワークシート例
〈Picture A (Before)〉　　　　　　　　〈Picture B (After)〉

　公園の絵を使った例で説明する。公園の Before（1時間前）と After（今）の2枚の絵を、
① 各ペアの一方に A (Before)、他方に B (After) の絵を配る。
② お互いに、描いてある内容を、どの順で相手にどう伝えればいいかを考える。(3分程度で)
　※A は was で、B は is で表現する。

③ リハーサルとして、自分の席でブツブツ小さな声で練習をする(2分程度)。
④ 向かい合って、ジャンケンで先攻、後攻を決める。

A: A man was walking near the pond.
B: Now the man is reading a newspaper on the bench.
A: We got it. It's different. Let's check. Now it's your turn.
B: All right. A boy is fishing in the pond.
A: Oh, the boy was fishing in the pond an hour ago. How about the girl under the tree? Can you see her? She was playing with a dog.

時間は3分。教師がタイムキーパーを務める。
⑤ 3分経ったら、2枚の絵を見せ合って、絵のちがっていたところを確認する。

(2) 絵を完成する活動
基本設計
対象レベル: 中学2年生～高校生
活動テーマ: 2枚の不完全な絵を用意する。この2枚の絵は相互補完的なものとする。ペアで2つのちがう絵や図を見ながら、自分に欠けている情報を相手に尋ねて絵を完成する。
所 要 時 間: 10分～15分
目　　　標: 自分の絵や図の内容を、相手に正確に伝えることができる。自分が求めている情報を相手に質問して入手できる。
評 価 例: ペアで絵や図の情報を交換し終わったら、2人の絵(図)を提出させて評価する。
定期テストでは、問題用紙にあらかじめ印刷された絵に描かれた状況を英語で説明する問題を出題し、それを評価する。
指導手順は、(1)の進め方に準ずる。

(3) 相手の描いた絵を再現する活動
基本設計
対象レベル: 中学2年生～高校生

活動テーマ：お互いに、教師から指定された事物を絵に描き入れ、情報交換をしてその場所を当てる。
所要時間：10分〜15分
目　　標：話し手は、自分の描いた事物とその場所を、正確に相手に伝えることができる。聞き手は、相手の説明を聞いて、相手の描いた絵を再現することができる。
評　価　例：ペアで情報交換が終わったら、2人の絵(図)を提出させて評価する。
定期テストでは、問題用紙にあらかじめ印刷された絵の状況を、英語で説明する問題を出題し、それを評価する。

指導手順
＊基礎的活動
① 四角の大きな枠だけ描かれたワークシート（A4判かB5判）を用意する。そこに自分の部屋か公園を選んで、教師が指定した数(たとえば5つ)のものを描く。たとえば、部屋ならば机、本棚、ベッド、植物など、公園ならばすべり台、ぶらんこ、ベンチ、花壇などを描き入れる。描く時間は十分に与えたい。
② 描き終わったのを確認して、ペアで背中合わせに座る。ジャンケンで先攻、後攻を決め、互いに自分の絵を説明し合う。
パートナーの説明を聞いて、自分のワークシートに、その部屋(または公園)の様子を再現する。
③ 終わったら、互いに絵を見せ合い、どれだけ合っているかを確認し合う。

◆94ページで紹介した描写のトレーニングと関連づけると、次のような活動も可能である。
＊発展的活動
① ペアで背中合わせになって座る。
② ジャンケンで勝った生徒が、机の上に、教科書、ノート、ペンを3〜5本、消しゴムなどを自由に置く。平面で並べるのではなく、重ねて立体的にすること(教科書の中にペンをはさむ、ノートの上に教科書を置く

図7　机の上

等)をルールにしておく。また、できるだけ少ない英文で説明することもルールにしておく(図7)。
③　配置し終わったら、英語で順に説明していく。
④　相手は、それを聞きながら同じように配列していく。
　　※説明する方には、どの順に説明すれば少ない英文でできるのか、順序をよく考えさせる。
⑤　説明が終わったら、お互いに机の上を相手に公開する。
⑥　ペアごとに、いくつ合っているか、その合計数を競う。

必要な下地づくり

　インフォメーション・ギャップ活動では、closed にするか open にするかで、そのねらいがちがってくる。情報を的確に伝え合うという初歩的な活動では、closed information gap activity が大切である。正しく情報交換ができるように、ここで十分にギャップ活動をしておきたい。ある程度言語形式に慣れてきたら、open にして問題解決型にする。いきなり open の活動を要求し、学習者が混乱することのないように、地道にステップ・アップしていきたい。

話す表現活動をしている場合、音声面や態度面をしっかり指導するようにしたい。コミュニケーションは、相手が聞き取れ、相手に理解されてはじめて成立する。いくら原稿をしっかり用意してきていても、実際に話す時にアイコンタクトもなく、原稿を棒読みするような話し方を「良し」としてしまってはいけない。生徒が意欲的にやっているのだからと教師が遠慮して引いてもいけない。それでは生徒が成長しない。全員が発音できるまで、言い方に習熟するまで指導したい。生徒にとって、知りたい時が覚えたい時である。

成功させるための秘訣

　絵の描写（p. 94）のところでも説明したが、生徒があるものを適切に描写できるようにしておくことが大前提となる。本章の「活動タイプによる分類」で、番号順に紹介されているものは、コミュニケーション活動のための基礎トレーニングとして欠かせない技能である。本章の後半で紹介されているチェーン・レター、トライアングル・ディスカッション、マイクロ・ディベート、Strategic Interaction などは、いきなりやろうとしても無理である。やはり、学習の初期段階で前半に出てくるようなタスクを学期ごとに指導計画に位置づけておくことが大事である。

　最後に、closed から open に変える、つまり、問題解決型にするにはどうすればいいかを考えてみよう。それが、オリジナルのコミュニケーション活動を生み出す源泉となりうるからである。

　たとえば、数種類の動物が動物園にいるという絵を、動物が森の中に隠れているような絵（逆さになったり、木や草と同じような模様であったり、迷彩が施してある）に変えて、How many animals are there in this picture? と尋ねれば、途端にクイズのようになるので生徒はワクワクする。インフォメーション・ギャップでも、「5つの間違い探し」を「間違いはいくつあるか」という課題に変えることで、よりチャレンジングになる。2人が協力し合わなければ、答が出てこないからである。情報のやりとりをさせて、答を出させるだけでなく、2人の得た情報をもとに「考えなければならない」ようにすると問題解決型タスクになるのである。

(4) 地図を使った活動

　地図を用いたインフォメーション・ギャップ活動は、英語教科書では定番のアクティビティである。しかし、従来の中学校の教科書には、すでに地図の上に銀行やお店の名前が細かく描かれていて、行き先がすでにわかっていることが多い。ペアで互いに行きたいところを選んで、その行き方を練習するという言語活動だが、どちらかというとパタン・プラクティスで、go straight であるとか、take left, turn right at the second corner, on your left といった言い方に習熟させることが主になっている。

　これでは、学習者にとってワクワクする活動にはなりにくい。インフォメーション・ギャップ活動にする場合、相手がすでにどのように行けばよいか地図上で事前にわかっていては、面白くない。相手が、行きたいところがどこにあるかわからないから、聞いてくるのである。それが自然な言語活動である。尋ねあうために、探す場所が本当にどこにあるかわからない状況が必要である。それをどうやって作ったらよいだろうか。その答は、地図の一部分を生徒に描かせることである。その例を下記に紹介しよう。

基本設計

対象レベル：中学2年生～高校生
活動テーマ：異なった情報が入った2枚の地図を頼りに、情報を交換し合って行きたい場所を探す。
所 要 時 間：5分～10分
目　　　標：まっすぐに行く、左(右)に曲がる、いくつ目の交差点を曲がる、左(右)側に見える、といった表現を使って、場所を説明することができる。
評　価　例：定期テストでは、ALT の道案内を聞いて、地図上の目的の場所までたどりつく問題を出題して評価する。

指導手順

＊基礎的活動

① 　生徒をペアに分け、生徒 A 用には図 8 (p. 122) のシートを、生徒 B 用には図 9 (p. 123) のシートを持たせる。生徒 A は、「① 花園中学校 (Hanazono Junior High School」と「② Bob のレストラン（Bob's

Restaurant)」の場所を、自分の地図の右半分の任意の場所に記入する。一方生徒 A は、「③ 郵便局（post office）」と、「④ テレビ塔（TV Tower）」の場所を知らない。生徒 B は、「③ 郵便局（post office）」と、「④ テレビ塔（TV Tower）」の場所を、自分の地図の左半分の任意の場所に記入する。一方生徒 B は、「① 花園中学校（Hanazono Junior High School）」と「② Bob のレストラン（Bob's Restaurant）」の場所を知らない。

　こうしたお膳立てをすれば、生徒 A は絶対に③、④ の場所を予測できないため、本当に尋ねる必要が出てくる。また生徒 B も同様に、①、② の場所を知るには、相手に尋ねる以外に道はない。

② 教師は、相手が聞いてくる場所の行き方を教えることを伝え、↑→↓←と板書し、直進、右折、左折の言い方、右（左）側に見える、〜の横（next to〜）の言い方を教えながら、全体で練習させる。
③ 同じ地図を持っている者同士で集まり、言い方を確認する。
④ 各自で、自分の地図に描かれたものを説明する練習をする。
⑤ ペアになって、シート A、シート B に従って行き先への道を尋ね合い、地図上にマークする。
⑥ 終わったら、お互いの地図を見せ合って確認する。

　ある中学校で「郷土の今と昔」というインフォメーション・ギャップ活動（closed）を取り入れた授業を参観する機会があった。郷土という身近な題材を取り上げることで、自ら発信したくなる面白い活動なので、ここで紹介してみたい。

　まず、夏休み中に、地域調べを課題として与えておく。自分の地域を知るには、リサーチをしなければわからない。さて、ポイントはその次である。

　郷土の昔の地図を用意し、半分ずつ拡大コピーして、1 つは廊下に、もう 1 つは別の部屋に貼っておく。ペアのうち、A の生徒は廊下の半分の地図を見る。B の生徒は別室の半分の地図を見る。教室には、今の地図（拡大したもの）を貼っておく。これは、市役所からもらってきた現在の観光地図である。生徒 A と生徒 B は、それぞれに自分に割り当てられた昔の地図を見に行き、その内容を記憶して教室に帰る。地図を筆写することは禁止し、生徒には何もメモを持たずに地図を見にいくように指示する。地図は何度見に行っても良しとする。互いに自分が見てきた地図を相手に伝え、協力し合っ

図8 生徒A用シート

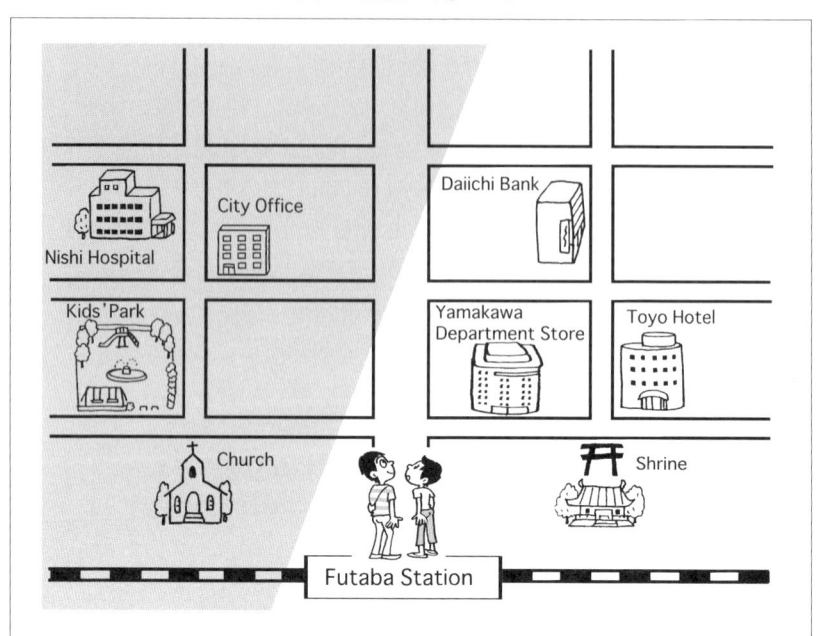

ペアでお互いに道案内をしよう。
(1) 次の①、②の場所を、上の地図の白い部分に、自由に描き込みましょう。
　　① Hanazono Junior High School　② Bob's Restaurant

(2) あなたとパートナーは今、二葉駅の前にいます。あなたは③、④の場所に行きたいのですが、道がわかりません。どうやって行ったらよいか、パートナーに尋ねて、その場所を見つけましょう。
　　③ post office　④ TV Tower

(3) あなたとパートナーは今、二葉駅の前にいます。あなたのパートナーが、道案内を頼んできます。どうやって行ったらよいか、パートナーに教えてあげましょう。

図9 生徒B用シート

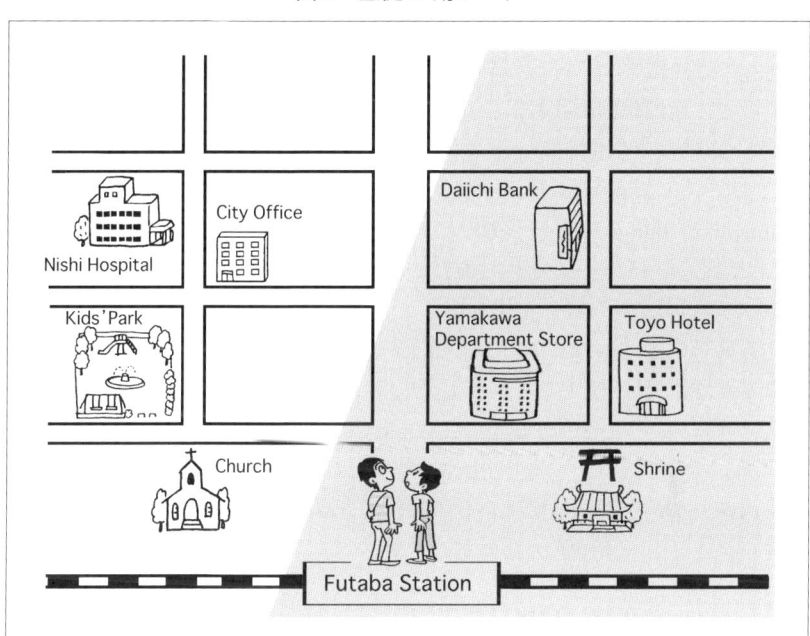

ペアでお互いに道案内をしよう。
(1) 次の③、④の場所を、上の地図の白い部分に、自由に描き込みましょう。
　　③ post office　　　　　④ TV Tower

(2) あなたとパートナーは今、二葉駅の前にいます。あなたのパートナーが、道案内を頼んできます。どうやって行ったらよいか、パートナーに教えてあげましょう。

(3) あなたとパートナーは今、二葉駅の前にいます。あなたは①、②の場所に行きたいのですが、道がわかりません。どうやって行ったらよいか、パートナーに尋ねて、その場所を見つけましょう。
　　① Hanazono Junior High School　　② Bob's Restaurant

て昔の郷土の1枚の白地図を完成する。その後で、現在の地図と比べて「わかったこと、気づいたこと、思うこと」を2人で教師に英語で伝えに行く。伝えるのは1人ずつ。それが評価の対象になる。

　最後に、新旧地図の比較からわかったことをクラス全体で確認する。たとえば、「以前には Mos Burger があったけど今はない」という文を言った後で、"Do you like Mos Burger? I used to go there once a week. I loved Kinpira-rice burger." というふうに自分の思い出を語らせるようにする。生徒の中から「へえーっ」とか「あ、それ知ってる」とか、そのことについてしゃべりたいという状況を作り出すことが、英語学習ではとても大事になる。教科書に出ていなくても、used to を教えれば、そこでグンと表現に広がりが生まれる。使えると判断した途端、ほとんどの生徒が使いたがる。「小さい時、ここに〜があった」「いつも〜していた」という過去の思い出とつながるからである。つまり there was/were と「I used to（〜したものだ）」とは直結する。だから教師は自身の教材観を磨き、学習者にとって「旬」の語句をタイミングよく教えたいものである。

8. 表を使ったインフォメーション・ギャップ活動

　生徒Aと生徒Bが、互いに異なる表を持ち、お互いの表のちがいを尋ね合いながら、共同して課題を解決していく活動である。ここでも、いきなり open の活動(答が自由に創作できる活動)は難しい。初期段階で、きちんと closed の活動(あらかじめ決まった答を見つける活動)を何度も経験しておくことが望ましい。

基本設計
対象レベル: 中学2年生〜高校生
活動テーマ: 2つのちがった情報を交換し合い、1つの結論を導き出す。
所 要 時 間: 5分〜10分
目　　　標: 互いに異なるスケジュール表を持って、お互いの都合のいい日を見つけて、交渉し、相手をデートに誘うことができる。
評 価 例: ① ワークシートを回収し、相手の情報が正しく書かれているか、結論が正しく導き出されているかを見る。

② 定期テストのリスニング問題で、表(たとえば、洋上クルーズの料金表、映画の上映時間)をもとに A, B 2 人の対話を聞いて、4 つの結論の中から正しいものを選ばせる。

指導手順
＊基礎的活動
① A, B 2 種類の、1 週間のスケジュール表を用意する。

〈A のスケジュール表〉

	Monday	Tuesday	Wednesday	Thursday	Friday	Saturday	Sunday
AM	cram school		piano lesson	library	piano lesson		piano lesson
PM		club activity	club activity	club activity		cram school	movies
Night	TV		TV		TV		

〈B のスケジュール表〉

	Monday	Tuesday	Wednesday	Thursday	Friday	Saturday	Sunday
AM		cram school			eye doctor	cram school	
PM	club activity		club activity		club activity		
Night		movies		swimming		TV	TV

② お互いの情報をもとに 日にちと行き先を交渉して決める。
③ 結論が出たら、教師に報告(英語で)に行く。

＊発展的活動
① 「17 時 30 分から 20 時まで英会話」(30 分単位)というふうに、時間まで詳しく書かれている A, B 2 種類の 1 週間のスケジュール表を用意する。
② 2 つのスケジュール表は、互いにどうしても先約があって、空いている時間が合わないという時間帯を作っておき、① 英会話、② テニス、③ 図書館で勉強、というふうに優先順位が書いてあるカードを渡し、ロールプレイで互いに優先順位の低い先約を変更し合って、合意できる日時を話し合って決める。

必要な下地づくり

　1週間の予定表、列車の時刻表、映画の上映時間、洋上クルーズの料金表などを使うことができる。大切なのは、2種類の異なった情報をもとに、交渉によって課題を解く方向性を導き出す活動にすることである。これには資料の工夫が成否の鍵を握る。既製のインフォメーション・ギャップ活動シートをそのまま使うのではなく、ひと味ちがう活動に変えたい。2人に相異なる希望条件を与えて、交渉の必要を生みだすのだ。

　たとえば、洋上クルーズの料金表であれば、「Aコースは豪華ディナー付き13,000円、午後6時出発。Bコースは午後1時出発、ランチなしで8,000円。Cコースは、バイキング式で10,000円。午後7時出発」のような複数のチョイスを与える。生徒には、それぞれの希望条件を書いたメモが渡される。たとえば1人は、優先順位としてできるだけ安いコースで、できれば夜のクルーズを希望している。もう1人の希望条件は、高くてもいいから食事付きがいい、とする。互いに異なる意向を持った2人が交渉して、双方が納得する落としどころを決める。

　また、映画の上映時間の表であれば、今、車で映画館に向かっているが、どうも到着が遅れそうである、という想定にしておく。表には、3種類の映画の上映時間（新聞のコピー）が記されている。それぞれに与えられる「役割の指示書」には、食事を先にしたいのか、買い物をしたいのか、見たい映画の優先順位はどうかが書いてある。これらの意向を出し合い、上映時間と見比べながら、2人で合意できる結論を出すために交渉する。

9. Show and Tell

基本設計

対象レベル：中学1年生〜大学生
活動テーマ：自分の記念の品について、クラスメートに筋道を立てて話して聞かせる。聞き手は、聞き返しや関連質問をして、話し手を励ます。
所 要 時 間：発表本体は2分程度（1時間に2名程度）
目　　　標：クラスメートに知ってほしい（自分の）情報をわかりやすく伝える。

評　価　例: 生徒による評価は、以下の程度にとどめるとよい。大切なのは、発表者がどんな内容を伝えようとしたかを理解しているかである。また、評価した生徒に、内容を書かせることにより、リスニングに対する集中力も増すと考える。

（評価例）

Show and Tell　発表者:＿＿＿＿＿＿＿＿＿＿＿＿＿＿
①内容は伝わったか:　よく伝わった　まあまあ　よくわからなかった
②声は大きかったか:　大きかった　　まあまあ　よく聞こえなかった
③アイコンタクトはあったか:　十分あった　まあまあ　なかった

- -

発表はどんな内容でしたか、日本語で要約を書きなさい。

　　　　　　　　　　　　　　　　Class＿＿　No.＿＿　Name＿＿＿

指導手順
① 生徒に、自分が紹介したい記念の品についての情報をまとめさせる。B4サイズ1枚にマッピングでまとめさせる。
② 教師が Show and Tell のモデルを示す。
③ いま、教師が発表した内容を生徒に確認する。特に、どういう順序で話したらよいかの工夫に着目させる。
④ 教師のモデルを参考にして、生徒に自分の発表内容を原稿に書かせる。
⑤ 発表の練習(リハーサル)をさせる。
⑥ 1時間に2名程度ずつ、順番にクラスの前で Show and Tell を発表させる。
⑦ クラスには、上記のような評価用紙を配っておき、記入後に回収する。

＊基礎的活動
　基礎的活動としては、カットアウト・ピクチャーを利用した Show and Tell が有効である。カットアウト・ピクチャーとは、1枚の大きな画用紙に、自分が伝えたい内容を象徴するような絵や写真などを数点貼り合わせた

図 10 カットアウト・ピクチャー

```
┌─────────────────────────────────────────┐
│ ①名前(ニックネーム)      ②好き・嫌い        │
│                                         │
│    (文字)        ╭───╮      (絵、写真等)  │
│                 │自分の│                 │
│                 │似顔絵│                 │
│                 ╰───╯                   │
│                                         │
│         ③大切にしているもの・こと          │
└─────────────────────────────────────────┘
```

ものを言う。用いる絵や写真などは、教室の後ろからでも判別できるよう、十分な大きさのものを用いること。

① 教師によるデモンストレーション

(挨拶) Hello, everyone. (図 10 の ① を示し) My name is Shin Ikeoka. (② を示し) Look. This is my garden. I grow plants there. (③ を示し) This is my basketball. I like basketball. I sometimes watch NBA games on TV. (挨拶) Thank you.

② 発表の内容を生徒が理解できたかを確認する。
  T: What's my name?   S: Your name is . . .
  T: What do I grow in my garden? S: You grow . . .
  T: What do I have?   S: You have . . .
  T: What do I watch on TV? S: You sometimes watch . . .
 ※このような手順を踏むことにより、生徒の理解が深まる。
③ 宿題として、次回までに、自分がクラスメートに話したいテーマで、カットアウト・ピクチャーを作成してくるように指示する。カットアウト・ピクチャーは、絵や写真で構成し、英文は記入しないように注意する。その理由は、英文を記入してあると、その英文を読み上げるスタイルの発表に陥ってしまい、聞き手に話しかける姿勢を失ってしまうからである。
④ 4人ずつのグループで、各自が用意してきたカットアウト・ピクチャーの各箇所を指さしながら、それについてグループ員に話して聞かせる。

＊発展的活動

 OHC（教材提示装置）やコンピュータを利用した発表。
 〈例〉My Best Shot（夏休みの思い出となる写真を1枚撮り、その絵について説明する）

 Hi, I'm going to show you my best shot in this summer. Look at this picture. Can you see it? Yes, this is a tomato. But why do I want to show you this picture? Well, because I grew tomatoes for the first time! And this was the biggest one. I was very excited. Of course, I ate it. It was very delicious. Next summer, I want to try to grow cucumbers. Thank you.

① 生徒に質問用紙を配り、今聞いた Show and Tell の内容について、質問したいことを英文で書かせて回収する。
② 質疑応答の時間をとる。生徒は、先ほど質問用紙に書いた質問を、話し手に尋ねる。
 （例）How many tomatoes did you get?
    Which do you like better, tomatoes or cucumbers?
    Why are you going to grow cucumbers next summer?

必要な下地づくり

英語によるプレゼンテーションの下地づくりで大切なことは、発表する側だけでなく、聞き手側が「聞き上手」になることも同じくらい大切だということを理解させておくことである。そうすることによって、発表の成果も倍増するのである。

成功させるための秘訣

① 発表の時に原稿は持たせないようにする。
② 発表の練習では、次の4つのステップを踏んだ練習をさせる。
   - 正しい音読: 原稿の内容を正しく音声化する。
   - 豊かな音読: 必要な間を取り、感情を込めて音読する。
   - 音読を脱して、人に話しかける発表へと転換する。
   - 自分の気持ちを伝える発表: ジェスチャーや動作を交えながら発表する。
③ 慣れてきたら、発表者に対する評価コメントは英語で書かせたい。
④ この活動は必ず VTR 録画し、良い発表は、次年度の同じ授業で、モデルとして見せる。こうすることは後輩にとって、最適の模範・励みとなる。

なお、Show and Tell については、以下が参考になる。
　松本茂編著(1999)『生徒を変えるコミュニケーション活動』教育出版
　　「4　自己表現力育成のためのスピーキング指導」(p. 54)
　中嶋洋一(1997)『英語のディベート授業30の技』明治図書
　　「Show and Tell の教師の演出」(p. 66)
　筑波大学附属中学校の肥沼則明氏ホームページ
　　http://homepage3.nifty.com/koinuma/index4.htm

10. ポスター・セッション

ポスター・セッションとは複数の発表者(個人またはグループ)が同時にそれぞれの発表スペースで発表を行い、聞く方(以下、「お客さん」)は自分の興味のあるスペースに自由に立ち寄り、間近で発表を聞き、質問をするという発表方法である。

各発表者は、ホワイトボード、プロジェクター、模造紙、セロテープ等を使用し、発表資料を張り出す。この際の発表資料は、図表、キーワード、何でも構わない。通常は A4 の紙を複数枚並べるか、大小の模造紙を用途に応じて並べるなどして工夫する。

基本設計

対象レベル: 中学 1 年生～大学生
活動テーマ: 発表したいことをポスターにまとめ、聞き手とコミュニケーションをはかりながら発表する。
所 要 時 間: 5 グループで 20 分間を 1 セッションとし、前と後の 2 セッションを行う。
目　　　　標: 伝えたい内容を正しく伝えること。
評　価　例: 評価は次の 2 点で行う。
　　　　　　①メモを見ずに、相手を見て説明ができているか。
　　　　　　②内容を相手にわかりやすく伝えようと工夫しているか。
　　　　　　生徒に、投票用紙を 2 枚ずつ配り、上記 2 つの観点で最も優秀だった作品名 2 つを記入し投票してもらう。ただし、2 枚のうち少なくとも 1 枚は、自分のグループ以外のところに投票することとする。票を集計し、得票の多い発表をプラスに評価する。また、投票用紙には、自分が投票した発表について、①その発表の概要、②投票した理由、を英文で書くようにし、それも評価の対象とする。

指導手順

① グループ(4 名程度)を作り、テーマを決定する。
　〈例〉校則(○○なんていらない)、美化(○○すればもっとよくなる)、エイズ(こんな政策をすればエイズはなくなる)、食事と学業(こんな食事が頭を良くする、悪くする)...
② 10 グループを半分にし、5 グループがポスター・セッションを行い、残りはお客さんになる。
③ 1 グループの発表は 5 分以内とする。なお、発表はグループ員が全員で行う(または役割分担をする)。

お客さんとなる生徒は、クラスを自由に歩き回り、自分の興味・関心のある内容があれば、発表者に自由に説明を頼むことができる。各発表者は、5分以内で自分が伝えたいことをわかりやすく説明する。お客さんはわからないことや疑問に思ったことがあれば、いつでも説明に割り込んで質問をすることができる。
④ 優秀な発表を投票で決定する。
⑤ 投票した発表の内容と投票理由を英文でまとめさせ回収する（評価）。

必要な下地づくり

発表は、聞き手を意識して行われなければならない。「英語力が高い生徒にわかってもらえばよい」、「英語力が低い生徒はわからなくても仕方がない」という発表態度は、コミュニカティブな集団育成の観点からは、誤った考え方である。発表者が工夫をすることで、コミュニケーションがうまくいくということを意識させる取り組みが必要である。

成功させるための秘訣

① 大学生は、自分の研究に関する発表でもよいが、中学・高校では、クラスの全員にとって身近なテーマの設定が望ましい。
② 発表する場合には、原稿を見ないことを条件にする。手元の原稿に依存すれば、お客さんの反応（理解）を確認できなくなってしまう。
③ お客さんとのやりとりを活性化するためには、TVなどでよく見られる、クイズ形式を取り入れるとよい。

なお、ポスター・セッションについては、中嶋が『学習団をエンパワーする30の技』『だから英語は教育なんだ』の中で詳しくその方法を解説している。以下に、中嶋の実践の概略を紹介する。

〈中嶋実践より〉

千葉敦子さん（1940–87）の生き方を紹介した実践である。千葉さんは「女は家に」という考え方に反発し、世界中を駆けめぐって活躍したジャーナリストだ。ガンにおかされたが、最後の最後まで、若い女性や病気の人たちを励ますエッセイを書き続けた。彼女のエッセイを英訳したワークシートを

使って、クラスで男女差別について、ポスター・セッションを行い、学習を深めた例である。

手順①: ワークシート（エッセイの英訳）を配布し、内容（彼女の想い）を理解させる。

What I Wanted in My Life
Atsuko Chiba

I wanted to be a journalist.
And I became a journalist.
I wrote economic articles in Japanese.
I wrote economic articles in English.
I wrote news.
I wrote columns.
I wanted to go abroad.
So I traveled around the world.
I fell in love in Prague.
I lost love in Paris.
I listened to Fado in Lisbon.
I walked in the gold mine in Calgary.
I wanted to write a book.
And I wrote it.
I wrote it for young women.
I wrote it for sick people.
I wrote it, laughing
I endured and wrote it.
I wanted to live in New York.
So I lived in New York.
I went to see musicals every night.
I went out to see the festivals on Sundays.
I met many writers, producers and artists.
I fought against cancer with the help of a doctor.
I got all I wanted in my life.
Even if I die.
I won't regret.

> Never !

手順②: 男女別の4人グループになって、「今まで言われてイヤだった」ことをリストにまとめる。(Have you ever been discriminated as a boy or a girl?)

男子の主張	女子の主張
・男なら赤い色の服を着るな！ ・男なら泣くな、涙を見せるな！ ・男はあんまりしゃべるな！ ・男は台所に立つな！	・女はあぐらをかくな！ ・料理と洗濯ができるようになれ！ ・女がゲームをするのはおかしい！ ・大きな口を開けて笑うな、など

手順③: 各グループは、教師やALTの助けを得て、②で作ったリストを英語になおす。

手順④: 男女に分かれて、男子が女子の、女子が男子の訪問者に対して英語で書かれた用紙を見せながら英語で内容を説明する(男子、女子それぞれ20名くらいの人数であれば、1グループ4名から成るグループ5つが訪問者(異性)に説明することになる。訪問者は、各グループの説明を聞いて回る。説明時間は5分程度)。

手順⑤: 両方の説明が終わったら、男女混合8名のグループになってリフレクション(何が問題なのか)を行い、大切なことが何であるかを確認する。

以下は、その時の感想(男子生徒)である。

> I think discrimination is sad. Men discriminate women.
> Human beings kill animals easily. People kill people because they discriminate. We have to share only one earth.
> I think every thing on this earth has the right to live happily.

11. Talk and Listen と Active Listening

基本設計
対象レベル: 中学 1 年生〜大学生
活動テーマ: メッセージを感情豊かに表現する、相手のメッセージに共感を込めて応答する。
所 要 時 間: 他の活動にこの要素を加えて運用するので、一定ではない。

　真にメッセージを伝えようとするなら、その内容にふさわしい表情や声色を伴わなければ正しく伝わらない。上級になればなるほど、適切な表情・声色が要求され、この面での不適切さはその人の本性と受け取られてしまう。

　表情・声色のトレーニングとして、Talk and Listen と Active Listening がある。Talk and Listen は、短いシナリオに自分なりの解釈を与え、その解釈にふさわしい表情・声色でシナリオを演じる活動である。これについては、78 ページですでに紹介したのでそちらを参照されたい。

　Active Listening は Moscowitz (1978) が考案した活動で、「共感的傾聴訓練」と訳されている。2 人でペアを組み、一方が他方に向かって最近あった「うれしい出来事」「悲しい出来事」「憤慨する出来事」「心配な出来事」のどれかについて、次のように 1〜2 文で語りかける。

- "Last Sunday, we had a tennis tournament, and our team won the championship there!"
- "Yesterday I got very poor marks in math, and I was scolded by my math teacher."
- "Everybody says I've gained weight during the summer vacation. I think it's none of their business."
- "My cat looks tired these days. I'm afraid she may be sick."

それを聞いたパートナーは、相手が言った文をそのまま(ただし代名詞だけは "you" に代えて)、深い共感を込めて相手に返す。

　（例） A: "Last Sunday, we had a tennis tournament, and our team won the championship there!"

B: "Last Sunday, you had a tennis tournament, and your team won the championship there! Wow!!!"

1つの対話が終わったら、次は話し手と聞き手を交代して行う。それが終わったら、パートナーを代えてもう1セット行う。このようにして3セット行った後、振り返りの時間を設け、「これまでの3人の聞き手のうち、誰があなたの気持ちを一番しっかりと受け止めて応答したと感じましたか？」と問いかけ、簡単なメモを書かせて回収する。

成功させるための秘訣

Talk and Listen でも Active Listening でも、感情移入して話すことはなかなか容易ではない。普段とちがう振る舞いをすることに対する心理的抵抗があるし、また本人は感情移入して話しているつもりでも、表情や声色がなかなかそれについてゆかないものである。心理的抵抗については、まず教師やALT 自らが感情移入の良いお手本を見せる必要がある。そのためには、前夜に自宅で鏡に向かって表情豊かにセリフを発する練習を徹底的に行うことである。たとえば、笑い方1つにしても、いろいろなバリエーションが出せるようにしたい。

また、教師や ALT が同一のセリフを使って、表情の不適切な対話と、適切な対話を前後して演じて見せ、どちらが良かったかを生徒に考えさせることも有効である。

表情や声色を出せるようにする工夫としては、今日学校で行った Talk and Listen や Active Listening を、同じセリフで次回にもう1回行うこととし、それまでの宿題としてもっと表情を出す練習をしてくるように指示することである。

12. スキット作りとジョーク作り

スキット作り、ジョーク作りは、コンテクストの中で英語の使い方を学ぶのに欠かせない指導である。ただ、スキット作りといっても、用意されたワークシートのブランクや下線部に単語や文を入れて終わりという指導では、この活動の醍醐味が味わえない。

基本設計

対象レベル: 中学2年生〜大学生
活動テーマ: ある程度長くて、つながりのあるスキット(対話)やジョークを作る。
所要時間: 20分〜30分
目　　　標: ① コンテクストを意識し、自然なコミュニケーションとは何か、クライマックスはどこかを考えながら、スキットを作ることができる。
② オチ(パンチライン)につながる布石をどこでどう作るかを考え、ジョークを作ることができる。
評価例: 作られたスキットやジョークを教科通信で紹介する。クラスで良いと思ったものを3点選んで投票する。また、その理由を述べさせる。教師は、それも参考にしながら作品を評価する。

指導手順

＊基礎的活動（スキット編）

① 1人ひとりにワークシートを与え、いくつかのトピックの中から1つ選んでスキットを書かせる。（約10分）
その際、条件の欄に、使わなければならない既習の言語材料を指定しておく。
② 仕上がった作品をペアの相手と交換して読んでもらう。相手は、わかりにくいところに下線を引き「?」を、いいなと思ったところに下線を引き「!」を書く。最後に、「ここはこうした方がもっと良くなる」というアドバイスも書く。
③ 戻ってきたものを、「?」の部分は修正し、アドバイスを生かして仕上げ、提出する。

＊発展的活動（スキット編）

① 教師は、基礎的な活動で書かせた作品を次の時間に教科通信で紹介する（縮小コピーしたものを切り貼りする。作品ナンバーだけつけておき、作者名は載せない）。
② 1人ひとりに投票用紙を1枚配り、各生徒に良いと思う作品3つのナン

バーとその理由を書かせて集める。次の時間に結果を発表する。人間関係が十分に育っていないクラスでは名前は伏せた方が無難である。また、名前をわざと伏せておいて、作品を配ってから、誰の作品かを当てさせるのも面白い。

必要な下地づくりと成功させるための秘訣（スキット編）
　いきなり「スキットを書きなさい」と言われても容易に書けるものではない。次のようなステップが必要である。
① モデルとなるような卒業生の作ったスキットや海外ジョークをいくつか選んで読ませる。
② モデル作品を読んで、ここは良いというところに線を引かせ、感想を交換しあう。
③ ターゲット・センテンス定着のためのドリル活動が終わった時点で、キー・センテンス（たとえば現在完了の文）を示し、その前後に線を引いておく。前後のコンテクストを考えさせるのである。あるいは、はじめの文だけ示して、後に2～3行のコンテクストを書いてもよい。
　たとえば、

I have lived in Tonami for 10 years.
_____
_____

のように、後にコンテクストを付け足す形にすると、

I have lived in Tonami for 10 years.
Before that, I was in Osaka.
Now I like Tonami very much because it is a very beautiful city.

といった文が出てくるようになる。

また、たとえば、

_____

I have never been there.
_____

のように、キー・センテンスを真ん中にもってくると、

Have you been to Okinawa?
I have never been there.
However, this summer, I am going to go there with my family.

といった文が現れてくる。

　たとえば make A (= a person) B (= happy, sad, excited, bored) といった SVOC の文では、次のようにある程度のスキットの流れを作ってやると、書きやすくなる。

A: Do you have any plan for tomorrow?
B: _____
A: And then? (So? / And what do you want to do?)
B: _____
A: Oh, you always make me (happy, sad, excited, bored, frustrated, etc).

すると、

A: Do you have any plan for tomorrow?
B: Yes, I'm going to watch a movie at AEON.
A: And then?
B: Well, of course, I'll buy a cake for you.
A: Oh, you always make me (happy).

このように、前後に下線を引いて文を考えさせると、かならず時系列で因果関係を考えるようになる。

必要な下地づくりと成功させるための秘訣（ジョーク編）

　菅正隆氏（文部科学省教科調査官）から聞いた話だが、大阪では3回以上笑わせるような授業でないと生徒から支持されないらしい。回数はともかく、授業で「笑い」をつくることは、授業内容と同じくらい大事なことだ。さて、笑いにはスラップスティックのようなドタバタ劇で笑わせるもの、相手のボケに突っ込みを入れるもの、自分の不幸を笑うもの等々、多種多様の笑いがある。

　笑いは発想を変えた時に生まれる。こんな逸話がある。第2次世界大戦中のこと、ロンドンに"Open"と案内が出してあるレストランがあった。ある夜、ドイツ軍の空爆にあって店が半分損壊した時、店主は壊れて大きくなってしまった入り口に"More open."という大きな看板を出したという。不幸をジョークにするたくましさ、心のゆとり、人間関係ではこれが大切だろう。スキット作り、ジョーク作りは、まさにコンテクスト（文脈）を考えさせるには、格好の言語活動である。コンテクストを意識するようになれば、読解力もついていく。

　さて、クラスには、ジョークのセンスがある生徒が必ずいるものである。ジョークに関しては、発展的活動で紹介したように、教師が選んだ「傑作選ベスト10」と称して、教科通信に優秀作を紹介するとよい。その際、「参考にしてみなさい」と配りっぱなしにしないで、気づきを導くことである。「やるな」「うまい」と思ったところに線を引かせる。さらに、「最も気に入ったものを1つ選び、その理由を英語で述べなさい。また、作者に対して何がよかったか感想を書こう」と指示を出す。このような授業で筆者の生徒が作った作品を2つ紹介しておく。

A: Hello. It's been good days. How are you?
B: You speak good English. Have you ever been to America?
A: No, but I have lived in London before.
B: Oh, really?
A: Yes. I have studied English for a long time.
B: That's great. I have wanted to go to England, but I have been very busy. And I have never studied English.
A: But your English is very good.
B: No. I speak American.（おわかりかな？　この人はアメリカ人でした）

*

A: Do you see that girl?
B: You mean Kyoko?
A: That's right. I've watched her for a long time.
B: Really? Why?
A: I've loved her since last year. She is very, very pretty.
B: Have you ever talked to her?
A: No. I've written many love letters to her and I've been waiting for her reply.
B: Don't you know she's very busy?
A: I know. I've been to her home to see her many times, but she's always at juku.
B: No. You're wrong. She's been with her three other boy friends. Mr. Assie (アッシー君), Mr. Messie (メッシー君), and ME.

13. チェーン・レター

　ここでは筆者の考案した「チェーン・レター」という活動を紹介する。チェーン・メールや不幸の手紙を想起させるようなネーミングだが、活動はいたって楽しい。昨今、子どもたちのコミュニケーション能力が低いことが取り上げられているが、彼ら自身は本当はつながりたがっているのである。教師が、その機会を与えていないのが現状ではないだろうか。

　この活動では、教師は細かい指示は出さない。自己表出の場面が保証されているので、書いているうちにだんだん楽しくなっていく。だから、50分まるまる使うのが原則である。また、"I think that ..." とか "better than ...", "more ... than ...", "It ... for ... to ..." などの構文を、習った時点で導入するとさらに効果的である。

基本設計

対象レベル：中学3年生〜大学生
活動テーマ：クラスメートの意見を読んで、それに対して限られた時間内で自分の意見を書く。
所要時間：50分

目　　標： • どんどん意見をつないでいくうちに、自分なりに英文の書き方、発展のさせ方がわかる。
　　　　　 • 「前の人に反論しなさい」と指示されて反論の立場をとる時は、その根拠がきちんと書ける。

評価例： 全員の用紙を集め、一読し、流れの中で鋭い意見を言っている生徒のところに○をつける。後で、個人的にいくつ○がついているかを集計し、その数で評価する。

指導手順

＊基礎的活動（自由記述）

① A3判の西洋紙を全員に配り、最初に各自にトピックを選ばせる（例：School air-conditioning）。

② 選んだトピックについて自分の意見（考え）とその理由を書かせる（例：We need air-conditioning in our classroom, because . . . ）。教師は、生徒が書いている間、1分前から、後1分、後30秒というようにタイムキーパーの役を務める。

③ 3分（クラスの生徒の実態に合わせて設定）書いたら、その紙を一斉に次の生徒に渡す。
列ごとに送るので、列の最後尾の生徒は紙を前に持ってくる。ここで、「まだ書けていない」という生徒を待っていてはリズムがくずれる。日本語とチャンポンでもいいから必ず時間内に書かせるのがコツである。そのうちに、書き方を真似ていくようになる。苦手な生徒にとってみれば、モデルを見つけて模写しているうちに、書き方が身についてくるという、お経の習いのような時間である。ちがいを楽しめるようになる。

④ 次の生徒には、その意見に対して自分の率直な意見を書くよう指示する。

⑤ 4分経ったら列の次の生徒に渡し、次の生徒はそれに対してまた意見を書く。

⑥ 3順目ぐらいから、クラスの雰囲気が変わってくる。やり方がわかり、つながる楽しさがわかってくるからである。読む時間は［1分30秒×書いた生徒数分］を保証しておきたい。

⑦ 授業終了5分前に、最初の生徒のところに戻すように言う。

教師に言われなくても、生徒は自分のところに戻ってきた紙をとりつかれたように読み始める。自分が発信したことがどのように展開していったのか知りたいという気持ち、多様な考えを知り、それと関わる楽しさを実感したからである。
⑧ 教師は、「いろんな意見の中で、自分が真似たいと思った部分に赤で線を引きなさい」と言う。最後に、「伝えたいという気持ち」（メッセージ）を持つことの大切さを強調する。
⑨ この後、グループごとにリレー・ノート(次項参照)を渡す。

＊発展的活動（紙上ディベート）
① A3 判の西洋紙を全員に配り、次の A〜D 4 つの命題を板書し、最前列の生徒が A、次が B、3 番目が C、4 番が D、5 番目が A を選択するように指示する。生徒は自分の命題を紙の上段に書き、その命題に対して、それぞれ Yes の立場か No の立場を選んで、理由を述べる。

A — School is boring.
B — School lunch is better for students than box lunch.
C — Winter vacation is better for students than Summer vacation.
D — Japan is a good country.

② 3 分経ったら、"Stop writing."と合図する。自分の意見の最後に What do you think? (How about you?) と書いて、その下に左端から右端まで線を引く。教師の "Pass." の合図で、一斉に次の生徒(列の後ろの生徒)に手渡す。
③ 「今度は、1 番目の人の書いた意見に対して "I don't think so, because ... で書き始めなさい」と言う。最初の生徒が Yes の立場なのか No の立場なのかを適切に読み取った上で反論するように伝える。
④ 4 分半(読む時間を 1 分 30 秒×書いた生徒数分、加味していく)経ったら、②と同じようにして、次の生徒に手渡す。
⑤ 次の生徒には、1 番目の生徒の意見と、それに対する 2 番目の生徒の反論を読んで、自分はどっちに賛成なのかを、"I agree with 〜 because ..." の書き出しで書くように指示する(読む時間 3 分＋書く時間 3 分＝計 6 分程度)。
⑥ 教師の "Pass." の合図で、(2)と同じようにして、次の生徒に手渡す。

今度は、1番目〜3番目の意見を読み通した上で、前の生徒の「判定」が納得のいくものかどうかを踏まえ、もう一度冷静に命題の是非を判定する。
⑦ 制限時間が来たら書くのを終了し、最初の writer に戻す。教師は「クラスメートの意見を読みながら、納得できる部分には赤ペンで波線を、反論したいところには実線を引きなさい」と言う。
⑧ 日本語で、この時間で考えたこと、学んだこと等、感想を書かせる。

必要な下地づくり

　日頃から書くことに抵抗がないようにしておきたい。いきなり、このチェーン・レターの用紙を配り「さあ書きなさい」と言われても、苦手な生徒は途方に暮れるだけである。たとえば、ターゲット・センテンスを定着させる時は、ドリル活動(パタン・プラクティスなどで十分に口慣らしをする)だけで終わらずに、自分のことを表現させたい。その際、単文を羅列するのではなく、「意見」プラス「根拠」の構造で書かせ、日頃から結束性のある文を書くことを意識させたい。

成功させるための秘訣

　よく、「日本語でさえ意見が書けないのに、まして英語でなんて…」と諦めてしまう人がいる。しかし、それは逆で、「英語」というフィルターを通すからこそ、書きにくいことも書けてしまうのである。英語なら詩やラブレターも、照れくさいことも平気で書ける。気持ちをオブラートに包むような感覚になるのだろう。また、英語で書かれたことを自分で読み取り、自分なりの表現で意見を伝えるので、必ず「伝わったかどうか」を知りたいと願うようになる。そして、だんだんと「つながっている」ことを実感すると、自信が生まれ、自ら発信するようになる。自由度を高めるためには、「my favorite … で書き始めなさい」とか「このことについて友だちの考えが知りたい」という内容にするとよいだろう。
　生徒が書いたチェーン・レターの感想があるのでご紹介しておく。

- この授業では、自分の意見(思い)を他の人に伝え、他の人がそれについてまた意見を述べるところがとてもよい。これこそ正に心と心を結び合わせ

る、本当によい授業だと感じた。ただ教えるだけの授業、これははっきり言って最低だと思う。人と人の心を結び合わせる授業、これこそが真の授業である。いい授業だった。（男子）
- このチェーン・レターをやって思ったことは、今まで習った文の使い方をすべて頭の中から絞り出して考えたということである。だから、すごくためになった。もっともっと英語の表現力をつけたいと思った。（男子）
- 教科書なんてなくても学べると思った。こんな授業が一番効果があると思った。（女子）
- 最初は何を書こうかすごく迷ったし、他の人から回ってきた時も「エッ、どうしよう」と思ったけど、やっているうちにすごく楽しくなって、次の人のが来るのが楽しみになった。特に、自分がその人の意見を否定する時がたまらなく楽しかった(イヤなやつですね...)。（男子）
- 私はこんなドキドキする授業を初めてしました。今日の授業は、英語と生き方を学んだ気がします。（女子）
- 長文が苦手な僕は、このチェーン・レターが終わった後で、初めていつの間にか長文を読んでいたことを認識した。それは、やっぱり楽しかったからだと思う。最初は何を書けばいいかわからなくてつまらなかったけど、最後の方になると、すごく書きたくてたまらなくなっていた。（男子）
- 最初は、こんなもん書けるか、と心配だった。でも、考えながら書いているうちに、なんとかしてこの意見に反論してやりたいと思い、今まで習った英語をフルに思い出して伝えようとした。途中、スラスラ英語を書いている自分に気がつき、とても不思議に思った。これからもこんな授業がしたいな。（女子）
- みんな素晴らしい反応をしている。「君の言っていることはわからない」と反論している人もいた。このように不明な点をどんどんついて、そこを徹底的に糾明することだ。そこに人生、人間関係の楽しみがあるように思えてきた。それは、これからの国際化社会にも対応できるし、自分自身の生き方の形成にもなる。このようなコミュニケーションを大切にしていきたい。（男子）

生徒の感想は「事実」である。事実は人を納得させる。「どうして、こういうことが書けるのだろう。もっと知りたい」という気持ちになる。ものごとはそこからスタートする。

●コラム●
言霊（KOTODAMA）その1

　10年間取り組んできた卒業文集から、2編の英詩をご紹介する。右側に詩人の訳も載せておいたので、読み比べていただきたい。

Love

Math questions are easy.
Exams are easy, too.
They don't trouble me.

But I have one problem.
It is love.
Love is very difficult.

I love her.
But she loves another boy.

I can't solve this problem.

それが問題　（訳: 幸若晴子）

数式なんて　かんたん
テストだって　むずかしくない
そんなのは　へっちゃら

難問はさ
愛ってやつだ

僕はあいつが　好きだけど
あいつは　ほかの奴が好き

まったくもってそれが問題

A Student Preparing for an Examination

I am studying very hard
　　　for tomorrow's test now.
But I was taken up entirely
　　　with something else.
It is that boy.

I can't write an essay.
However I can write love letters
　　　very well.

I don't remember
when World War II started.
Yet I remember his birthday.

わたしは受験生　（訳: 幸若晴子）

いまテストに向けて猛勉強中！

それなのにちっとも頭に入らない

気がつくと彼のことばかり考え
　　　ちゃって...

小論文は苦手だけれど
ラブレターなら自信ある

第2次世界大戦が始まった日は
覚えてないけど
彼の誕生日ならすぐ言える

I don't know many constellations.	空の星座については知らないけれど
Yet I know every horoscope.	星占いなら詳しいよ
Why is that? It's because I like him better than studying.	どうしてかって？ それほど彼が好きってこと 勉強なんかより　ずうっとね
If tomorrow's test is about him,	あぁ、明日のテストの問題が 　　彼のことだったらなぁ
I will be first in the class.	そしたら　わたし　まちがいなく 　　クラスで一番になれるのに！

Time　　　　　　　　　　　時間（訳: 幸若晴子）

When I study hard, time passes as usual. When I play sports, time passes as usual. I think it is O.K.	時間はふつうに流れてく 勉強しているときも　そう スポーツしてるときも　そう それならそれで　いいんだけどさ
But sometimes I want time to stop	たまには　止まってくれてもいい 　　いつ？って　そんなの決まっているよ
When my eyes meet your eyes, I want time to stop.	君と　目と目が合ったとき
When I talk to you, I want time to stop.	君と話をしてるとき
But time passes as usual. Why don't you stop?	止まれよ　時間 たまには　さ

　「言葉には、言霊（KOTODAMA）が宿る」ということを聞いたことがある。子どもたちのみずみずしい感性に触れた時「確かにそうだなあ」と思わずにはいられない。言葉を発する側はそれに魂を込め、受け取る側はそれを感じ取る。
　　　　　　　　　　　　　　　　　　　　　　　　　（中嶋洋一）

14. リレー・ノート

　ここでは筆者の考案した「リレー・ノート」という活動を紹介する。リレー・ノートでは、生徒は自分たちの考えや意見を自由に表現できる。最初は、トピック同様書く内容も単純になりがちである。しかし、すぐに考えが熟成し、抑制は少なくなり、書くことも考えも活発になる。このリレー・ノートの背後にある前提は、次の2つである。

　1つ目は、条件として「<u>できるだけ習ったばかりの文法や単語を使いなさい</u>」と指定してあることである。リレー・ノートではメッセージを交換し合う。書く活動では、同じものばかり使っていては成長しない。新しく習ったことでも、使えば身についていく。コンテクストの中でどう使うかを考えることによって、生徒は英語を自由に操る力を手に入れ、そしてお互いに活発にコミュニケーションを図ろうとするようになる。これによって、英語はカリキュラムの単なる一部ではなく、自己表現に必要なツールとなる。

　2つ目は、リレー・ノートを書き続けることを通して、互いの意見や考えをどうやって英語でリンクさせればいいかを学ぶようになるということである。書くことがもっと流ちょうになり、考える内容が熟成し、論理的でしっかりしてくるようになる。もちろんその過程での教師の指導は欠かせない。もし、トピックがありふれたことに集中するようであれば、もっと生産的なトピックを意図的に与えなければならない。また、教師がコメントをする際は細心の注意を払って、朱書きによるコレクション(間違いの修正)や単なる感想で終わらずに、さらに深い内容を引き出すような問いかけが重要である。ALTには、時にはわざと挑発的に日本、住んでいる町、通学する学校の問題点を指摘してもらうようにする。「書きたくなる」ためには、心を揺り動かすことが必要なのである。

<u>基本設計</u>

対象レベル: 中学3年生〜大学生
活動テーマ: チェーン・レターを日常化させた活動である。
所 要 時 間: 家庭学習(生徒によって所要時間は異なる)
目　　　　標: B5判のノートを裁断機で横に3分の1に切って作った小ノート1ページ(決まった量)を使い、グループメンバーの意見に対

| 評　価　例: | 毎週、教師の授業時数が少ない日に提出させる。教師が挑戦的なコメントを書いたり、内容を A^{++}、A^+、A、B、C 等で評価したりする。なお、時々リレーノートを廊下に展示する。ぜひ真似てほしいような書き方をしているものは、本人の了承を得た上で、印刷し全員に配布する。教師に取り上げられたものは、さらにアップ・グレード(高評価)になる。 |

して自分の意見を書いていくうちに、書くことに対して抵抗感がなくなり、書くことを楽しむようになる。

指導手順
＊基礎的活動
① ノートを3分の1に切って、各班(4人班)に1冊渡す。
② 各グループの中のリーダー的な生徒(モデルとなる文を書ける生徒)が、自分の考えやメッセージを書き、次の日に次の生徒に渡す(1日1人、家で書く)。約束事として次の5点を伝えておく。
　1) 最初の生徒が始めたトピックは、1巡目の途中では変えない。
　2) 賛成なのか、反対なのか、自分の意見を明らかにし、その根拠を述べる。
　3) 友だちの書いた文で、いいと思ったものはどんどん真似るようにする。
　4) 日本語やローマ字は厳禁。和英辞典を調べるのを面倒がらない。
　5) 1ページ(9行～10行)にびっしりと書いて初めて評価の対象となる。
③ 英語係が、ある決まった曜日(教師の授業時数の少ない日)の朝集めて、持ってくる。教師は、内容を見てコメントを書き、評価して、帰りの会までに返す。

必要な下地づくり
　チェーン・レターをやった後で始める。生徒の感想にあるように、「なるほど、これは楽しい」という実感を持った後で行わないと、押しつけで終わる可能性がある。

成功させるための秘訣

　1回り目は、トピックを変えない。できるだけ内容を深めていく。基本的には、トピックは生徒たち4人の意志にまかせるが、いつかはマンネリになってくる。そこで、教師の方から仕掛ける。2通りの仕掛け方をご紹介する。

　1つ目は、写真やインターネットからのショッキングな情報をノートに貼ってWhat do you think? と問いかける。たとえば、鹿児島でプラスチック容器のふたを貝殻の代わりにしたヤドカリが、いくつも見つかったという資料や写真を紹介すると、どの生徒も環境問題や海の汚染について、実体験を踏まえて、自分の意見をびっしりと書くようになる。

　2つ目に、さらに書けるようになってくると、今度はロールプレイ(たとえば、A君は賛成の立場、Bさんは反対の立場、C君は中立の立場、Dさんは流れによって自分の態度を決めるという立場を与える)に入る。こうすると、自己責任が生まれ、心からやりとりを楽しむようになる。教師は、その全体構想(鳥瞰図)を練り、コーディネートをすることが大事である。

【事例 ①】　沖縄の海を歩くヤドカリが、プラスチックのキャップやガラスビンの割れた口の部分を貝殻代わりにかぶっている写真を示し、"What do you think about the hermit crab's story?" と問いかけた。以下は、あるグループのリレー・ノートからのコピーである(原文どおり)。

A: I feel sorry for the hermit crab. Don't you think so? You want to see the beautiful sea, don't you? So we must keep the sea clean. For example, we shouldn't throw away the dust in the sea and we must pick them up when we see them. It is easy, but we can't do so. Why? Some people think throwing away a lot of dusts is a small thing. However, I don't think so, because the sea is ours. I went to the sea with my family last year. There was a lot of dust. I saw a young man throwing away a tobacco. I was sad. What do you think?

⇩

B: I think so, too, and I think human beings are bad in all points, because we eat something and drink something near the sea when we go there. So the sea becomes polluted and I am sorry for the hermit crab. I think we shouldn't go to the sea if we can't be kind to the sea. If not, the sea becomes worse. And what's more, human beings become bad. I wish the sea become beautiful and the hermit crab will live peace.

⇩

C: I think so. I saw a young man had thrown away some bottles to the sea. Maybe the dust will keep on increasing, I guess. Of course people don't like the dust, but they throw away them when they are not seen by others. My image for the sea is clean and blue, and I love the sea. I think we should keep the rule, naturally. As a matter of fact, I threw away the dust before. I'm shameful. Have you ever done so? Why do people throw away the dust, I wonder?

⇩

D: I've never thrown away the dust in the sea, but I have thrown away the dust on the road. However, when I threw the things, I had a bad feeling. Since then, I am trying to pick up the dust when I find them on the road. I think we must make a beautiful town, too. Ms. Yamamoto said, "Why do people throw away the dust?" Maybe they think it is no problem and it is a small thing. When we think of our home town, we think it should be clean. The earth is big, but it is our home.

【事例 ②】 次にご紹介するのは、ロールプレイによる課題である。それぞれに役割を与えて書かせている。トピックは「学生は携帯電話を持つべきだ」で、グループで2回り続けることを指示する。2巡目あたりから、要領がわかってきて面白くなってくる。

〈1巡目〉

A（高校生役）: Cellular phone is necessary for all the students. That's right. Since if I am in trouble, I can call my mother. And yet if I don't have the cellular phone when I am in disaster, I will die. Also cellular phone is very useful when we want to go home on a rainy day. Also exchanging e-mail is fun. It is good for communication, but sorry to say, I don't have the one. I really want to have the cellular phone soon.

⇩

B（教師役）: No. The cellular phone is not necessary for all the students. It becomes very noisy when it rings in the class. If it is OK to use it, then many students will bring it to school. They can use the public phone when they want to make a call.

⇩

C（中学生役）: Well, some of my friends have cellular phones. I think it is very useful. We can call our friends to meet at any time. We can enjoy e-mail. However, I don't know if it is really necessary or not, because if we use it many times, then it will be very expensive. I can't pay. My mother will say I'll have to pay with my monthly money. I think it will be bad. Well, I can't say we should have it or we shouldn't have it.

⇩

D（保護者役）: It isn't necessary for children to have the cellular phone. First, we have the cellular phone to work. However children don't work. So they don't need it. Second, the parents have to pay a lot of money each month. They can use the home phone or public phones if they want to talk, but they don't do so. Also it is a sad thing when they send e-mail each other very often. Why don't they talk at school? Communication should be done face to face.

〈2巡目〉

A（高校生役）: Well, we can't find public phones anymore, because a lot of people use cellular phones. We use it only in important times. Also if we pass the cellular phone to the teachers before the class begins, then it is no problem. We can have it back when we go home.

⇩

B（教師役）: That's not the important thing. The police says most of the students seen at night gather after using e-mail on the cellular phone. Sometimes, they smoke or drink. Many parents don't know their children go out at night after they sleep and what they are doing.（続く）（原文のまま）

三重県教委の総合教育センター研究主事である谷口勝彦氏は、三重県の英

語教員集中研修の中心となり、全体のデザインをするだけでなく、講座のコーディネートを担当している。三重県の研修はそのユニークさ、筋の通った運営方針から、さまざまなところで紹介されて注目されている。

　今回紹介したい谷口氏の手法は、研修の最後にセヴァン・カリス・スズキさんのスピーチ(1992年にリオで開かれた環境サミットで、12歳の彼女が各国の代表を前に大人を告発するスピーチをして、代表たちにショックを与えたもの)を聞かせ、受講者に「リレー感想」を書かせるという取り組みである。このように、全体で何か心が動くものを見たり読んだりした後は、感想をリレーしていくと広がり・深まりが生まれる。ちょうど「チェーン・レター」の発展編とお考えいただきたい。

　最初は、何人かの受講者は「えっ、何を書いたらいいの?」という反応を示すそうだが、4ラウンドぐらいやるうちに、書くのが速くなってきて、書く量がどんどん増えていくのだそうである。それはなぜか。谷口氏に言わせると、「刺激」が「反応」を引き出すからだ、ということである。

　セヴァンさんのスピーチという「刺激」を与えたことで、それぞれに「反応」が生まれる。最初は、反応が小さくても、「他の教師の反応」という「刺激」が加わることで「反応」が大きくなっていく。自分が気づかなかったことに気がつくと、面白いくらい筆が進むようになるのだと言う。ここで谷口氏本人に登場願って、リレー感想について具体的に紹介していただくことにしよう。

　集中研修の中で伝えようとしていることの1つが、「学習者としての視点を大切にする」ということである。全8回の研修の中で、受講生には何度も「学習者の立場」に立ち帰っていただく。そこから気づいたこと、つかんだものを授業に活かしていただきたいというねらいである。

　5ヵ年計画の初年度(平成15年度)、最終第8回の研修の冒頭でセヴァン・スズキさんのスピーチを聞いた。「書きたい」「伝えたい」「読みたい」という気持ちはどのような時に生まれるのか、ということを受講者自身に体験してもらうためである。ただ、セヴァンさんのスピーチには、環境問題に関する語彙が数多く含まれており、受講者にはあまり馴染みがないのではと思われる語彙も少なくなかった。感想を書くためには、内容が理解できなけ

ればいけない。そこで、理解の手助けとなるよう、語彙を少しずつ与えていくことにした。

「最後にスピーチを聞きます。そのスピーチに出てくる単語を勉強します」では面白くない。何のための語彙なのかということは一切語らずに、スピーチに出てくる単語を「ビンゴ」「60秒クイズ」「口頭英作文」等で、4回に分けて紹介した。

いよいよスピーチ鑑賞の当日。それまでの4回の活動のワークシートを縮小版ですべて配布して、こう話した。

Now is the moment of truth. The final session of the intensive training course. In making the plan for the entire course, my biggest concern was what activity I should introduce for my part of the workshop.

Well, we have tried several activities in my part. Bingo, a 60-second quiz, a vocabulary test and an English composition. Did I introduce all those activities to familiarize us with the 60-second quiz? No. Did I play the vocabulary game to show off my English fluency? No. I did all those activities to help you appreciate the speech you are about to listen to.

The speech is now a legend. This legendary speech was made in 1992 by a twelve-year old girl. Her name is Ms. Severn Suzuki. Ms. Suzuki's speech moved the entire audience. What did she talk about? She talked about a very important issue every junior high school textbook deals with. An issue that every world and business leader must consider. An issue that affects even you, every day: the environment.

Try to feel her message in your heart, not to understand it in your mind. Ladies and gentleman, please meet Ms. Severn Suzuki.

スピーチを聞き、感想を書く。単純なことである。それだけでは特に面白みも感じられない。「今日はいいスピーチを聞いたな」で終わってしまう。ところが、その感想を次の人へ、さらに次の人へとつなげていくことで、俄然活動に取り組む姿勢が変わってくる。受講者に配った「リレー感想用紙」には、表裏両面で4つ、感想を書くための枠が設けてある。4人1組でグループをつくって、その中で感想をつなげていくのである。「リレー感想」の変化の具体例を以下に示す。

C. 活動タイプによる分類　　　155

I was really moved by her speech. She insisted that we shouldn't harm the environment anymore if we don't know how to fix it. I agree with that. However, I realized that I'm also harming the environment whether I realize it or not. I'm living in Japan, which is very rich, and my life is very con ... (unfinished)

⇩

Indeed, I also think that we shouldn't damage our nature if we don't know how to fix it. I know we are human beings and we can't help it, but I think we are being foolish. I think that it is important to learn how to share with nature.

⇩

There are so many problems around us. For adults, life can get so busy that they often can't think of them properly. But young children have a chance to learn what the world is like and how things are going. We should teach them to improve on today's situation.

⇩

We can advise students to study how to clean water or air. They can use books or the internet. There is so much information around them that we must tell them things like: "You must think well and choose good information from TV or anywhere else," "Don't imitate other people without thinking about whether it is right or wrong," and "Don't close your eyes to what is happening now."

研修後のアンケートには，次のような感想が書かれていた。

> 「最初が一番書きにくかった。他の人の感想を見て、何回か書いているうちに、自分の考えが見えてくるというか、自分の考えがまとまってくるような感じがした」
> 「最初は『何を』『どう』書いたらいいのか迷っていたが、他の人の書いたものを読んで、『こういうふうに書けばいいのか』と随分書きやすくなっていった」

共に学ぶ仲間がモデルを示してくれたのである。4ラウンドが終わり、感想用紙が自分のところに戻ってくると、何の指示も出していないのに、全員

が一斉に自分が書いたものへの反応を読み始めていた。一瞬、静寂が訪れた。「読みたいと思えば、『読むな』と言われても読みます。読みたい、という気持ちになる仕掛けをしていきませんか」。ハッとした顔があちこちに見られた。

この集中研修の神髄は、正にここにある。質の高い刺激（本物の実践や「前年度の受講者の変容」の事実）を目の当たりにした受講者は、いやでも心が動く。その「反応」を、振り返りの場面で横につなげることで、全体の「学び」が生まれてくる。「高まり」を、関わりの中で「広げ」てゆき、さらに「深めて」ゆくのである。このことは、教室の中で「言語・知識（教える内容）のディスプレイ」に終始することを戒め、生徒が今まで考えたこともなかったような事象や場面を取り上げること、教師が仕切りっぱなしにするのではなく、生徒に委ね、つなげる場面を創出することの大切さを暗示している。ただ、あくまでも、そのプロデュースは教師がするのである。

15. トライアングル・ディスカッション

ここでは筆者の考案した「トライアングル・ディスカッション」という活動を紹介する。トライアングル・ディスカッションとは、さながら言葉のバレーボールのような活動である。バレーボールでは、ボールを床に落としたら負けである。飛んできたボールは、誰でもよいから受けられる者が受けて次へつなぐことが求められる。トライアングル・ディスカッションでは、3人の生徒があるトピックについて、互いに協力し合って言葉のボールをつなぎ合い発展し合ってゆく。誰でもいいから、飛んできた言葉を沈黙に落とさぬよう受け止め、それに何かを追加して、次へと跳ね上げる。3人が平等に話す機会を持つこと、3人が協力し合ってトピックを深めること、クラスメートの発言について自分の意見や考えを述べること、この3点が目標となる。茨城県ではすべての中学校でこれが「インタラクティブ・フォーラム」として使われているそうだ。

基本設計

対象レベル: 中学3年生〜大学生

活動テーマ: 相手の言っていることを聞き取り、それをつなげて発展させていく活動である。3つの椅子を教室の中央に置き、三角形にしておく。他の生徒はそれを囲むように劇場型に座る。

所要時間: 5分（発言3分＋2分の振り返り）でワンセット。

目　　　標: 相手の言っていることを的確に聞き取り、つなぎ言葉（"Oh, really?" "No way!" など）や質問などで適切に対応することができる。また、協力し合って、内容を発展させることができる。

評　価　例: ① 3人ずつトライアングル・ディスカッションをさせ、それを観察して評価する。
② よかったところの相互評価（後述）を、教師の評価に加味する。
　評価用紙として、A4判の西洋紙に3cmぐらいの幅で破線を引いたものを用意する。最初に、「各組の中で優秀者を1人選んで、特に良かったところを書きなさい」という指示

を出しておく。1組終わるごとに、1人選んで記入させ、3組終わったら、それぞれ切り離して優秀者のところに持って行く。ひとことコメントを言って評価用紙を渡す。もらった生徒は、その評価用紙をノートに貼る。枚数が自分の評価になる。これは相対評価となる。

③ 定期テストに3つの新しいトピックを提示し、その中から1つのトピックを選んで3人のトライアングル・ディスカッションのダイアログ(10行程度)を書かせる。まず、3人の立場(意見)を最初に書かせ、そこからスタートする。3人が登場するスキットづくりは、かなりの力を要する。これがスムーズに書けていれば、「コミュニケーションに対する関心・意欲・態度」と「表現」の観点で、A評価を与えられる。

指導手順
＊基礎的活動

① トライアングル・ディスカッションを行う3週間前に、当日の3人グループ構成(できるだけ同じ力の者同士)を発表する。
② 同時に、3つのトピック候補を与えておく。候補例をあげる。
- My hobby
- What makes you happy?
- What is the most important thing for you?
- Where would you like to live, in Tokyo (Hokkaido) or in Osaka (Okinawa)?
- Which would you like to be when you're reborn, a man or a woman?

③ 3週間、授業の最初の5分間の帯的学習として、ペアでQ＆A、つなぎ言葉による応答、スモールトークの練習などをし、会話がつながるようにしておく。
④ 本番の2時間前にリハーサルを行う。リハーサルは、本番で行う3人以外の3人で何度も行う。教師は、3人グループのローテーション表を作成しておく。ただし、リハーサルのねらいは、英語が苦手な生徒に自信をつけさせることにおく。英語が苦手な3人(椅子のみの三角形)の後ろ

に、英語が好きな(得意な)3人の生徒をそれぞれ座らせ、彼らに3分間観察させた後、個々にアドバイスを与えるようにする。ペアを作っている場合は、ペア・リーダーがパートナーに付き添って移動する。

⑤ 本番1時間前に、ペア2つが合体し、総復習を兼ねて3人ずつ順に3つのパターンで練習をする。
たとえば[A君とB君]、[C君とD君]のペアを例にして説明しよう。最初にA-C-Dの3人がディスカッションし、B君はアドバイザーを担当する。次にB-C-Dの3人がディスカッションし、A君がアドバイザーを担当する。

A君(〇)とB君(●)はペア、B君は英語が得意
C君(△)とD君(▲)はペア、D君は英語が得意

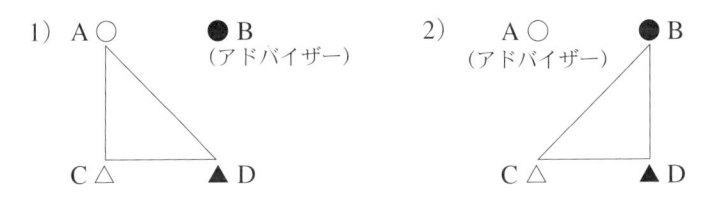

1) A〇　　●B
　　　　　(アドバイザー)
　C△　　▲D

2) A〇　　●B
　　　　　(アドバイザー)
　C△　　▲D

⑥ 本番当日、評価シート(次ページの図11参照)とA4判に複数の破線が入った相互評価シート「よかったところ見つけ」を配布する。
⑦ トライアングル・ディスカッションを行っている間、他の生徒は相互評価シートに発言の流れをメモしていき、終わった時点で評価する。そして、3人の中から優秀者を1人選び、よかったところをコメントする。
⑧ 3ラウンド終わった時点で、相互評価シートを破線で切り離し(細長い紙片になる)、選んだ3人(各ラウンドで1人)のところに持っていく。もらった生徒は、それをノートに貼り、後で提出する。教師は、その枚数とコメントの中身を、評価の参考にする。
事前に伝えておく評価の観点は次の3点。コツは、3人が協力し合うことで点数が高くなるようにしておくことだ。
　　ア) 3人が平等に話す機会があったか
　　イ) 3人が協力し合ってトピックを深めようとしたか
　　ウ) クラスメートの発言について自分の意見や考えを述べたか

図 11　トライアングル・ディスカッション評価カード

名前（　朋美　）

観点①　3人が平等に話す機会があったか。	大変優れている　5
観点②　3人が協力し合ってトピックを深めようとしたか。	優れている　4
観点③　友だちの発言について、自分の意見や考えを述べたか。	普通　3
	物足りない　2
	今後に期待　1

観点の①と②は3人の得点
- 誰かがつまった時でも、他の2人がサポートしている。
- 3人で楽しそうにつなげながら話している。
- 即興で応答し、深まりが生まれている。

観点③は個人の得点
- 他の2人をリードしている。
- I think ... You said ... など自分の意見を言っている。

（例）

名前	意見・発言の流れを → でメモしていく。一語（Oh, really? など）の応答は含めない。	
水上	ラーメン	ミソ。おいしい　豚骰と龍三　毎週食べるの？
中嶋	ステーキ	何ラーメンが好き？　ミディアム。レアーは×　月に1回。自分で焼くのが好き。
寺岡	酢豚	僕は塩。どの店がいい？　龍三はいいよね。ステーキは何が好き？

名前	意見・発言の流れを → でメモしていく。一語（Oh, really? など）の応答は含めない。	観点①	観点②	観点③	合計
水上	酢豚は自分で作るの？　寺岡君も中嶋君もすごいね。自分はできないや。食べるだけ（笑）	5	4	5	14
中嶋	いつ作るの？			3	12
寺岡	すごい。自分で焼くと安いね　家族で作る。　日曜日。肉をたくさん入れる。			5	14

【1回戦】

名前	意見・発言の流れを → でメモしていく。一語（Oh, really? など）の応答は含めない。	
向井	プリン	あまいから好き　日曜日に作る。　いいと思うよ。　アイスなら　チョコチップがすき。　アイスはつくれる？
水上	ローストミート	私も　やきにく。　ぶたがすき。　オレンジとまっちゃ
小野田	アイスクリーム	私もすき。＊　ローストミートって？　いいね

名前	意見・発言の流れを → でメモしていく。一語（Oh, really? など）の応答は含めない。	観点①	観点②	観点③	合計
向井	タブン自分そんなにうまく作れない。　くろごま食べたコトある？　おいしいよ。	4	5	5	14
水上	ムリ。　何のプリン？			5	14
小野田	私もできない。あなたは？　ないけど食べたいな。			5	14

⑨ クラスの人数次第で、2時間かかる場合もある。終わったら、全体で振り返る。何が学べたか、さらに何が自分の課題になったかを出し合い、最後にこれからの学習について自己申告をする。

必要な下地づくり

　Carter and McCarthy (1997) によれば、人間は会話ではあらかじめ全文を組み立ててから発言するのでなく、思いついた部分から小出しに作りながら話してゆくという。つまり、情報としてチャンクをつなげていくようにしているのだ。トライアングル・ディスカッションでは即時的に話さなければならないので、Carter が指摘するような話し方が自然に出てくる。必ずしも文として成り立っていなくてもよいので、伝わることを大前提とする。行き詰まった文は放棄して、次の内容に移ってもよい。

　このトライアングル・ディスカッションやマイクロ・ディベートのような統合的タスクのためには、4技能の力を日常的に、そして継続的に高めておく必要がある。形だけ真似て、マニュアルどおりやろうとしても、生徒が育っていなければ、何も言えないで時間がむなしく過ぎていくだけである。急がば回れ。できるようになるには、下地づくりの活動を中・長期的に行っておきたい。習熟してくると、突然コツや感覚がわかる、つまり breakthrough の瞬間が訪れる。そのためには、次のような基礎トレーニングが欠かせない。

① つなぎ言葉の練習: 会話をつなげられるようにする。
　Oh, really? / No way! / That's nice. / Sure. / I think . . . / Oh, are you? / Oh, do you? など、会話を続けるためのつなぎ言葉が使えるように練習をする。

```
I went to AEON to buy a new CD.        → Oh, did you?
I like to watch a baseball game.        → Oh, do you?
I got one million yen yesterday.        → No way!
I bought V6's new CD. It's really good. → That's nice.
```

　ペアの一方が文を言ったら、相手が即座にそれに反応する。

② 相手の言ったことに対して、関連発言や質問を返す練習: 会話をつなげられるようにする。

教師の言う英文を聞いて、それについて自分の意見や質問を1つ考え、ノートに書く。たとえば、"I went to Takaoka yesterday." と教師が言えば、生徒は30秒以内でノートに "How did you go there?" / "What did you do there?" / "Why did you go there?" / "Who did you go there with?" といった文を考えられるかぎり書く。また、"Tom is from Canada." と言えば、"Oh, I want to go there someday, because I hear it's a beautiful country." / "I think Canada is a big country." / "Canada is famous for maple." と書く。このようにして、教師が次々にちがう種類の英文を言

●コラム●

言霊（KOTODAMA）その2

　言葉とは、つくづく不思議な存在である。たったひとことで勇気づけられ、たったひとことで立ち直れないほど落ち込むことがある。しかし、いつも使っている言葉なのに、私たちはそれに対して無頓着なことが多い。メールが原因のトラブル、電子掲示板の中傷なども、元はと言えば「言葉や相手への配慮が足りない」ことから起きている。言葉は生きているのである。

　ここで、それを実感させてくれるもう一編の詩をご紹介する。

One seed can start a garden	1粒の種から庭が始まります
One smile can lift a spirit.	1つの微笑みが気持ちを高揚させます
One candle can light a room.	1本のロウソクで部屋が明るくなります
One conversation can start a friendship.	1つの会話から友情が生まれます
One step can begin a journey.	1歩が旅につながります
One heart can love many.	1つの心が博愛を育てます
One person can make all the difference that one is you.	1人が変われば周りが変わります そう、その1人とはあなたです

　何も難しい言葉は出て来ない。しかし、言霊をもった言葉同士がつながった時、人の心は揺り動かされ、深く感動するのである。　　（中嶋洋一）

い、生徒が個々に自分の意見や質問を書いていく。その後は、ペアまたは4人グループでノートを交換し合って振り返る。教師はノートを集めて、いいものを選んでプリントで紹介するようにする。

次に、トライアングル・ディスカッションで学習した生徒の感想を原文のままご紹介する。

- みんなの話を聞き取るのは難しかったけど、なんとなくトライアングル・ディスカッションで話すのが楽しかったです。まだいいたいことがあったけど、いえなかったので残念でした。でも話を広げるというのは、みんなの協力しだいということがわかり、僕もどんどん話を広げる努力をしたいです。(男子)
- トライアングル・ディスカッションをやる前はとても緊張したけど、やってみたら話に集中できて、まわりが気にならなくなって、とても楽しかった。(女子)
- もう、とにかくすっごく緊張しました。自分の言いたいことが言えなかったり大変だったので、もう1回やって、リベンジしたいです!!
- とても緊張したけど、なんとかたくさんしゃべれたので良かったです。またトライアングル・ディスカッションをしてみたいです。そして、今度は沈黙がなくなるように話したいです。(女子)
- キンチョーしたけど楽しかった。聞けなかった質問があったので、後悔もあるので、もう1回やりたい。英語がはじめて楽しいと思えた気がする。もっと英語会話を深めるとてもよい機会になってよかった。(男子)

16. "I Know You." (Let's get to know each other.)

ここでは筆者の考案した "I Know You." という活動を紹介する。ペアで、(1)インタビュー → (2)レポート → (3)自由会話へと発展させる活動である。この活動では、(3)のステージまでくると、初対面であってもつい話したくなってくる。インタビュー活動の仕上げの段階で有効な活動である。我々がお互いによくわからない人と話す場合、初対面でないにしても、自然に心理的なバリアは高くなる。しかしこの活動では、「思い切って相手に言葉を投げてみよう」という気持ちが強く働くようになる。

基本設計

対象レベル: 中学2年生〜大学生
活動テーマ: クラスメートにインタビューしてその人の情報を仕入れ、それをちがう相手にレポートし（リプロダクション）、そのレポートを受けた人が最初の本人と対面して自由会話をする。
所 要 時 間: 15分〜20分
目　　　　標: 自分が得た情報を、ちがう相手に自分の言葉で適切に伝えることができる。相手の言ったことを聞き取り、会話を発展させることができる。
評　価　例: 最初の自分が伝えたいことのマッピング*、相手の情報のマッピング、レポートで聞いた情報のマッピング、そして最後の自由会話をノートに再現させて提出、評価する。

指導手順

＊基礎的活動

① my favorite city, my favorite singer, my hobby などのテーマ中のから各自1つ選んで、4人グループの最初のペア（AとB、CとD）で情報交換をする。
② 自分の言いたいことをノートに mind mapping（マッピング）で整理する。バルーンの中に、イメージできたキーワードを書いてつなげていく。時間は3分程度。バルーンが仕上がったら、ナンバリング*を行い、伝える順序を考える。たとえば、次のようにする。

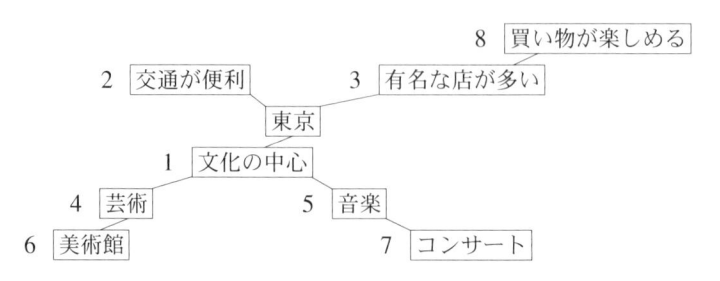

```
                              8 買い物が楽しめる
     2 交通が便利      3 有名な店が多い
              東京
           1 文化の中心
     4 芸術         5 音楽
  6 美術館              7 コンサート
```

---

*マッピング　情報を整理し、関係づけて発展させていくのに有効な方法である。1つのバルーンの中に、関連する単語を書いてつなげていく。
*ナンバリング　話す順序を考えて、バルーンに番号をつけていく。

③ ナンバリングができたら、1分間、自分の席でリハーサル（スピーカーになってつぶやく練習）をする。
④ 次に、ペアで向かい合い、ジャンケンで話す順番を決める。教師の合図で最初の生徒が自分のことを伝える。また、聞く側は、適宜質問をしながら、ノートにマッピングをする。
⑤ 今聞いた話を、別の生徒へレポートをする。4人グループのさっきとちがう相手（AとC、BとD）と新しいペアを組んで行う（レポートの時間は1分）。
　※インタビューの内容を要約し、流れをうまく構成する必要が出てくる。そこで、まず、どう伝えれば伝わりやすいかを考え、先ほどマッピングで書いた情報にナンバリングをして、レポートの練習をする（自分の席で小さい声で言ってみる）。練習が終わったところで、ジャンケンで先攻、後攻を決め、レポートに入る。聞き手は質問はしない。
⑥ 最後に、すでにお互いの情報を人づてに聞いて知っている相手（AとD、BとC）と向き合う。
⑦ ジャンケンで順番を決めたら、最初の生徒が、"I know you. I know your favorite 〜, because you . . ." と切り出す。（会話の持ち時間はそれぞれ2分）
　※話し手は、相手の情報を確認し、さらに聞きたいことが出てくれば、常時インタビューしてよいことにしておく。また、相手は、自分の情報が相手に間違って伝わっているとわかった場合、そのつど修正（"That's not true." / "I didn't say so, I said . . ." / "Well, I mean . . ."）をしたり、さらにつけ加えたいことがあれば、そのつど新しい情報を付加してもよいことにしておく。自分から発信したことなので、間違いを直したり、つけ加えたりするという課題を与えることで、集中して聞くようになる。話し手も、"You like 〜." "You have been to〜." などと相手の言ったことを確認しながら言うので、さらに突っ込んだ質問も流れの中で自然にできるようになる。

必要な下地づくり

普段から質問（Q＆A）に慣れておくため、帯的な活動（授業の最初の5分）としてワークシート（左側にさまざまな種類の質問、右側に答の例）を配り、

ペアで習熟させておくとよい。また、相手の言ったことに対して追加質問ができる訓練も必要になる。トライアングル・ディスカッションの項でも述べたが、"I went to Toyama yesterday." と相手が言った時に、"How did you go there?" / "Why did you go there?" / "What did you do there?" / "Who did you go there with?" などのような質問ができるよう練習をする。"I went to Toyama." というキーワードを捉えて瞬時に上記のような質問ができなければ、インタビューは続かなくなる。しかし、これに慣れておくと、質問に答えていくという形式になるので、特に準備のための時間は取らなくてもよくなる。いずれにしても、相手にインタビューをしながら、マッピングでメモをとっていく習慣をつけておきたい。

成功させるための秘訣

この活動は、⑥(前ページ)の段落を終わった時点で誰もが「楽しかった」と評価する。コミュニケーションの楽しさを味わえるようになるからである。なぜか。この「なぜ」を考えることが、実はとても重要なことである。

筆者は、前の2つの段階(④、⑤)に比べ、自由会話に近くなるからだと考えている。また、直接ではなく、別のメンバーを通して間接的にお互いのバックグラウンドを共有しているということも大きい。これによって、新しく情報を得なければならないという不安が軽減されるからだ。また、インタビューだけ、レポートだけというケースとちがい、自然に活動から活動へとつながりが生まれてくるということも大きいようだ。このような一連の流れを体験することで、自分の弱点(聞き取れない、質問ができない、まとめてレポートができない等)が見えてくるようになり、そのできなかったことが次の言語活動への学習意欲につながってゆく。

17. マイクロ・ディベート(3人で行うディベート)

最近、ディベートについて講演を依頼されることが多くなった。特に、マイクロ・ディベートまで持っていくための下地づくりについて聞かれることが多い。ディベートが、コミュニケーション能力を育てる究極の技法であるということが、広く現場に認識されはじめたからだろう。

ディベートと聞いて顔をしかめる方も、このマイクロ・ディベートをやり

始めたら、面白さのとりこになるだろう。生徒のコミュニケーション活動に対する姿勢も一変する。

マイクロ・ディベートについて説明する前に、中学生・高校生にフォーマル・ディベートがなぜふさわしくないかを述べておこう。フォーマル・ディベートでは、肯定派と否定派に分かれる。立場が決まれば、そのグループの中でそれぞれが役割(立論、質問、反駁)を与えられる。そして、立論の生徒は暗記してきた自分のパートを発表するだけになりがちである。自分が分担した役割をこなすだけでは、ディベートの良さである「両面から見て考えること」や「論理的に考える力」が身につきにくい。

一方、マイクロ・ディベートは、すべての生徒が Yes 側、No 側、Judge 役のすべてを体験することになる。つまり、どの立場にもなるので、オールラウンドな視点が身につく。しかも、1ラウンド、2ラウンド、3ラウンドと同じ論題でやるので、回数を重ねるにつれて習熟していくのである。

マイクロ・ディベートが、他の活動と大きく異なるのは次の点である。

① 自分の立場が yes か no かを明確にして話すこと(論点を整理する力)。
② 相手の言っていることをしっかりと聞き取らなければならないこと(聞く力)。
③ 相手が納得できるよう、論拠を示さなければならないこと(説得力)。
④ 活動中、平等に時間が与えられること(与えられた時間の中でまとめる力)。

基本設計

対象レベル: 中学3年生〜大学生
活動テーマ: 3人1組になり、同じ論題で Yes, No, Judge の立場をそれぞれ体験する。
所 要 時 間: 10分でワンセット
目　　　標: 相手の立論を聞き取り、論点を正しくメモできる。取ったメモに応じて、反論を自分の言葉で伝えることができる。最後のフリー・バトルでは、相手の意見とかみ合うように積極的に意見を言うことができる。
評　価　例: 振り返りのレポート、対戦時のフローチャート(ディベートの内容を見る)を回収して評価する。

特に勝ち負けの数にはこだわらない。

指導手順

＊基礎的活動

① まず、最初の3人組を決め、対戦する順序を知らせる。

　　　　　Yes 側　　No 側
　　　1.　A　vs.　B
　　　2.　B　vs.　C
　　　3.　C　vs.　A

	Pro (Yes)	Con (No)	Judge
1	A	B	C
2	B	C	A
3	C	A	B

　A　　　　　B　　　　A, B, C は三角形を
　　　　　　　　　　　作るように着席する。

　　　　　C

② 次に、それぞれの持ち時間を伝える。
　　1. A (Yes)　　Constructive speech　　1 min. 30 sec.
　　2. B (No)　　Rebuttal (Attack)　　　1 min.
　　3. B (No)　　Constructive speech　　1 min. 30 sec.
　　4. A (Yes)　　Rebuttal (Attack)　　　1 min.
　　5. Free battle　　　　　　　　　　　2 min.
　　6. Reflection time　　　　　　　　　3 min.

③ 1回の流れを確認する。
　1) 3人グループを作る(教師が関わって編成する、同じレベルのグループが望ましい)。
　2) ジャンケンで役割を決める (A, B, C を決める)。
　3) 1回戦 第1ラウンド: A (Yes) vs. B (No), C (Judge) の確認。

C. 活動タイプによる分類

4) AとBは、事前にお互いの立論メモ(後述)を交換し、相手の出方を知ると同時に、つぶすための作戦を練る(2分)。
5) 開始 Yes side の立論(1分半)。
6) No side の反駁(1分)。
7) No side の立論(1分半)。
8) Yes side の反駁(1分)。
9) フリー・バトル(2分)(先ほどの反駁に対して意見を言う。言いたいときは挙手し、ジャッジが指名する)。
   この「フリー・バトル」は通常のディベートでは行われていないが、筆者はこのプロセスが必要だと考えて、入れている。これによって論点をさらに明確にし、論点をかみ合わせることができるからである。
10) 判定(ジャッジがフローチャートの記録をもとに判定し、日本語で理由を述べる。たくさん発言したかどうかではなく、論理性(筋道)を見る)
11) 振り返り(3人で振り返る。どの意見が説得力があったか、かみ合っていなかったのはどれか、事実に立脚していたか、個人の感想にとどまっていたか、等)

④ 全体(1〜3ラウンド)の流れを確認する。
12) 第2ラウンドに入る: B (Yes) vs. C (No), A (Judge)
13) 第3ラウンドに入る: C (Yes) vs. A (No), B (Judge)
14) グループをシャッフルする(3ラウンドが終わったら、相手をさがして新しい3人グループを作る)。
   ※ 2勝の生徒は指を2本、1勝1敗の生徒は1本、2敗の生徒はグーを出して、同じ勝率の相手を見つける。

必要な下地づくり

これまで、本章C「活動タイプによる分類」で紹介してきた、聞く・話す・書くの基礎的活動を経験することによって、マイクロ・ディベートの下地づくりをしておく。

成功させるための秘訣

ディベート的活動では、生徒がいきなり形式にとびつくのでなく、まず論

点を整理することの重要性を強調したい。マイクロ・ディベートに入る前に、生徒には次の表のように、Pro（Yes）とCon（No）で立論メモを書いておくことを奨励する。このように、入り口（視点）を同じにしておかないと、互いに異なる意見の言い合いで終わり、かみ合わなくなる。また対戦する直前に、互いの立論メモを見せ合い、相方の出方を知る（2分程度）ことは、とても有効である。表2は、"Is Japan a good country?" のテーマでの立論メモである。

表2　立論メモ

	Pro（Affirmative, Yes）	Con（Negative, No）
1. food	many kinds of food, good fish, meat and vegetable	spend much money, people can't control their health, spend money on dieting
2. safety	no guns, no big crime	easy to forget the key-rock, easy to believe strange people, easy to get involved in a crime
3. season	four seasons, enjoyable	need seasonal clothes, spend money on clothes, get cold when the season changes

　同じ論題で3回行ったら、2勝した生徒は2本指を示し、同じ2本指をあげている生徒と3人でグループを組む。1勝1敗は1本指、0勝はグーを見せる。それぞれ相手を見つけたら、また同じ論題でスタートする。しかし、今度はさっきのディベート中に学習したことを早速使うようにする。最後は、まだ誰にも負けていない生徒たちのグループのマイクロ・ディベートを全体に見せる。そして、何がよかったか全体の振り返りの中で話し合わせる。学ぶべき点は互いに出し合い、摺り合わせていく。ディベートの最後を勝ち負けで終わらずに、このように「どこに説得力があったか」というふうに、内容に注目させれば、必ず相手の良さに気がつくようになっていく。
　筆者は、英語の時間にこのマイクロ・ディベートをやったところ、生徒が担任に「学級活動でもやりたい」と進言するようになった。最初、孤立した生徒も目立ったクラスだが、ディベートに何回も取り組むうちに、だんだんと雰囲気が明るくなり、男女も仲よくなっていったのである。学年集会でも

討論集会(集団ディベート)を年に3回行った。まわりに気配りのできる生徒たちが育ったことは言うまでもない。このような活動は、できれば学年全体で取り組みたいものである。

中学校の文部科学省検定教科書でもディベートが扱われるようになった。しかし、下準備もせずに、いきなり役割を決めてディベートをやらせ、結果として失敗してしまうケースが多い。マイクロ・ディベートに必要な力は1時間や2時間で身につくようなものではない。

少なくとも、シャドウイングなどで子音やリンキングなどが聞き取れるようになるまで訓練をしなければ、相手の言っていることがわからず、やりとりができない。話すためには、英文の語順の徹底、基本文の暗記、単語の習得、まとまった内容を伝える練習が必要になるだろう。論点を整理する力やまとめる力も、教師が与えた文に対して適切に答える訓練などを通して、鍛えておく必要がある。

そこで、少なくとも2ヵ月ぐらい前から「帯的学習」(日々の授業の最初の5分～10分)として、系統的に練習をしておきたい。教師は、その全体構想を練ることが大事である。さらに定期テストでも「ディベートの論題」を提示し、それに対して「反論しなさい」「賛成しなさい」といった指示を与えて書かせたい。タスクだけで完結させてはいけない。スピーチもエッセイも、最後はテストで書かせる。ディベートも、最後は定期テストのリスニングや自由作文の問題として出題することを伝えておく。評価で終わりではなく、評価は次への始まりである。次にどう努力したらよいかを評価されると、どの生徒もさらにできるようになりたいという向上心を持つようになり、一生懸命に学ぶようになる。

18. ジグソー学習

ジグソー学習は、アメリカの社会心理学者であるエリオット・アロンソン(1994)が開発した手法である。これを使うことで英語学習が質的に変容する。ジグソー学習では、ホーム・グループで役割分担を決め(たとえば4人班ならA, B, C, Dの4つの役割)、それぞれがエキスパート・グループ(クラス内の役割Aばかりが集まるグループ、役割Bばかりのグループ、等々)に行き、そこで責任をもって情報を集め、それをホーム・グループに持ち帰っ

て報告をして、テーマの全体像の共同理解を作り上げる。

基本設計
対象レベル: 中学2年生～大学生
活動テーマ: 活動班(4～5人)の中で、班員1人ひとりの分担分野を決める。各担当は、同じ担当ばかりが集まるミーティング(これをエキスパート・グループという)に移動して、自分の担当分野についてリサーチを開始する。エキスパート・グループでは、自分のホーム・グループに帰って正確に報告できるよう協力しあう。それぞれの担当が、ホーム・グループに戻ってきたら責任を持って報告する。
所 要 時 間: 20分～30分
目　　　標: 自分だけが持っている情報を、班のメンバーにわかるように正しくレポートできる。
評 価 例: ジグソー学習を通して、自分がわかった情報と、それについての自分の考えを書いて提出し、それを評価する。

指導手順
＊基礎的活動
　高岡市立福岡中学校の山本有紀子氏が、2年生で行った、「住みたい国を選ぶ」というジグソー学習をご紹介する(p.177の指導案参照)。
① ホーム・グループ(班)の1人ひとりが、何を調べてくるのか、その役割を決める。

　　　第1ステージ　　ホーム・グループ(学習班でそれぞれ担当する国を決める)

　　　　役割A　　役割B　　役割C　　役割D
　　　　　　　　　　⇩

② 班の代表になってエキスパート・グループに移動し、ホーム・グループのメンバーに伝えたい情報を、責任をもって収集する。役割Aの生徒はスリランカのエキスパート・グループへ、役割Bの生徒はケニアのエキスパート・グループへ、というふうに移動する。ただしそこへは

ノートを持って行かないし、資料も持ち帰れない。あくまでも自分の口で伝えることを原則とする。生徒に習熟度の差があれば、「読み取り用お助けカード」（後述）を用意したり、エキスパート・グループ内で、報告のリハーサルを協力し合ったりして援助する。

| 第2ステージ | エキスパート・グループでの活動（ある目的をもって活動） |

| スリランカ調査班 | | ケニア調査班 | | ホンジュラス調査班 | | 韓国調査班 |

「外国の子どもたちは家でどのように過ごしているのだろう」について、自分の担当した国の状況を調べる（英文カード）

次にあげるのは、英文カードの例である。

●Sri Lanka（スリランカ）

His name is Rasanta. His school finishes at 2. He has to help his father every day. He likes to play soccer with his friends. But they don't have a ball. So they have to make it by themselves.

●Kenya（ケニヤ）
Her name is Rachel. She doesn't have to go to school on Saturdays. She cleans the house. She has 3 brothers and 2 sisters. She has to take care of them. But she wants to go to Japan to study Japanese.

●Honduras（ホンデュラス）
His name is Ivan. He has to wash 20 cows in the river every morning. He doesn't have to go to school in the morning. His mother is very busy. He cooks lunch every day.

●Korea（韓国）
His name is Che. He goes to 3 cram schools. He has to study for 6 hours at home every day. He wants to be a doctor. He doesn't have time to help his mother. He goes to internet café with his friends.

【読み取り用　お助けカードの例】

finish 終わる、終える / clean 掃除する / in the morning 午前中 / busy 忙しい / a ball ボール / by themselves 彼ら自身で / take care of ～の世話をする / cram school 塾 / cow 牛 / for ～ hours ～時間 / river 川 / be a doctor 医者になる / lunch 昼食 / time to help 手伝う時間 / internet café インターネットカフェ

　これらの英文カードは生徒1人ひとりには渡さない。渡すと持ち帰って、それを読み上げてしまうからである。それではコミュニケーションの機会を失ってしまう。そこで、大きめの用紙にしてエキスパート・グループの壁か机に貼っておく。情報はその場でしか得られないことを原則として、次のような指示をする。
　「自分が一番驚いたこと、みんなに伝えたいことを見つけ、どう伝えるかを、エキスパート・グループの人たちでリハーサルをしなさい」
　英語が苦手な生徒のために、小さなメモ用紙だけ使用を許す。ただ

し、① 日本語で書く、② 理由も日本語で書く、③ ホーム・グループに戻ったらそれを英語に直す、という流れを伝えておく。これは、日本語で書かせるところがミソである。エキスパート・グループで得た情報をそのまま英語で書いたら、それを読んで終わりになる。なんとかメッセージを伝えたい、そのために自分が英語を駆使するという経験を苦手な生徒にも積ませるのがねらいである。

③ 時間が来たら、ホーム・グループに戻って伝達をする。

| 第3ステージ | ホーム・グループに戻って報告 |

| 役割A | 役割B | 役割C | 役割D |

④ それぞれの報告を受けながら、残りの班員はわかったことをメモにとっていく。
⑤ ホーム・グループ全体で確認し合う。
⑥ クラス全体で振り返る。報告したことが正しかったかどうかを確認する。伝え方の良い例も紹介する。

| 第4ステージ | 生徒1人ひとりが、補充的、発展的活動へ進んでいく。

| 個人 | 個人 | 個人 | 個人 | 個人 | 個人 | 個人 | 個人 |

必要な下地づくり

　この学習では、きちんとエキスパート・グループで情報が読み取れること、ホーム・グループで他の班員の報告を聞き取れることが大前提となる。そこで、苦手な生徒も自分の力で挑戦できるように、「読み取り用　お助けカード」を用意し、みんなで音読をして確認しあうといった活動を取り入れたい。このような細かい配慮が成功の鍵を握る。

　なお、話題については、いきなりエキスパート・グループに行って調べてきなさいというのではなく、事前に学級でアンケートをとっておき、学級の興味関心を実態把握してから入ると、生徒の関心も深まり、本時の学習へとつながりやすい。生徒の関心事は何であるか、それを相手に伝えたい気持ちにするためにはどんな驚くような情報を入れるか、という見通しが必要になる。また、発信のためには、次の3つのスキルがどの子にも習得されていることが大前提である。

① 聞き方のトレーニング(シャドウイングやリピーティング)で相手の言っていることが理解できるようになっていること。
② 図式化しながら、メモをとる習慣がついていること。
③ 正しい語順の英文が言えるようになっていること。

いきなり発信までは難しいということになれば、あらかじめ発言内容を書かせて、それから話すというステップに切り替えることもできるだろう。

ただ調べて発表する、というのでは「必要感」が生まれてこない。合同で(協力し合って)何かを完成するというタスクが望ましい。それが本来のジグソー学習である。ゴールを、事前に形で示しておく。たとえば外国の様子であれば、それだけを調べて報告するのではなく、「日本との類似点やちがいを洗い出す」というタスクにする。そうすることで、報告し合った後に、グループで話し合う必要が出てくる。それを表にして「厳しい・大変そう・うらやましい」などのコメントも書き込んでいくようにする。全員で話し合って書き込むので、4つの情報を聞いて終わりではなく、全体を聞いた上で調整をする必要が生まれる。だから1人ひとりが正確な情報を伝えなければならない責任を自覚するようになる。

成功させるための秘訣

ジグソー学習自体は、あくまでもクラスの実態に応じた、無理のない展開を工夫することが望ましい。また、評価の視点がぶれないように、レポートできることが到達目標(評価規準)なのか、国を選んで自分で意見や理由が言えることが到達目標(評価規準)なのか、そこを明確に設定しておきたいものである。

ジグソー学習では、「出口(発表)は英語」というルールを作っておく。エキスパート・グループで自分の担当分野を読み取るところでは、一斉に読む形式の音読練習では、正しく読めているかどうかがチェックできない。そこで、3人から4人のグループを作り、ジャンケンで勝った生徒(1人)が読み、周りがそれをチェックするとよい。ちがっていたら、みんなで訂正すればよい。間違い探しというチェック・システムがあれば、自然に学び合うことが出てくる。

ホーム・グループでレポートする時は、メモ(文の丸写しではない)を参照して構わない。忘れたらエキスパート・グループに戻って確認してもよい、

図12　ジグソー学習指導案例

配時	学習内容	生徒の活動	教師の指導・援助	評価
1	①あいさつ	○あいさつをする。	○あいさつをする。(J, A)	
5	②ペアでの対話活動	○家事についてたずね合う	○have to〜, don't have to〜 復習のQ&Aを用意する。(J, A)	
5	③導入	○アメリカの子供は、家でどのように過ごしているかを聞く。	○写真を提示し、説明する。(A) ○分かったことを日本語のキーワードで黒板にメモする。(J) ○英語で感想を述べる。(J)	
5	④課題の提示と活動の流れの確認	外国の子供たちは家でどのように過ごしているのだろう。 ○活動の流れを聞く。 (1) 4人1グループとなり、下記の国から1人1カ国を担当して、英文カードを読む。 　①韓国　②スリランカ　③ケニア　④ホンジュラス (2) カードの中から重要な情報を覚えてグループへ戻り、英語で報告する。 (3) 報告を聞いて、表に情報を整理して書く。(日本語) (4) 自分の感想を書く。	○4カ国を地図上で示す。(A) ○活動の流れを説明する。(J)	
8	⑤英文カードを読む。	英文カード例（クーア） Her name is Rachel. She doesn't have to go to school on Saturdays. She cleans the house. She has 3 brothers and 2 sisters. She has to take care of them. But she wants to go to Japan to study Japanese. ○2分間各自で黙読をし、書かれている内容を読み取る。 ○テーブルごとに、英文の内容を確認し合う。	○国ごとにテーブルに分かれるよう指示する。(A) ○英文カードには、情報伝達価値の高い文を用意する。(J, A) ○内容理解を助けるために、英文に関する写真を準備する。(J, A) ○机間巡視で、内容をうまく確認できていないグループに助言する。(J, A)	○カードを読んで内容を理解することができたか。【観察】
3	⑥報告の練習	○カードの音読練習をする。	○テーブルごとに音読の得意な生徒を指名して、練習の中心となるように指示する。(J)	
10	⑦グループでの報告	○報告者は英語で伝える。 ○報告者以外の3名は、聞き取った内容を表（グループに1枚）に日本語のキーワードで記入する。 ○7分以内で4カ国の報告ができるように、協力して進める。	○グループに1枚ずつ、情報をまとめて書く表を配布する。(A) ○記録者は順番に回すことと、表はマジックで記入するように言う。(J) ○情報を正しく聞き取り、うまくまとめたグループの表を掲示する。(J) ○書き出しのパターンを3つ示す。(A) ・I want to 〜 / ・I think 〜 ・I was surprised 〜	○英語での報告を聞いてその内容を理解することができたか。【観察・表】
5	⑧自分の感想を書く	○報告を聞き、思ったことや考えたことを2文以上で書く。 【感想例】 到達目標　●自分の思いが書ける。【評価B】 I think Rachel is a nice girl. ●理由などをもう1文加えている。 Because she cleans the house. ●自然な流れの中で、さらに文を付け加えている。【評価A】 I'll clean the house next Saturday. etc.		○自分の感想や考えを英語で伝えられたか。【ワークシート・発表】
5	⑨感想や意見を伝え合う	○ペアで感想を述べ合う。 ○教室内の2人の生徒と感想を述べ合う。	○机間指導をしながら、うまく英文にできない生徒を援助する(J, A) ○なるべく紙を見ないで伝えるよう助言する。	
3	⑩振り返り	○相手の感想を、Oh, I see. やI think so, too. などを使ってあいづちをうちながら聞く。 ○振り返りカードを書く。	○2文以上のまとまりをもった感想を書いている生徒に発表してもらい、全体に広げる。(J)	

というふうにしておく。できるだけ、ジグソー学習では、事前に教師が準備した英文情報から生徒が選んで貼っていく(研究授業でよく見かけるパターン)ような方式は控えた方がよい。なぜなら、自分たちで学ぶということが大前提だからである。また、黒板にモデル文を書く(貼る)と、それを見ながら活動をするようになってしまう。たとえ黒板に書いても、練習の時は少しずつ黒板消しで消していくようにするとよい。最終的には、見ないで言えるようにすることが大事だ。

　ALT と JTL の TT の場合は、リアルタイムでメッセージのやりとり(teachers' talk)を見せて、生徒を巻き込んでいくようにしたい。また、生徒が何かを発言した時は、それで良しとせず、必ず教師側から茶々を入れたり、さらに突っ込んで聞いたりする。また、周りの生徒にも、必ず Do you agree? / Why? と話を振るようにする。また、誰かが英語で発言した時は、必ずペアでその話の check of understanding(内容確認)をさせたい。図 12(前ページ)にジグソー学習の指導案例を掲載した。

19. インタラクティブ・ライティング
——多くの意思決定と交流がある改良型 peer reading の方法

　この項では、英作文授業での生徒・学生間コミュニケーションの生起の仕方を扱う。ここで言う英作文とは、生徒・学生が自分のオリジナルな意見や物語を、ある程度の長さの英文で表現する形の英作文を意味する。そして、この授業を人間形成と関連づけながら展開する原理と方法を述べる。なお、人間形成とは、理論編で述べたように、クラスのメンバー同士が互いに人間的に価値ある意見や情報を交換するレベル 4 のコミュニケーションの積み重ねによって実現されるものと考えている。

(1) インタラクティブ・ライティング 1:「人生相談への回答書き」
[初級者用]
基本設計
対象レベル: 中学生〜高校生
活動テーマ: 悩みごとの相談文を読み、それに対するアドバイスの手紙文を書く。

所要時間: 準備として約 5 分、クラスでの sharing（交流）として約 15 分
（アドバイス文そのものは、宿題として書いてくる）。

指導手順

1 回目授業でテーマ候補を 4 つ提示（約 10 分）→ 2 回目授業で作品を sharing（これがメインの活動、約 15 分）→ 提出 → 作品を教師が添削して次回に返却。

〈1 回目授業〉
（ア）あらかじめ教師が作成しておいた資料 1 の形式の人生相談の手紙文 4 種類を生徒に配布する。教師がそれぞれの手紙文の内容について簡潔に紹介し、英文を読み聞かせる。
（イ）次回授業までに、4 種類の相談のうちどれか 1 つに、資料 2（次ページ参照）のような様式でアドバイスを記入してくることを宿題として課

資料 1　人生相談の手紙のサンプル（中学 3 年生用）　その 1

Dear Classmates,
All of my friends have a date to the prom, and I don't. I can't go with my girlfriends because they're all going with guys. I feel like the biggest loser. I almost don't even want to go to school. Please help!
Sincerely Yours,　　（'Ask Juli' in *Teen*, March, 2001,
No Date, 16, NY　　　p. 39. © Beth Press）

用紙の上半分に相談の文を書く。全体で 50 語以内とする。

相談内容は、新聞・雑誌等から取ってもよい。あるいは誰かの悩みを取り上げたり、自分で創作して書いてもよい。

相談の最後に、相談者の名前（ニックネームでよい）を書く。

資料2　回答の書き方サンプル

Dear Classmates,
All of my friends have a date to the prom, and I don't. I can't go with my girlfriends because they're all going with guys. I feel like the biggest loser. I almost don't even want to go to school. Please help!
Sincerely Yours,
No Date, 16, NY

('Ask Juli' in *Teen*, March, 2001, p. 39. © Beth Press)

Dear No Date,

　If you really want to go to the dance, you have to make it happen for yourself. Let's be brave and ask out that quiet boy in your school. If he's got a date, move on and ask your second choice.

　If you are too shy to ask the boys at your school, ask one of your young relatives to go with you. Of course he is not your real date, but you can at least go to the prom with him. Or you can find some other girl who is also a solo, and go with her.

　Go to the prom in this way and keep your cute cheerful smile. Then some cool boys may want to dance with you. This always happens in the prom. I am sure you will have a wonderful time there. Good luck!
From Juli

← このように、相談者に宛てた手紙形式で回答を書く。最後の From 〜 の部分には、回答者の名前をフルネームで書く（こうしないと返却する時、誰の作品かわからない）。

す（アとイで所要時間10分）。

〈2回目授業〉

　ここがメインの活動である。次のように作品の sharing（交流）を行う（所要時間15分）。

（ア）どの相談に、何人が答えてきたか、挙手で人数を調査する。
（イ）同じ相談に答えてきた生徒を6名ほどのグループに集めて（大勢いる場合には複数のグループをつくる）、集まって作品を順に回して share

する。椅子だけを丸く並べて膝つきあわせて座るようにすると交流が親密になる。時間は、10〜15分程度とする。
(ウ) 生徒はクラスメートの作品を読み、読んだら次へ回す方式で、グループ全員の作品を読みあう。読みながら気づいたところに下記のようなコメントを記入する。
- 意味が十分に通じていない箇所には下線を引き「?」と記入
- もっと説明が欲しいと思われる箇所には下線を引き「要説明」と記入
- 自分も大いに賛同・共感する部分には「同感!」と記入
- 明らかに英語のミスだと思われる箇所には、その箇所の下に黒鉛筆で訂正を記入

(エ) 時間が来たら sharing を終了し、自分の席に戻る。ここで、他の生徒の作品や、クラスメートからもらったコメントを参考に、自分の原稿に修正を加えてもよいこととする。(3分)
(オ) 作品を教師に提出する。教師は提出された個々の生徒作品に一読者としてコメントし、軽く英文添削を行い、総合的評価を与えて次回に返却する。総合的評価は、内容・英文共に良くできたものを A、やや不備のあるものを B とする。C は、相談へのアドバイスとして成立していないものにつける。なお、たとえ教師の信念に反するアドバイスであっても、首尾一貫していれば良しとし、意見そのものに批判を加えることは差し控える。

成功させるための秘訣

(ア) 生徒がアドバイスをしやすくするためには、悩みの状況説明をしっかり述べた相談手紙を与えることが必要。
(イ) 英語で作文する力がまだ十分でない生徒集団の場合には、ゼロから作文させるのでなく、英文アドバイスの候補をいくつか見せ、その中から選ぶ方式をとってもよい。
(ウ) 与える4種類の相談手紙の内容は、1つは勉強上の悩み、1つは友だち関係の悩み、1つは男女交際の悩み、1つは親子間の悩み、といったふうに、分野にバラエティを持たせること。
(エ) あまりに深刻な悩みは、生徒を後ずさりさせてしまうので、相談内容として好ましくない。誰にでもありそうな、ちょっとした悩みや、

ユーモラスな悩みが望ましい。

[中・上級者用]
基本設計(波線部が初級者用と異なる)
対象レベル: 高校生～大学生
活動テーマ: クラスメートが用意した悩みの相談文を読み、それに対するアドバイスの手紙文を書く。
所要時間: 準備として約10分、クラスでの sharing として約15分(作文そのものは、宿題として書いてくる)

指導手順
　1回目授業で相談手紙作成を指示(約5分) → 2回目授業で相談手紙を4つ配布(約5分) → 3回目授業で作品を sharing (これがメインの活動、約15分) → 作品を相談手紙作成者に提出 → 相談手紙作成者が全作品を読んだ感想を書き、全作品と共に提出 → 作品を教師が添削して次回に返却

〈1回目授業〉
　クラスの学生のうち4人に、翌週までに人生相談の手紙を作成し人数分のコピーを用意するよう指示する。手紙の書式は資料3のようにする(所要時間5分)。

〈2回目授業〉
(ア) 4人の当番が用意した4種類の人生相談の手紙を、クラスに配布する。それぞれの作成者が、自分の作った相談手紙をクラスに読み上げ、内容を簡潔に解説する。相談文はできるだけ学生の原文のまま配布するが、内容理解や回答書きに支障を及ぼすような不備がある場合には、教師が援助して修正する。
(イ) 4種類の相談のうちどれか1つに、資料4 (p.184) のような様式でアドバイスを記入してくることを次回までの宿題として課す(アとイで所要時間5分)。

〈3回目授業〉
　ここがメインの活動である。次のように作品の sharing (交流) を行う(所要時間15分)。
　ここでの活動内容(ア)～(エ)は先述の初級者用と同じである。

資料3　人生相談の手紙のサンプル

> Dear Sir/Madam,
>   Although I am twenty-one years old, I have never gone out with a man. My friends say, "Don't worry," but it is quite a serious problem for me!! All my female friends have gone out with guys, so they often talk about their love story. Whenever such conversation starts, naturally I cannot join it. I want a boyfriend, but I do not have any favorite person among my acquaintances. Some actually asked me out, but I have always refused. I may have too high ideal for guys, but I do not want to compromise. What should I do?
> *Loving Rabbit*

- 用紙の上半分に相談の文を書く。全体で150語以内とする。
- 相談内容は、新聞・雑誌等から取ってもよい。あるいは誰かの悩みを取り上げたり、自分で創作して書いてもよい。
- 相談の最後に、相談者の名前（ニックネームでよい）を書く。

(オ) 作品はいったん、相談手紙の作成者に集約する。これは、作成者本人にとって最も関心ある情報だからである。相談作成者は、集まったアドバイスを授業後に全部読んだ後、教師に全部の作品と読後感想レポートを提出する（大学生の場合は英文で200語程度の感想レポート）。

(カ) 教師は提出された個々の生徒作品に一読者としてコメントし、軽く英文添削を行い、総合的評価（先述の初級者用参照）を与えて次回に返却する。

　以上が、インタラクティブ・ライティングの流れである。図13（p. 185）

資料4　回答の書き方サンプル

Dear Sir/Madam,

　Although I am twenty-one years old, I have never gone out with a man. My friends say, "Don't worry," but it is quite a serious problem for me!! All my female friends have gone out with guys, so they often talk about their love story. Whenever such conversation starts, naturally I cannot join it. I want a boyfriend, but I do not have any favorite person among my acquaintances. Some actually asked me out, but I have always refused. I may have too high ideal for guys, but I do not want to compromise. What should I do?
Loving Rabbit

Dear Loving Rabbit,

　If you really want a boyfriend, it is sometimes necessary for you to compromise. Next time some guy asks you out, why don't you try going out with him once or twice even if he is not completely your ideal type? If you go out with him, you may find his nice character which you didn't notice before. You might even change your idea for an ideal man and come to like him better.

　In addition, you shouldn't just wait for your ideal person to come. You yourself should make an active move. For example, don't fail to accept your friends' invitation to a party. You may find your ideal man there. Also, in your daily life, you should speak to many men more frankly, instead of narrowing your scope. By doing so, you will come to know their character better, and at the same time give them a good impression about yourself. Such an effort will broaden your chances for meeting your guy of destiny. Good luck!
　　　　　Yumi Watanabe

> このように、相談者に宛てた手紙形式で回答を書く。最後の From〜の部分には、回答者の名前をフルネームで書く（こうしないと返却する時、誰の作品かわからない）。

図13　インタラクティブ・ライティングでのライティングとシェアリングの流れ

授業回数	当番学生が行うこと	他の学生が行うこと	意思決定の機会	相互交流の機会
第2回授業	相談手紙(1)(2)(3)(4)を執筆		〈相談者〉相談内容の意思決定	
宿題	相談手紙(1)(2)(3)(4)のどれかにアドバイスを書く		〈全員〉「どの相談に答えるか」の意思決定 〈全員〉「どういうアドバイスをするか」の意思決定	〈全員〉「人の相談手紙を4本読む」という交流
第3回授業	同じ相談手紙にアドバイスしてきた学生で集まって作品を読みあいコメントしあう (sharing) Sharingでもらったコメントをもとに、自分の作品に改良を施す		〈全員〉もらったコメントの取捨選択と、改良の自己決定	〈全員〉「同一の相談に対する回答を5本読みあう」という交流
授業後	自分の書いた相談手紙への回答を回収して、全部に目を通す			〈相談者〉自分の相談への各アドバイスを読むという交流
	回収した回答を読んだ感想を"What I learned from my classmates' responses"レポートにまとめて書き、提出		〈相談者〉クラスメートの回答から何を学んだかをreflectする自己決定	
回数の合計			全員の意思決定回数3回(プラス相談者の意思決定回数2回)	〈全員〉合計9本の作品と交流

はここでのライティングとシェアリングの流れを図示したものである。従来のpeer evaluation活動に比べて、インタラクティブ・ライティングでは、読む動機の源となる意思決定と、互いの作品から学びあう相互交流の本数が大幅に増加していることがわかる（表3参照）。生徒の意思決定の機会が、作品への自己関与を高めると同時に、作品内容にバラエティを与え、それによって作品間に意見と情報のギャップを生んで、読む価値が生まれているのである。

表3　インタラクティブ・ライティングでの意思決定と相互交流の回数

	生徒の意思決定の機会	相互交流の機会
従来のpeer evaluation	全員が1回	全員が1本と交流
インタラクティブ・ライティング	全員が3回 相談文作成者はさらに2回プラス	全員が9本と交流 相談文作成者はさらに交流プラス

　この方法で意思決定の機会が大幅に増加するわけであるが、それがどのように学生の、他の作品を読もうとする動機へとつながっているかを、学生の感想から拾ってみよう。

　〈学生当番が悩み相談を出すことについて〉
　　先生側から出されると、堅苦しかったり、あまり書きたくない内容のものもあると思うが、学生が内容を提案することにより、身近で現実味があり、他の人の意見を聞いてみたくなる。
　〈4候補の中から1つに答える方式に関して〉
　　4つの中から好きなものを選べるという点が良かったと思う。英作文が苦手だという人でも、一番自分が書けそうだという内容のものを選択できるし、種類が豊富なのでどれにしようかと迷うところも楽しい。

　次に、作品の交流本数が増加したことについて、学生は次のように感想を述べている。

- 毎時間、他の学生の英作文と意見を読むことができ、本当によかったです。自分以外の学生の文を読む機会なんてあまりないし、みんなの文は自分とはまったくちがい、良い刺激になった。
- 同じテーマを選んでいても、自分にはない意見のアドバイスがあったり

して、読んでいてすごく楽しかったです。
- 他の学生の文章を読むと、すごいなあと思える文章や文法使いを参考にできて、良い刺激になります。
- みんなに share して読んでもらうのは最初は恥ずかしかったが、ちゃんと読んで親切にコメントしてもらえて、自信を持つようになりました。
- 何とか悩みに答えてあげようとして、相手のためになる文章を書こうと思うと、自然と秩序だって文章構成ができたので、力になったのではないかと感じます。
- この Interactive Writing で一番良かった点は、周りの人の意見・考え方を知ることができたことです。すごく良い意見・考えを持っている人とは友だちになりたいと思うこともあり、自分の中でも多くの良い発見ができました。

このように、学生同士が内容と form の両面で互いに教えあい、刺激しあい、人間としての交流が育っていることがわかる。「作品を読んでいて楽しかった」という感想に、単なる peer evaluation とのちがいが凝縮されている。

(2) インタラクティブ・ライティング 2:
For or Against（賛成か反対か）

基本設計
対象レベル: 高校1年生～大学生
活動テーマ: 学生自らが設定したテーマで、賛成か反対か意見を論述する。
所要時間: 事前準備として合計25分、クラスでの sharing として約20分が2回(作文そのものは、宿題として書いてくる)

指導手順
1回目授業でテーマ決め準備(5分) → 2回目授業でテーマ候補を8つ決定(25分) → 3回目授業で4つのテーマについて作品を sharing (20分、これがメインの活動) → 4回目授業で残る4つのテーマについて作品を sharing (20分、メインの活動) → 提出作品を教師が添削して次回に返却

〈1回目授業〉
学生に、クラスメートと賛否を論じてみたいテーマを1つ、次回までに考

えてくるように指示する。参考として、過去の学生があげたテーマを見せる。なお、テーマはたとえば "Japan should totally ban the sales of cigarettes." というような proposition（命題）の形で書くこととする（所要時間5分）。

〈2回目授業〉

学生が考えてきた proposition を、各自に黒板に書かせる。全員が書き終わったら、それぞれ作者が自分の proposition を読み上げ、意味を確認する。意味が十分に通じない proposition は、教師が援助して修正する。類似した proposition が複数出てきた場合には、代表的なものに一本化する。

次いで、学生の投票で上位8つの proposition を選ぶ作業に入る。クラス人数により挙手する回数は異なるが、30人のクラスでは、気に入ったものに1人が4回挙手するようにすると、ちょうどよく票が入る。しばらく各自に、何に投票するか考える時間を与えた後、挙手による投票を行い、挙手の多い順に上位8位までを当選とする。次週までに1位、3位、5位、7位の proposition のどれかを選んで、資料5の様式で自分の意見を論述してくるよう指示する（次次週には2, 4, 6, 8位の proposition を用いる。ただし、一度に扱う4つの proposition に内容的バラエティを持たせるために、この順番は変更することがある）。語数は学生の力量にもよるが、筆者は150〜200語程度としている（ここまでの所要時間20分）。

たとえば、2005年度に筆者のクラスで選ばれた proposition ベスト8は下記のものである。

1. Cigarette sales should be totally banned in Japan.
2. Japanese government should resume the import of American beef.
3. Our college should open a student parking lot.
4. A husband should equally share housework with his wife.
5. English education should start in kindergarten.
6. We should open a fast-food restaurant on our campus.
7. All elderly people should go to retirement houses.
8. Part-time work is bad for high school students.

〈3回目授業〉

3回目授業と4回目授業が、作品 sharing のメインの活動となる。学生は、

資料5　For or Against の論述様式サンプル

（上段に proposition を書き、その下に考えられる賛成の根拠と反対の根拠を箇条書きにする。その下に、自分の主張を 100〜150 語程度で書く）

For or Against（No. 1）

Proposition: We should open a fast-food restaurant on our campus.

Name: ○○○○

Pros　1. If we open a fast-food place, we can get hamburgers very quickly.
　　　2. Our school cafeteria is always crowded during the lunch time. We need another food place.
　　　3. We can enjoy a different atmosphere in a fast-food restaurant.

Cons　1. We need a large space to build another restaurant.
　　　2. Fast-food is not healthy.
　　　3. We might spend more money at a fast-food place.
　　　4. Students will take out food from the restaurant, and throw away waste plastic plates, cups and bags on our campus.

My conclusion:

　I disagree with the proposition. Actually at first I thought I agreed with it, but now I am against it. There are several reasons for this. First, our campus does not have enough space to build another restaurant. Second, the food at a fast-food restaurant is not healthy. Third, the food at a fast-food restaurant is more expensive than that of our school cafeteria. For example, we can buy a good-sized lunch set for 350 yen at the cafeteria, but if we buy the same amount of lunch at a fast-food place, it costs almost 500 yen. Finally, garbage from the take-out food at a fast-food restaurant will pollute our campus.

　It is true that a new restaurant would make the existing cafeteria less crowded. However, if the cafeteria should lose its customers, they would have to raise the food price, and we students would have to pay it.

　For these reasons I disagree with the proposition.（157 words）

※なお、このように、はじめに賛成論と反対論をほぼ同数箇条書きさせる理由は、学生が議論の全体像を把握してから自分の結論を書き始めるためである。

選ばれた 4 つの proposition から、自分の気に入ったものを 1 つ選び、その賛否についてあらかじめ示された書式(前ページの資料 5 参照)に従って作品を書いてくる。

「人生相談への回答書き」と同様に、学生間で sharing を行う。Sharing の手順は前項(ア)〜(カ)と同じである。→ 最後に教師に提出 → 教師がコメントを書いて次回に返却。

〈4 回目授業〉

4 回目授業では、選ばれた proposition の中の残る 4 つに関して、3 回目と同じ手順で行う。→ 最後に教師に提出 → 教師がコメントを書いて次回に返却。

(3) インタラクティブ・ライティング 3:
　　問題投書へのコメント (Responding to Controversial Articles)

物議をかもしそうな投書を選び、それについて学生が反論投書を作成する活動である。日本の学生は、投書への意見書きの課題を出すと、ほぼ全員が元投書への賛成論を書く傾向がある。しかも、元投書のメッセージ内容に対して "I agree ...." と同じ意見を繰り返すにとどまり、新しい視点やアイディアを貢献しようとする姿勢が弱い。そこで、この活動では敢えて「元投書に反論せよ」という課題を与える。反論を喚起するために、できるだけ物議をかもす刺激的な投書を用意することが大切である。

基本設計

対象レベル: 高校 1 年生〜大学生
活動テーマ: クラスメートが用意した刺激的な投書を読み、それに対する反論投書を書く。
所 要 時 間: 準備として約 10 分、クラスでの sharing として約 25 分(作文そのものは、宿題として書いてくる)

指導手順

1 回目授業で投書書き指示(約 5 分) → 2 回目授業で投書候補を 4 つ配布(約 5 分) → 3 回目授業で作品を sharing (これがメインの活動、約 25 分) → 提出 → 作品を教師が添削して次回に返却

資料6　反論投書の書式サンプル

　　　　　　　　　　　　　　（効果的なタイトルをここに書く）
I would like to respond to Shunsaku Igarashi's article entitled 'There are some students who want their teacher to hit them to change their mind' on June 15. In his article, he says that（ここに元投書の主張の要約を1〜2文程度で書く）. I disagree with him on several points.

First, . . .

Second, . . .

Third, . . .

To conclude, . . .

（自分の氏名）
College student, Shizuoka

〈1回目授業〉

　クラスの学生から4人を選び、次回までに刺激的な投書（読んだ人を憤激させ、反論しなくてはいられなくする）を新聞や雑誌から探し出し、クラス人数分のコピーを用意するよう指示する（所要時間5分）。刺激的な投書は英字新聞の Readers' Column によく載っている。日本語の新聞投書から取っても良いが、その場合には自分で英訳したものを用意する。なお、投書探しには時間がかかるので、当番の指示は数週間前に出しておくとよい。

　次いで資料6のように、反論投書の書き出しの文の見本を与え、これにならって反論投書を作成するように指示する。

　2回目〜3回目授業の流れは「(1) 人生相談への回答書き」と同じである。2回目に4名の学生が元投書を配布、3回目授業で学生が元投書ごとに集まって、各自が書いてきた作品を share する。資料7 (p. 192) は、教師の愛のムチを肯定した投書に対して、筆者のクラスの学生が書いた反論投書である。

資料7　問題投書へのコメント：学生作品の例

The Important Thing to Change Students' Mind

N.H.

I would like to respond to Shunsaku Igarashi's article entitled 'There are some students who want their teacher to hit them to change their mind' on June 15. In his article, he says that at first he thought it bad for teachers to hit students, but that he changed his idea after he knew that a student wanted teachers to do so. I disagree with him on several points.

First, in my opinion, it is very difficult to decide what is good violence and what is bad violence. For example, there was a male teacher who often hit his pupils when I was a schoolgirl. One day, a boy did his class job at the hallway. That was during the morning study period. So the teacher hit him as he wasn't in the classroom at that time. I think this was bad violence because the teacher did not need to hit him. The teacher could have pointed out that the boy had to study in the classroom during the morning study period. In the classroom, there is only one teacher and there is no one who judges what is good violence and what is not. If teachers hit their students for unjust reasons, the students will not change their mind, but get hurt terribly.

Second, I think that teachers need to ask their students why they did bad things. Some students misbehave because they want their teacher to notice their pang. In such occasions, it is not good for teachers to try to change their mind by hitting. They may feel that their teachers ignore their feelings.

Last, from my point of view, it is meaningless that teachers hit their students from their emotion. That is because it is very important to establish reliable relationship between teachers and students in order to change students' mind. If teachers hit their students with their egotistic emotion, they cannot be trusted by their students. Students can believe those teachers who understand their feelings. Also they can change their mind by themselves when they get to believe their teachers.

There may be some students who change their mind by being hit. But I believe that the most important thing for teachers is to contact with their students sincerely. Violence has only temporary effects. If teachers really want to change their students' mind, they need plenty of time and big consideration for their students. (406 words)

(4) インタラクティブ・ライティング 4:
　　外国人からの "Why?" に答える

　日本人の行動や物の考え方について、外国人からの質問には意外だが考えさせられるものが多い。これはそうした外国人の質問に対して答を書く活動である。外国人からの質問を選ぶ際には、決まった答がなくオリジナルな思考を要求する質問を選ぶことが重要である。それによって、学生の答に創造性とバラエティが生まれるからである。

基本設計
対象レベル: 高校1年生～大学生
活動テーマ: 外国人が持つ、日本人の行動や思考への疑問に対して、納得できる説明を作成する。
所 要 時 間: 準備として15分、クラスでのsharingとして20分を2回(作文そのものは、宿題として書いてくる)

指導手順
　1回目授業で外国人の質問とそれに対する答の書き方のサンプルを見せる(15分) → 2回目授業でテーマ決め(20分) → 3回目授業で作品をsharing(20分、これがメインの活動) → 4回目授業でさらに別テーマで作品をsharing(20分、メインの活動) → 作品を提出 → 提出作品を教師が添削して次回に返却

〈1回目授業〉
(ア) 質問の準備
　明海大学大学院教授の山岸勝栄氏のホームページ「日本の言語文化に関する外国人の疑問」(http://jiten.cside3.jp/gimon/seminar_xx.htm)に掲載された、外国人の日本に対する質問の一覧を学生に配り、そのうちで互いに答を交流してみたい質問8つを選んでくるように指示する。このホームページには外国人の質問220個が掲載されているが、その中から明らかに1つの正解にしか結びつかないような質問を除外し、さまざまな回答が可能なものをリストアップし、学生に配布する。
(イ) 質問と答の例示
　学生の興味関心を喚起し、質問への答え方の手本を見せるため、*The*

資料 8　外国人からの質問の例

Question to Japanese:
Why Do They Only Complain
Question:

I am an American woman working as a translator at an insurance company in Tokyo. I work with both Japanese and Americans, so I get the opportunity to compare their attitudes.

I have recently noticed that Japanese people are active complainers (whether alone or in a group) but terribly slow to act. A group of us recently went on a tour to Hokkaido and there were several mishaps which inconvenienced everyone. Instead of complaining to the guide in a constructive manner, my coworkers argued among themselves and spoke badly about the guide behind his back.

I pointed out that we should present our grievances as a group, but they all said it was "too much trouble" and the guide should (I am not sure how) "sense" we were unhappy with certain aspects of the tour since taking care of customers was his job.

Even at work I notice that Japanese people complain but are usually reluctant to implement or suggest changes to remedy a situation. Why do Japanese people have such a fatalistic attitude?

Bewildered Foreigner,
Tokyo

(*The Daily Yomiuri*, Thursday, February 26, 1987)

Daily Yomiuri に掲載された外国人の質問(資料 8)と、それに対する editor の回答(資料 9)を見せる。

〈2 回目授業〉

　外国人の質問リストに学生が挙手する形式で、上位 8 位の質問を選ぶ。クラス人数により挙手する回数は異なるが、30 人のクラスでは、1 人が気に入ったものに 6 回挙手するようにすると、ちょうどよく票が入る。挙手数で順位をつけ、上位 8 位までを当選とし、次週までに 1 位、3 位、5 位、7 位の質問のどれかを選んで、自分の回答を書いてくるよう指示する(次次週には 2, 4, 6, 8 位の質問を用いる。ただし、一度に扱う 4 つの質問に内容的バ

資料9　外国人の質問への回答の例

Harmony Precedes Everything Else

Answer:

Your colleagues on the tour faced two choices: improving the situation or avoiding the repercussion caused by speaking up. They chose the latter, but they needed an outlet to release their frustration. A handy outlet was complaining among themselves. They decided that the problem was too small compared with the expected repercussion, which was to further spoil the harmonious, pleasant atmosphere of the tour by bringing the problem to everybody's attention.

The guide would be embarrassed, and the relations between him and his customers would become clumsy and tense. The tense and clumsy relationship is the last psychological burden Japanese people want to bear.

This tendency observed among Japanese stems partly from the physical condition Japanese people have been placed in. In a society where many people live close to each other in small places for a long time, it becomes extremely important to live in harmony with others. Not only direct criticism but also open discussion can hurt the relationship among people. Therefore one easy way to live in harmony is to be as silent and patient as possible when you recognize a problem. When dissatisfaction becomes too great, people release it by complaining among themselves instead of trying to solve the problem.

Similar situations are seen in Japanese companies, too. Under the lifelong employment system, people work at the same place for a long time. It is very difficult to transfer to another company.

Since Japanese usually work in groups, individual workers do not assume responsibility or take initiatives in solving a problem. Still they cannot escape the situation that they don't want to cope with face to face. Then complaining starts because by complaining they can direct the blame or responsibility to someone outside their group.

When they have no chance to complain in their work place, Japanese often go to pubs together after work. There they can complain as freely as they want to without fearing that their boss or other people may hear them.

(*The Daily Yomiuri*, Thursday, February 26, 1987)

ラエティを持たせるために、この順番は変更することがある)。語数は学生の力量にもよるが、筆者は150〜200語程度としている。

たとえば、2004年度に筆者のクラスで選ばれた質問ベスト8は下記のものである。

1. 日本のアパート経営者・家主はなぜ、外国人に家やアパートを貸したがらないのか。
2. 日本人夫婦はなぜ、人前での愛情表現を好まないのか
3. 日本人はなぜ、他人と異なる意見を持つことを嫌うのか。
4. 日本人はなぜ、他人と話をする時、いちいち相槌を打つのか。こちらが言っていることに賛成してくれているかと思うと、最後のところで否定されてしまう。とてもうるさく感じたり、不誠実に感じたりするのだが。
5. 日本人はなぜ、外国で飛行機事故があったような場合に、「日本人乗客は(乗って)いない模様です」と言うのか。「日本人さえ乗っていなければ幸運だ」と言っているようにも響く。
6. 日本人はなぜ、時間や金をかける割りには、英語が下手なのか(たとえば、アジア諸国の中ではTOEFLの得点が低い)。
7. 日本の乗り物はなぜ、あれほど時刻が正確なのか。
8. 日本のサラリーマンはなぜ、電車内で恥も外聞もなくエッチな雑誌・漫画・新聞などを読むのか。女性はそれを見て、どうも思わないのか。

〈3回目授業〉
　学生は、選んだ質問ごとに集まり、回答をshareする(20分間)。終了後、作品を提出 → 教師がコメントして次回に返却する。
〈4回目授業〉
　残る4つの質問について、解答をshareする(20分間)。終了後、作品を提出 → 教師がコメントして次回に返却する。

成功させるための秘訣
　取り上げる質問は、複数の創造的な答を許容するような質問を選ぶこと。

確立した単一の答が存在するような質問は、意見交換を生まないので好ましくない。

(5) インタラクティブ・ライティングを平常授業にどう組み込むか

このインタラクティブ・ライティング活動は交流を主目的とし、accuracy よりも message 内容を優先している。しかし、ライティング授業では accuracy の指導も当然必要である。授業で用いる際には、インタラクティブ・ライティング活動と従来型のパラグラフ・ライティング指導を併用する形で組み込むとよい。図 14 は、筆者の 6 月授業(90 分)での組み込み方の例である。インタラクティブ・ライティングの 1 つのラウンドと、次のラウンドの準備が並行して進行している。これによって、流れが途切れることなく活動が進行できる。授業ではインタラクティブ・ライティングに約 40 分、従来型の指導に約 50 分をあてている。

(6) 教師フィードバックのあり方

学生の英作文作品に対する教師のフィードバック・コメントは、作文力を向上させるだけでなく、英作文そのものを好きにさせる上で非常に重要である。何よりも心がけたいのは、「前向きな」論調のフィードバックとすることである。つまり、学生に「次はどのような努力をしたらよいか」を指し示すものでありたい。従来型パラグラフ・ライティング指導とインタラクティブ・ライティング活動を並行して行う際には、次のようにフィードバックを使い分けるとよい。

ア) 従来型パラグラフ・ライティング指導では、内容だけでなく形式(段落間構成・段落内構成・表現の正確さ・スペリングの正確さ)の完成度の高さを要求し、教師のフィードバックも正確さ重視のコメントを与える。評価は内容的価値と表現の正確さに関して、緻密に行う。

イ) インタラクティブ・ライティング活動では、教師は学生との相互交流の一環としてのフィードバックを与える。学生作品に一読者としてコメントすることをメインにし、英文添削は軽く与える。一読者としてのコメントは、共感的理解を示しカウンセリング的に行うとよい。たとえ教師の信念に反する内容であっても、内容が首尾一貫していれば良しとし、批判を加えることは差し控える。この理由は、教師が自分の書いた意見

図 14　英作文授業へのインタラクティブ・ライティングの組み込みの例（90分授業）　（①〜④、⑤〜⑧、⑨〜⑫がそれぞれ1つのサイクルをなしている）

授業日程	インタラクティブ・ライティング（通常40分程度）			従来型のパラグラフ・ライティング指導（通常50分程度）
6月1日（金）	人生相談への回答書き1ラウンド：①相談手紙書きを学生4名に指示（5分）			パラグラフ構成法（3）：「例示」の構成・その1
6月8日（金）	②学生が用意した4つの相談手紙を配布（5分）	⑤人生相談への回答書き2ラウンド：次の4名の学生に相談手紙書きを指示（1分）		パラグラフ構成法（3）：「例示」の構成・その2
6月15日（金）	③書いてきた回答のsharing（15分）	⑥新たに4つの相談手紙を配布（5分）	⑨For or Against 1ラウンド：1人1プロポジション作成を課す（1分）	課題エッセー3提出：「例示」の構成で
6月22日（金）	④教師がフィードバック・コメントを記入して学生に返却（3分）	⑦書いてきた回答のsharing（15分）	⑩学生が用意したプロポジションから投票で上位8個を選ぶ（20分）	パラグラフ構成法（4）：「原因→結果」の構成・その1
6月29日（金）		⑧教師がフィードバック・コメントを記入して学生に返却（3分）	⑪選ばれたうち4つのプロポジションのどれか1つへの賛否作文のsharing（15分）	パラグラフ構成法（4）：「原因→結果」の構成・その2
7月6日（金）			⑫教師がフィードバック・コメントを記入して学生に返却（3分）	課題エッセー4提出：「原因→結果」の構成で

そのものにアタックしてくると、学生はそれへの警戒から、筆が進まなくなってしまうからである。

インタラクティブ・ライティングの作品にはゆるやかな総合的評価を与えて次回に返却する（資料10）。総合的評価は、内容・英文共に良くで

C. 活動タイプによる分類

資料10 学生の作品への教師のコメントの例

A

Fri, April 16.

Proposition: Living together without getting married is acceptable.

Pro. If we live together without getting married …
1. We can know each other. It is very important for us to know each other before getting married. Since to get married is ~~equaled~~ equal to live together, (we) need to know character, life style of (my) partner.
   — 一定であること
   need

2. Women ~~have~~ need bridal training. They have to cook, wash and clean almost every day after they got married. So they should rehearse housework during they live together without getting married. And their partner need to understand it is tired (→ it is tiring / ことは) for women, to manage about household chores. Then we ~~should~~ can think ~~that~~ we divide the household chores.
   この2つの文が論理的に[間]違いつづいていない。

3. We will be happy forever. If we live together without getting married, we can find good points and bad points each other.

Con. If we live together without getting married …
1. We don't have enough money. If we live together now, we will not be able to live a stable life. Because we are university students, we can't get enough money for our life.

2. Our parents must ~~be against their opinion~~ oppose our way. Our parents think we are too green to leave our home. And our parents worried about our life style. Our life style must be in disorder. 未来形は

｛3. We are still young. Generally speaking, young people have a lot of possibilities. So they should make the most of their possibilities in their life before getting married. That is to say, young people should do ~~that~~ what they want to do for the future! We will not be able to do that (we want to do) after getting married!

これは代价的な話をしてます。

以上です。Very good!

NO. 2
DATE Fri, April 16.

My Judgement
　I agree with this proposition. It is very very important for us to know each other. If we live together without getting married and we can not get along with partner, we should ~~think about~~ reconsider our relationship.
　And women can learn housework. They have to do housework after getting married, so they should do rehearsal. And they notice importance of their parents. ——through living together

1. 構成、英文共に良く書けています。

2. 内容的によく考えて書かれています。

C. 活動タイプによる分類

きたものを A、やや不備のあるものを B とする。C はめったにつけないが、あきらかに力を抜いて書かれていたり、レスポンスとして成立していないものにつける。

〈一読者としての共感的コメントの例〉

学生の英作文に教師が一読者としてコメントすることは、なかなか容易なことではない。ともかくも他人の答を写したりせず、自分の力で書いたことをねぎらい、温かい目で応援する基調を守りたい。以下に、筆者のコメント例を載せる。

- (人生相談への回答で)楽しく読ませてもらいました！「お金を返して」と言う時の実際のセリフや交渉の流れまで教えていて、親切なアドバイスですね。
- (For or Against で)ファーストフード・レストランを学内に作ると、テイクアウトのゴミが増えるという指摘は、反対の有力な根拠になりますね。
- (What Do You Think? で)「勝ち組」「負け組」といった呼び名が、人生を外形優先で判断する浅薄な態度を世の中に広めているという指摘ですね。このことを指摘したのは君だけです、貴重な指摘だと思います。
- (問題投書へのコメントで)なるほど、元投書は悲観的かもね。君の言うように、ジェンキンスさん夫妻の子どもたちは、日本と北朝鮮の掛け橋になると考えれば、前向きですね。

20. Strategic Interaction

(1) Strategic Interaction の原型

Strategic Interaction (以後 SI と略す) は 1987 年に Di Pietro (1987) によって考案された外国語学習タスクである。迫真のシナリオで教室に本物の言語使用を生み、相手の出方がわからず、交渉の予測がつかない状況下での学習者のコミュニケーション方略を鍛えることを目指した画期的な指導法である。SI そのものは、どちらかといえば中・上級者向きの活動であるが、この原理を応用して最近では初級者向けの SI も考案されている。本稿では、まず元来の SI を紹介し、それから初級者向けの方法についても解説する。

（a）Strategic Interaction のシナリオ

SI では、役割 A（Role A）と役割 B（Role B）が、相互に別々のシナリオを与えられる。たとえば次のようなシナリオ（Pietro, 1987 より、三浦改作）である。

> *役割A:* あなたは昨日デパートの電気製品売場（electrical appliance shop）でトースターを買いました。ところが、家で使おうとしたら、壊れていてパンが焼けません。あなたは、今仕事の昼休みを利用して、そのトースターを持って、デパートの売場へ行くところです。

> *役割B:* あなたはデパートの電気製品売場（electrical appliance shop）の店員（salesclerk）です。あなたは今はパート扱い（part-timer）ですが、正社員（full-timer）になりたいと思っています。そのために、できるだけ多くの商品を売って、客から良い評判を得たいと思っています。今、1 人の客が入ってきました。腕の見せどころですよ。

見てわかるように、役割 A（客）のシナリオと役割 B（店員）のシナリオはすれ違っている。客は欠陥トースターを持って来店しようとしているが、店員はそのことを知らない。店員は客に気に入られようとしているが、そのことを客は知らない。しかも、シナリオは各自のおかれた状況を述べるにとどまり、「〜しなさい」という指示を一切与えていない。このように、「相手の出方が予測できない」「状況説明だけで、行動を指示しない」シナリオが、Strategic Interaction の特徴である。つまり、SI では、生徒が自分の判断で交渉を進めてゆくことになるのである。

（b）Strategic Interaction の役割分担

1 回の SI は、2 つの小グループ間で行う。1 グループの人数は、2〜8 人くらいである。交渉の方針はグループの全員で考えるが、実際の交渉は各 1 名の代表者（performer）の間で行う。担当している 2 グループ以外の生徒は、観察者（onlookers）の役を担当する。人数が多いクラスでは、こうした 2 グ

ループの組み合わせをいくつか作ることになる。

(c) Strategic Interaction の活動手順

SI は次の3つの活動 (phase) で構成される。

i) リハーサル活動 (rehearsal phase) (約15分)

生徒たちがシナリオを与えられ、自分たちの役割を演ずる準備を行う。リハーサル活動で使用する言語は目標言語(英語)が望ましいが、初級者は母語を用いてもよしとする。

〈生徒たちが行うこと〉
① グループ全員で自分たちの役割の完全理解を図る。
② 相手の出方を予測し、自分たちの交渉プランを目標言語で準備作成する。
③ 相手の出方がわからないので、自分たちの交渉プランは単一では不十分である：いろいろな出方を想定して複数のオプションを用意すること。
④ 相手グループと実際にやりとり (interaction) を行う代表者 (performer) を選出する。

〈教師が行うこと〉
① グループが協力関係を育てられるように援助する。
② 自分の希望をかなえ、同時に相手の希望もかなえる解決策が理想的であることを伝える。
③ グループが発言プランを思いつかない場合には、参考例を提示して援助する。そのために、教師は扱うシナリオについて、起こりうる展開をあらかじめ予想しておくこと。
④ グループが、表現方法について質問してきた場合には、目標言語での発言モデルを示すこと(あくまでもモデルを示すにとどめ、文法的説明に深入りしないこと)。ただし、使用単語リストや表現リストを事前に作って与えるようなことをしてはいけない(このようなことをすると、生徒に行動を指示することになり、生徒の主体性を奪ってしまう)。

ii) 交渉活動 (performance phase) (約5分)

役割Aと役割Bの2グループが目標言語でシナリオを演技することになるが、実際に相手とやりとりするのは両グループの代表者2名である。

代表者は必要を感じた時にはいつでも交渉を中断して自分のグループに立ち戻り、助言を受けることができる。また、グループ員たちも、必要と思う場合にはいつでも代表者を呼び戻して助言を与えることができる。

交渉の進行手順
① 教師または交渉グループの生徒が、全員に向かってシナリオの枠組みを目標言語で簡潔に発表する。

●コラム●

藤のつるは、くせがあるからこそ、素敵なクリスマス・リースになる

昨年の冬、三重県の中学校の先生からメールをいただいた。

　私は、最近「旬」のものに引かれるようになりました。そんな中、先週の土曜日に、養護学校時代の同僚に誘われて、クリスマス・リース作りに出かけました。とても寒い日で、風がびゅうびゅうと吹いていました。私たちは、山へ行き、藤のつるを取ってきて、それを使ってリースを作りました。小さい子どもからお年寄りまで、みんながもくもくとリース作りに没頭していました。

　リース作りをしていて、あることに気がつきました。それは、つるがくねっと曲がっているところは、巻く人がそれを上手に生かすと、とても素晴らしい「引っ掛け部分」になるということです。クセがあって巻きにくそう、と思っていても、その短所が生かし方によっては、長所になるんですね！　出来上がったものを見比べてみると、クセを生かしてひっ掛ける部分を作ってあるリースの方が素晴らしい出来映えなのです。

　教育も同じで、決してクセを直して、まっすぐにすることだけがいいことじゃないんだなあ、って今さらながら気がつきました。

　また、山から取ってきたばかりの新鮮なつるは、無理に力を入れると折れてしまいます。こちらの思い通りに、つるをぐるぐる巻いていると、急にメリメリッと折れたりします。そんな時、ハッとして、「そう言えば、私も子どもたちに、こんな風に無理に力を加えて折り曲げてしまっている時があるなあ」と、ふと思いました。

　力を抜いて、つるの持つ本来の形に添うように、優しく丁寧に巻いていくと、決して折れることはありません。それを面倒がって、つるの曲がりを無視して、無理に自分のやりたいように巻こうとすると、プツン

例: "The action takes place around noon at an electrical appliance shop in a department store between a customer and a salesclerk.

② 2名の代表者がやりとり (interaction) を開始する。互いに、相手の意向を尋ね、こちらの都合を表明し、提案や要求を出し、相手の出方に応じて対応を調節しながら、双方が納得できる合意をとりつけるべく話し合う。言語形式の指定はないので、使える表現は何でも使って対応する。

と折れるのです。
　クリスマス・リースの作り方を教えていただいた方が言われました。「先生たちも、ぜひこういったものを、実際に手作りで体験していただきたいんですよ」と。
　「旬」を取り込むと、生活の楽しみが増えます。そして、それ以上に、「旬」のものから、私たちの「生き方」を学べるように思います。

　この女性は、養護学校時代に、生徒を丁寧に見る習慣と眼が鍛えられたのである。だからこそ、リース作りをしていて、ハッと気づいたのだろう。筆者も、特別支援教育（当時、特殊学級）のクラスの英語を担当していた時に、自閉症の子が英語の歌に手拍子を打ちながら歌おうとしたこと、ADHDの生徒が自分の好きな釣りのことは専門家並みの知識を持っていることを知り、つくづく、教育は1人ひとりを見ることが原点であることを痛感した。
　昔、荒れていた学校にいた時、ある方から「授業上達の極意は人間理解にあり」と言われた。それから認知心理学の本を読むようにした。そして、東後勝明先生（早稲田大学）が、ある時「私たちは英語という窓を通して人格を育てているのですよ」とおっしゃった時、今まで「いかにわかりやすく教えるか。平均点を上げるか」ということだけに汲々としていた自分の胸のつかえがスーッととれたように思う。
　クリスマス・リースに使われた藤のつるから、人間関係に気づいた若い教師の感受性。
　テクニックや「技」も大事だが、さらに大事なのはこのような感受性や「生徒を愛する心」ではないだろうか。生徒理解があってこその「指導」である。「評価」も、生徒の作品に感動できる大人の感受性や視点があってこそ、できるものではないだろうか。

（中嶋洋一）

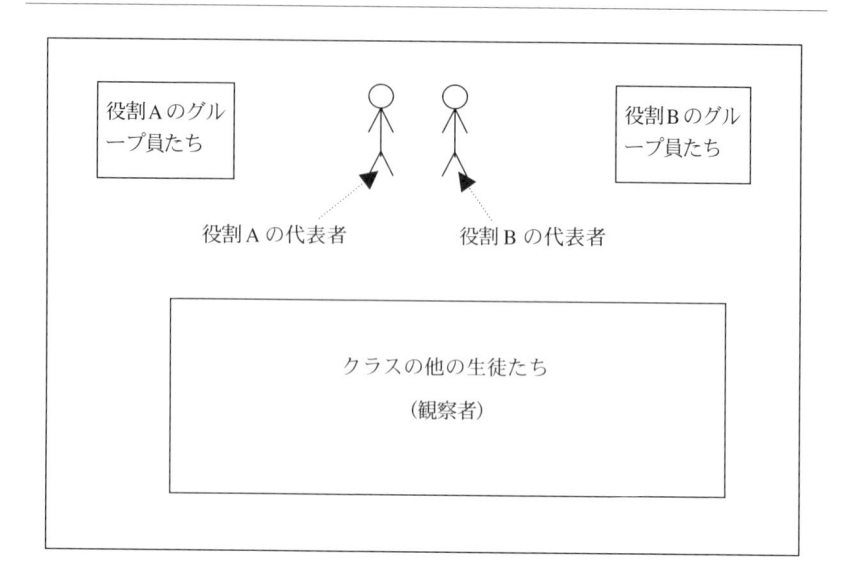

```
┌─────────────────────────────────────────────┐
│  ┌─────────┐      ○   ○      ┌─────────┐   │
│  │役割Aのグル│     /|   |\    │役割Bのグル│   │
│  │ープ員たち│    ↙     ↘    │ープ員たち│   │
│  └─────────┘                 └─────────┘   │
│         役割Aの代表者    役割Bの代表者         │
│                                             │
│       ┌───────────────────────────┐        │
│       │     クラスの他の生徒たち      │        │
│       │        （観察者）           │        │
│       └───────────────────────────┘        │
└─────────────────────────────────────────────┘
```

この間に、背後に控えるグループ員たちは、メモを取りながらやりとりの流れを掌握し、隠されていた相手方のねらいをくみ取ったり、こちらの対応策が妥当かどうかを判断して、代表者に指示を与える。指示は、必要な場合にいつでも代表者を呼び戻して行うことができる。

交渉にかける時間の長さについては、合意に達して終わるのが理想的だが、そうならなくても5分程度で終了する。たった5分であるが、担当している生徒には非常に緊迫する5分間である。最初の5分間くらいは活発にバラエティのある交渉が出現しやすい。しかし慣れないうちはやがて交渉が膠着状態に陥りやすいので、これ以上延長しないほうがよい。

iii）振り返り活動（**debriefing phase**）（10分）

先ほどの交渉活動のふり返り活動である。先ほどの交渉での交渉方略、表現方法、語彙や文法事項などについて生徒が教師をまじえてディスカッションを行う。このように、先に交渉を行うことによって、表現のニーズがまず強烈に意識され、そのあとで表現を学習するので、非常によく定着する。振り返り活動は目標言語で行うのが理想的だが、初級者には母語を用いてもよい。振り返り活動は、教師が内容を決定して行うのでなく、生徒が抱いた質

問を中心に行うのが理想とされている。

(d) シナリオには自由度が必要

さて、上記のシナリオで SI を行ったら、はたしてどんな展開があるだろうか。先述のように、志向するのは自分の希望をかなえ、しかも相手の希望もかなえるような解決策である。このシナリオは、下記のような複数の柔軟な解決を可能にする。

① 店員が欠陥トースターの返品を受け入れ、代金を返却する。
② 店員が、少しの追加予算で、欠陥トースターをもっと高価なトースターと交換することを申し出る。
③ 店員が、欠陥トースターの無償修理を約束する。

いずれも，客は満足するだろうし、それによって客はさらにその店で買い物をしてくれるかもしれない。客が店員の好印象を店に伝えてくれれば、店員の評価も上がり、正社員への登用もありうる。

(e) Strategic Interaction の失敗例

Strategic Interaction は、シナリオの適切さと、生徒の SI への慣れがあってはじめて、盛り上がりを見せる。この2つがそろっていないと、インタラクションが成立せず、時間の無駄に近い。1988 年 10 月、JALT（全国語学教師学会）国際大会の研究発表で、ある英語専門学校での Strategic Interaction 授業風景をビデオで見学した時、これを痛感した。このクラスの学生の年齢は 18〜20 歳、クラス人数は約 20 人、使用したシナリオは下記のとおりである。

Scenario Title: Paying back the money

役割 A:	(male or female) You lent your friend some money. He/she hasn't paid back the money by the day he/she promised. You demand him/her the money today.
役割 B:	(male or female) You borrowed some money from your friend. You carelessly forgot about it and are unprepared to pay back the money.

Di Pietro の仕様のとおり、2 グループが前に出て、それぞれの代表が緊張した面持ちで交渉したのだが、所要 3 分間のほとんどは沈黙が支配して、いかにも当惑した発言がわずかに 6 個、沈黙をはさんで交わされたにすぎなかった。

　　役割 A:　..........I want the money.
　　役割 B:　..........I have no money.
　　役割 A:　..........I know you have money.............You bought a CD.
　　役割 B:　..........You are rich............You can wait............（3 分終了）

あまりにも沈黙が多く、これが本当の会話なら、相手はしびれを切らしてとっくに歩き去ってしまっただろう。この間、支援するはずの 2 グループと代表者の間には何の協議も行われなかった。
〈分析〉
① あきらかに、代表者も交渉グループも、Strategic Interaction のやり方そのものに慣れていない。導入時にまず日本語で SI を体験させ、体験的に理解させてから英語に移行すべきだと思われる。
② ここで用いたシナリオの役割 A には 2 つの欠陥がある。第 1 は "You demand him/her the money today." と、行動を指示していることである。SI のシナリオは、状況設定と役割の説明のみにとどめて、どのような行動を取るかは交渉グループの自由意思にまかせなければならないはずである。

> A more important difference between simulations and scenarios is that a simulation role card is apt to specify a particular position that the performer is expected to articulate. Scenario roles, on the other hand, will specify situational details but will leave the course of action open to the performer.（Di Pietro, 1987, p. 60）

　この点を厳守しなかったため、役割 A は金を返させる目的に凝り固まってしまい、柔軟に対応することができなかったと思われる。第 2 に、このシナリオには unpredictability が存在しない。役割 A も役割 B も、互いに相手がどう出てくるかがはじめからわかってしまっている。そのために、相手の意向を尋ね、こちらの都合を表明し、提案や要求を

出し、相手の出方に応じて対応を調節しながら、双方が納得できる合意をとりつけるといった strategy を用いる余地がなく、交渉を始めてすぐに「金を返せ！」「金はない！」の膠着状態に陥ってしまった。

　学習者に、strategic に交渉することへの慣れを作っておくこと、シナリオで行動を指示しないこと、この2つは SI の基本である。

(f) Strategic Interaction の利点
① 先に意味中心の交渉を行うことによって、表現のニーズがまず強烈に意識され、その時点で表現を学習するので、非常によく定着する。
② 解決しなければならない状況が設定してあり、解決するためには言語の創造的使用が必要不可欠となる（つまり言語使用のニーズが生まれる）。
③ 解決の成否判定基準が言語的 display 以外に厳然と存在している。
④ 使用する言語形態への指定を取り払うことにより創造的発話を許容し、学習者が自らの言語仮説を検証（hypothesis testing）して発話する機会が得られ、それによって言語習得が促進される。
⑤ 相手が次に何を言ってくるか、どう出てくるかが予測できないため、やりとりに unpredictability が生じ、相手の発言に真剣に耳を傾ける必要が生ずる。
⑥ Unpredictable な相手の発話を完全に理解しようとするために、生徒同士が相手に繰り返しを求めたり、語の意味を確認するといった negotiation of meaning を行う必要にせまられる。この negotiation skills を Bygate (1987) は production skills, interactional skills と並ぶ speaking skills の中核と位置づけている。
⑦ Strategic Interaction では、取り組むべき場面設定は与えられるが、行動の方向は話者の意思決定にまかされており、それだけ本物の交渉に近い。
⑧ 現実の交渉では、論理的に相手を論破するだけで相手を動かすことはできない。理屈に加えて情意にも訴え、表現の魅力を行使する Strategic Interaction は非常に現実に近い。

(2) Strategic Interaction 導入の筋道

　前項の (f) で述べたように、Strategic Interaction は現実に非常に近い対人交渉場面を用いた統合的な対人コミュニケーション訓練として、高い効果が期待できる。ただし前項の (e) で述べたように、導入にあたってはいきなり原型的 SI に学生を投げ込むのでなく、学習者と教師に徐々に慣れを作るプロセスが必要である。

　そのための筋道として、次の6段階のステップを提案したい。

第1段階:「こんな時あなたならどうする?」で SI の面白さを実感
　　　　　(40分を2回)

　大学での SI 導入の第一歩は、SELF の安全を確保しながら、SI に答えることの面白さを実感させることである。そのためには、いきなり教室の前に出て、みんなの前で英語でインタラクションさせるようなことはせず、初級者用 Strategic Interaction の「こんな時あなたならどうする?」の各種例 (p. 220 の(4)の c を参照)でまず導入し、学生の作品を教師が温かくユーモアを持って受け止め、クラスで作品をシェアすることから始めたい。学生は徐々に、クラスメート1人ひとりの対応にその人なりの個性があり、自分が思いつかないような名案を知ることができるという、SI の面白さに気づいてゆく。

第2段階: うまくいった実例を鑑賞する
　　　　　(5分の記録を3つ)

　学生が第1段階の SI 作品のシェアの面白さがわかったら、第2段階では学生に上手な SI の実例を見せる。これは教師が ALT や昨年の受講生の優秀者と実演して見せてもよいし、過去の学生の名作交渉場面のビデオ録画を見せてもよい。学生にはあらかじめ役割 A と役割 B のシナリオを配っておき、それを見ながらやりとりを鑑賞させれば、それは実際の SI の交渉活動の観察者と同じ立場になる。見ている学生から、場面や発言に応じて笑い声や共感のうなずきが自然に多く出るようになったら、次の段階へゆく準備が整ったことになる。

第3段階: まずは日本語で SI を体験してみる
　　　　　(1セットずつ)

　次は、SI の3つの活動の運営法に慣れるために、英語力の負担を取り払い、日本語で SI を体験してみる。後述のシナリオ集のどれかを使い、グ

ループに分かれ、リハーサル活動 → 交渉活動 → 振り返り活動の流れで実際に5分間行う(運営手順は「Strategic Interaction の活動手順」(p. 203)を参照)。ここでは特に次の点を強調すること。

① 相手を生かし自分も生かす妥協点を目指して交渉すること
② 各グループは、代表者を時々呼び戻して、知恵をさずけること
③ あまり自分の役割に忠実になりすぎないようリラックスし、交渉結果にこだわらず、交渉そのものを楽しみながらインタラクトすること。

なお、この体験の後で、実際に交渉した時に感じたことをレポートに書かせ、学生の反応を見ること。もしも学生が、過度の緊張をしているようならば、先へ進むのをやめ、第1～第3の段階を繰り返して、SIへの慣れと関心を高めること。

第4段階: 合意しやすいシナリオで5分間やってみる
　　　　(3～4セットずつ)

　日本語SIを学生がリラックスしてでき、また感想レポートでの反応が前向きであるならば、いよいよ英語によるSIを開始する。最初に用いるのは、役割Aと役割Bが合意に達しやすいシナリオを用いる。後述のシナリオ集の中の、「クマノミ・イソギンチャク型」のシナリオがそれである。ここでも、SIの後で感想レポートを課し、学生の反応がポジティブであることを確認する。また、レポートの中に学生からの注文や疑問が書かれていたら、それを授業に反映する。この段階から、交渉場面をビデオ撮りしておき、振り返り活動で映像の抜粋を見せながら振り返りを行う。

　学生は、徐々にSIの要領をのみこんでゆき、合意に達する時間もどんどん早くなってゆく。どのグループもリラックスして早々と合意に達してしまうようになったら、第5段階へ進む。

第5段階: 慣れてきたら、少し葛藤のあるシナリオをやってみる
　　　　(2セットずつ)

　慣れてくると、学生はあまりすなおなシナリオには飽き足らなくなり、もっとチャレンジングなシナリオに挑戦したくなる。利害が真正面から衝突するようなシナリオは(たとえば後述のWin-or-Lose型)、この段階になってはじめて役に立つ。この頃になると、学生はいろいろな手練手管を使うことを楽しむようになっており、また大らかな交渉態度でインタラクションを楽

しむ余裕が出てくる。交渉活動をビデオ撮りしておき、振り返り活動で使用する。次に紹介するのは、葛藤のあるシナリオの例である。

> Role A: You are the owner of a bakery. One of your specialties is low-calorie sweets. Unfortunately, you've sold your entire supply for the day. The only remaining sweets are the fattening ones. Someone comes to buy sweets. Prepare yourself to sell the ones you have.
>
> Role B: The doctor has put you on a strict diet. You must not eat high-calorie desserts. You have seen an ad in the paper about a bakery where low-calorie sweets are sold. You would like to eat something sweet but not with a lot of calories. What will you ask the baker to be certain that the advertised sweets are not fattening?

第6段階: 学生自作のシナリオで教師も参加してやってみる

この段階にいたるまでには、用意したシナリオは全部使い果たしてしまっているだろう。一度使ったシナリオは、unpredictability がないので、もう使えない。そこで、最終段階では、学生自身に SI のシナリオを書くことを課し、その中の名作を使って行う。もちろん、学生にはシナリオが漏れないように、マル秘扱いで提出させる。今度は、シナリオを作成した学生が活動の教師役を務め、リハーサル活動と交渉活動の面倒を見る。教師も交渉活動に参加してよい。なお、振り返り活動は教師が担当する。これは表現や言語事項の説明が必要になるからである。交渉場面をビデオ撮りしておき、振り返り活動で使用する。

(3) 上級向き Strategic Interaction のシナリオ集

SI 用シナリオは、うまく作ったつもりでも、実際に使用してみると思わぬ欠陥や不備があることがある。また、「これは盛り上がるだろう」と期待したシナリオが不人気だったり、逆に思わぬものがヒットすることもある。したがって、シナリオは常に試用と更新が必要である。以下に掲載するシナリオは、筆者が作成し授業で実際に用いて、うまく働くことを確認したもの

である。

なお、シナリオは役割Aと役割Bの間の利害関係によって、次のタイプに分けられる。

① クマノミ＆いそぎんちゃく型
   両者が共生関係にあるシナリオ。双方が満足する決着が可能。
② 痛み分け型
   双方とも相手に負い目があり、自分が許してもらう代わりに相手も許す形の決着が可能。
③ Win-or-Lose型
   双方が満足する決着が不可能なもの、自分が得をすれば必ず相手が損をするシナリオ。

SI導入用には上記の①か②のシナリオを用いるとよい。③のタイプは学生がSIに十分に慣れ、協調型のシナリオでは退屈するようになってはじめて用いること。

クマノミ＆いそぎんちゃく型

① **Scenario Title: Can I go home now?**

役割A: あなたは中学生です。今日の午後1時に、新しいポケモン・コンピュータゲームの発売があります。このゲームは大人気なので、15分くらいで売り切れになるにちがいありません。そこであなたは昼休みに職員室に行き、担任のBrown先生に、話しに行きます(あなたの学校では、担任に無断で早退すると保護者に厳重注意されます)。

役割B: あなたは中学校の担任のBrown先生です。今日は学校を早退する生徒が4人もいました。さて昼休みになり、あなたは息子のJamesに頼まれて、学校を抜け出して、ゲーム屋に行こうとしています。午後1時に新しいポケモン・コンピュータゲームが発売になるからです。このゲームは大人気なので、発売後15分くらいで売り切れてしまいます。もちろん学校には秘密です。ちょっと出かけようというところへ、あなたの担任する生徒が訪ねて来ます。

クマノミ＆いそぎんちゃく型

② **Scenario Title: 親子のきずな**

役割A: あなたは高校1年生です。月々お小遣いをもらっていますが、すぐ

に使ってしまいます。今月も足りなくなって、先日お母さん（お父さん）に3000円もらったところです。ところがさらに、急に友だちに映画に誘われました。もし行くのなら3500円必要です。また余計に親にせびるのも申し訳ないし、一方ではその友だちとのつきあいは大切にしたいし、あなたは思案しています。夕食の時間です、あなたは親と一緒に食卓につきました。

役割B： あなたは高校1年生の子どもを持つ親です。あなたは最近肩こりがひどくなってきました。子どもが小学生の頃は、すすんで肩をたたいてくれたけれど、最近は子どもも勉強や部活が忙しく、とてもそんな余裕はなさそうです。夕食時、あなたは子どもと一緒に食卓につきました。

クマノミ＆いそぎんちゃく型

③ **Scenario Title: 賞品**

役割A： あなたは個室式の老人ホームに住んでいるJeffです。あなたの悩みは、ふさふさしたダンディな髪が実はかつらで、本当は完全に禿げ上がっていることです。さて、たった今あなたはホームの福引（lottery）でグルメなキャットフード（gourmet cat food set）1年分が当たりました（このホームはペット禁止で、あなたには無用の品物です）。そして、なんとあなたの隣のKathyには育毛剤1年分が当たりました。あなたはどうしますか。

役割B： あなたは個室式の老人ホームに住んでいるKathyです。あなたは、ペット禁止のルールをやぶって、こっそり自分の部屋で猫を飼っています。猫のTommyだけがあなたの生きる喜びです。さて、たった今あなたはホームの福引（lottery）で育毛剤1年分が当たりました。でもあなたにとっては無用の品物です。今あなたの隣には、ダンディと呼ばれるJeffが座っています。なんと、彼には高級なキャットフードセット（gourmet cat food set）1年分が当たりました。あなたはどうしますか。

クマノミ＆いそぎんちゃく型

④ **Scenario Title: The Patient Who Came Late**

役割A（女性役）： You are a 22-year old lonely receptionist at Paradise Hospital. Last week you heard that an inspector disguised as a patient will come to the hospital this week to check the quality of the hospital service. The inspector will check the performance of each employee, and the employer will promote or demote staff according to the inspector's report. Just three minutes before the hospital closes, a young man visits the reception counter.

役割 B（男性役）: You are a 25-year-old rescue worker on an ambulance. You have taken emergency patients to Paradise Hospital several times, and have fallen in love with a young receptionist there. You want to ask her out. On your day off, you visit the reception counter just before the hospital closes and try to start a conversation with her. Maybe you might even ask her out.

クマノミ & いそぎんちゃく型

⑤ **Scenario Title: A Present**

役割 A（女性役）: You are a woman who lives with your husband. You've been married about six years. Your husband runs a noodle shop, and you work there, too. You have no children.

The other day you sent a post card to a TV show and won a big prize (a free trip to Hawaii for 5 days). The noodle shop is open 7 days a week, and you work 6 hours every day. You really want to go to Hawaii. At the same time you know that your husband would become extremely busy if you were to take five days off. The departure is scheduled for next month. There will be no refund if you cancel the tour. You are not allowed to pass it to anybody else. If you pay extra, other people can join you on the trip. What will you do?

役割 B（男性役）: You are a man who runs a noodle shop you took over from your grandfather. You have a wife, but no children. You are greatly satisfied with your life because business has been successful and your wife has contributed to the success. You are thinking of giving her some present because in the six years you've been married, she has never complained once about having to work in the shop. So you are going to ask her what she wants for a present.

クマノミ & いそぎんちゃく型
⑥ Give Me the News Straight

役割 A（男性役）: You've just had a serious heart attack and are confined to the hospital. Your wife and your doctor seem to know more about your condition and chances for survival than they are willing to tell you. Work out a plan to get them to tell you exactly what your chances are for a full recovery.

役割 B（女性役）と役割 C（doctor）: B's husband has had a heart attack and is confined to a hospital bed. Meanwhile, he doesn't know it, but he has just won the national lottery and is now a rich man. Work out a plan to tell him this news without exciting him so much that he will suffer another attack. (DiPietro)

痛み分け型
⑦ Scenario Title: I have something to tell you.

役割 A: You are a high school student. You are not very hard working, and sometimes fall asleep during the class and occasionally skip classes. Because of your laziness, you do very poorly in the final exams and receive an E (the lowest grade of five) in math and chemistry. Your homeroom teacher wants to see your parents, so has sent them a letter this morning. It will be delivered to your home tomorrow. You want to prepare them for it. You have just come home from school.

役割 B: You are a mother (father) of a high school student. Your child has made you promise that you will never enter his/her room without permission. This morning, while your child was out, you secretly entered his/her room, opened his/her drawers and chests because you were interested in his/her daily life. You carelessly handled a figure of Mickey Mouse and it fell on the floor and broke. You know it is a present from your child's girlfriend/boyfriend and he/she treasures it. Your child will find it broken when he/she comes home. Your child has just come home from school.

What should you do?

> **Win-or-Lose 型**

⑧ **Scenario title: A Dream Dinner**

役割 A: You have been dating your sweetheart for five years. Both you and your sweetheart want to marry so much. Your sweetheart's parents approve of your marriage, but your own parents are strongly against it. Finally you have persuaded your parents to change their mind. You want to tell this good news to your sweetheart, so you asked your sweetheart to meet at your favorite restaurant. Now you and your sweetheart are just taking your favorite seats looking over the ocean.

役割 B: You have been dating your sweetheart for five years. Both you and your sweetheart have wanted to marry so much. Your parents approve of your marriage, but your sweetheart's parents are strongly against it. You think you cannot wait any longer, so have started dating another man/woman whom you like very much. Now you want to terminate your relationship with your sweetheart. Eventually your sweetheart asks you to have dinner at your favorite restaurant together. Now you and your sweetheart are just taking your favorite seats looking over the ocean.

(4) 中学・高校での Strategic Interaction を取り入れた授業

　Strategic Interaction の原型は、初級者向きとは言いがたい。そこで、SI の現実味のあるコミュニケーションの特徴を生かす形で、初・中級者向きの活

動を紹介しておきたい。こうした初・中級者向きの SI を順次積み上げることによって、将来上級者向きの SI に参加する素地を養うことができる。

a. 初級者用 Strategic Interaction 作成の方法

SI を初級者用にやさしくする1つの方法は、役割 A と役割 B のうち一方の役割を上級者が担当して、他方のみを生徒が担当することである。こうすることによって、たとえ生徒側に受信や発信上のミスや行き詰まりがあっても、相手方がしっかりと応答できるため、コミュニケーションが成立する。上級者が担当するとは、具体的には、ア）教師や ALT が担当する、イ）あらかじめ書かれたシナリオが担当する、ウ）あらかじめ録音されたシナリオが担当する、方式である。

図15　Strategic Interaction のバリエーション

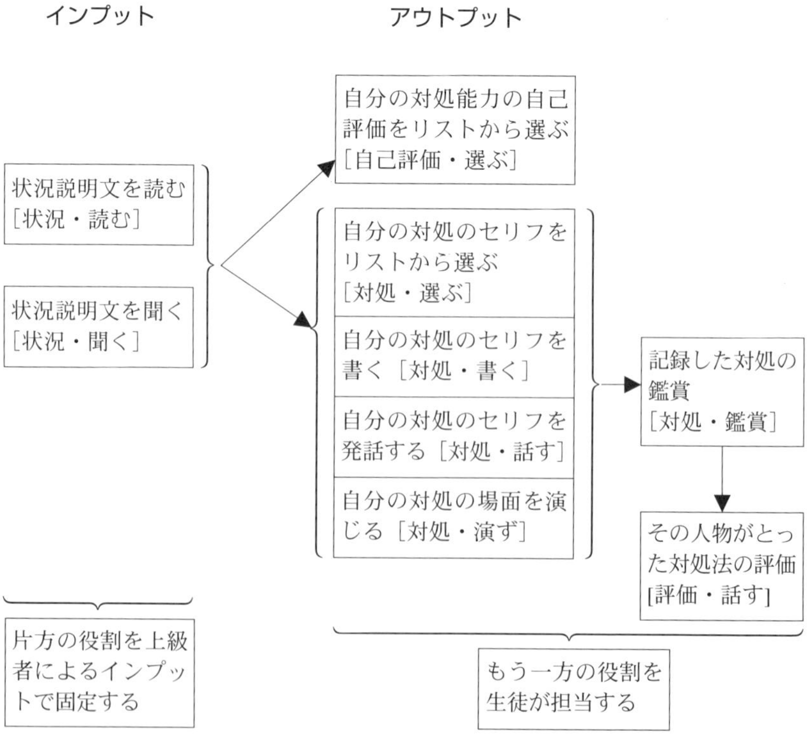

インプット　　　　　アウトプット

- 状況説明文を読む［状況・読む］
- 状況説明文を聞く［状況・聞く］

→

- 自分の対処能力の自己評価をリストから選ぶ［自己評価・選ぶ］
- 自分の対処のセリフをリストから選ぶ［対処・選ぶ］
- 自分の対処のセリフを書く［対処・書く］
- 自分の対処のセリフを発話する［対処・話す］
- 自分の対処の場面を演じる［対処・演ず］

→

- 記録した対処の鑑賞［対処・鑑賞］
- その人物がとった対処法の評価［評価・話す］

片方の役割を上級者によるインプットで固定する

もう一方の役割を生徒が担当する

難度を下げるもう1つの方法は、インプット（状況説明文）やアウトプット（生徒の対処法）を、英語でなく日本語で行うことである。もちろん、全部日本語でやってしまえば、もはや英語の授業とは言えなくなるので、最も英語を使わせたい部分は、英語で行う方式をとる。また、SI活動の導入時点では日本語を許容して難度を下げ、生徒が慣れたら英語に切り替えてゆくこともできる。

Long（2000）は、SI初級者用のタスクのバリエーションを詳しく紹介している。Longのバリエーションをもとにして、筆者の工夫を加えて図示すると、図15のような各種のタイプが可能になる（各タイプの説明の[　]内に示したのは、タイプ分類用の表記である）。

また、使用言語の組み合わせとして、次のようなタイプがある。組み合わせの下のタイプを取れば、難度は低くなる。

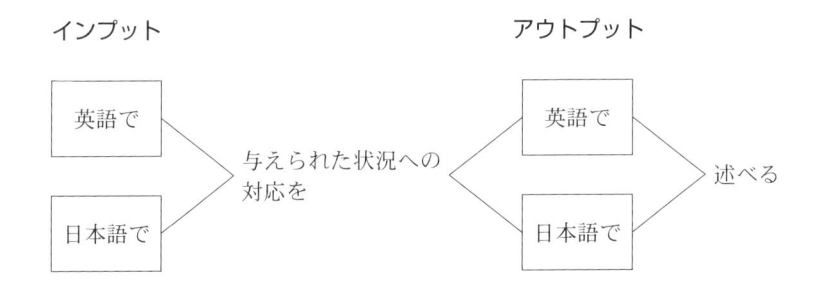

インプット　　　　　　　　　　　アウトプット

　英語で　　　　　　　　　　　　英語で
　　　　＼　与えられた状況への　／　　　　＼
　　　　　　　対応を　　　　　　　　　　　述べる
　　　　／　　　　　　　　　　　＼　　　　／
　日本語で　　　　　　　　　　　日本語で

さらに、英語の選択肢に答えたら、その理由は日本語で書いてもよい、とすれば、難度はさらに低くなる。

b. タスク・タイプの分類表記の方法

図15でタスクのタイプ分類用の表記を示したが、この表記をさらに詳しくしたい。[対処・選ぶ][対処・書く][対処・話す][対処・演ず]のタスク・タイプには、単発的セリフを考えるタスクと、複数ターンのセリフを考えるタスクがあるので、前者の頭には「単発」、後者には「複数」をつけて区別する。たとえば[単発・対処・話す]は、単発的対処セリフを話すタスクである。また、日英どの言語で行うかによっても難度を調節できる。英語で与える状況や対処の頭には「英」、日本語で行うものの頭には「日」をつけて区

別する。たとえば［単発・英／対処・話す］は、単発的対処セリフを英語で話すタスクである。

この表記法で原型的 SI（p. 201 参照）のフローチャートを書くと、次のようになる。

［英／状況・読む］→［複数・英／対処・演ず］→［英／対処・鑑賞］→［日／評価・話す］

c. 初級者用 Strategic Interaction の各種例

ある場面で、生徒が現在の自分の英語力を動員して、どう対応するかを考えさせる初級者用タスクには、次のような例がある。

例1: 自信の度合いを自己評価するタスク

基本設計
対象レベル: 中学2年生〜大学生
活動テーマ: 対人交渉に自分がどれくらいの自信があるかを自己チェックする。
所要時間: 5 分
活動のフローチャート:［英／状況・読む］→［英／自己評価・選ぶ］

人間は、常に新しい対人関係を切り開き、既存の対人関係を改変してゆかなければならない。そのような局面の切り開きに、生徒個々人がどれくらい自信を持っているかを振り返り、自信の度合いに応じた対処法を考える。交渉への自信の程度を4つの度合い（1 = very easy, 2 = somewhat challenging, 3 = difficult, 4 = very problematic）で［　］に答えてみる。

〈局面の例〉
 i) Talking to New People: You are a member of your school tennis club. In a tennis tournament, you meet a charming boy/girl in another school team. You want to become friends with him/her. ［　］
 ii) Claiming Your Belongings: Your friend has had your favorite CD and you want it back. You think he/she might have lost it. You want to ask about it. ［　］

例2: 次のひとことを選択するタスク

<u>基本設計</u>
対象レベル: 中学2年生〜大学生
活動テーマ: 予期しない他人の出方に、どう対処するかを考える。
所要時間: 5分
活動のフローチャート: ［英/状況・読む］→［単発・英/対処・選ぶ］

ある場面で、自分が言えそうなセリフを選択する方式。あらかじめ応答候補が与えられているので、セリフを作る負担が軽減される。同時に、自分の発想にない応答例に接することで、行動選択の幅を広げる効果もある。答えるのに要する負担が軽いので、SIの入門期に用いるとよい。創作力のある生徒のために、自作セリフを書く場所を設けておいてもよい。

（例）*You are waiting for a train at a station. A strange man comes up to you and says, "Neichan, how old are you?" How would you respond?*
  [ ] "I am 15 years old."
  [ ] "I am 80 years old."
  [ ] "Sorry, I must go." (*and walk away*)
  [ ] "……" (*and walk away*)
  [ ] "Why do you ask me?"
  [ ] "None of your business!"
  [Your Original] _____

このタスクは非常に汎用性が高く、SI導入のメインになりうる活動である。後述の①〜⑤、⑧〜⑩ (pp. 235–40) に、この種の具体的タスクを掲載しておくので、参考にしていただきたい。

このタスクは、学生の海外短期留学の準備トレーニングにも応用することができる。海外短期留学で学生がよく遭遇しそうな場面をシナリオに取り上げ、いくつかの対応の候補をあげ、自分ならどれを取るかを考え議論することによって、危険回避の方略を育てる活動である。下記は、筆者が実際に女子短大生の海外短期留学準備クラスで用いたシナリオである。

①*You are waiting for your plane in an airport lounge by yourself. You have*

several pieces of baggage to keep an eye on. A stranger passes by you, accidentally falls and scatters a lot of coins all over the floor. The stranger asks you to help pick them up. What will you do?
  [ ] I will immediately go and help him/her.
  [ ] I will completely ignore the request.
  [ ] I will ask some other passers-by to watch my baggage and help him/her.
  [ ] I will say, "I'm very sorry but I can't help you now."
[Your original answer] _____

②*You have just arrived at the Smith family, where you are going to stay for one month. You are surprised to find that their son, Ryan, 6 years old, is very violent. He soon starts punching and kicking his parents, but they just smile and do not do anything about it. Now Ryan has started attacking you in the same manner. It doesn't hurt so much, and Ryan is otherwise very cute. What will you do?*
  [ ] I will put up with the pretty violence.
  [ ] I will ask him to stop it.
  [ ] I will tell him to stop it with a strict manner.
  [ ] I will fight back.
  [ ] I will ask my host parents to stop it.
[Your original answer] _____

③*You have been attending a diving school at a marine resort for one week. You have got acquainted with a local young man. One day he offers to drive you to your apartment after the lesson. You like the man, but do not fully trust him yet. What will you say?*
  [ ] "I have an appointment with my friend. Thank you anyway."
  [ ] "No, thanks. I am okay."
  [ ] "Can I invite Kayoko and Ryoichi, too?"
  [ ] "I make it my own rule never to get on a man's car. Thanks anyway."
[Your original answer] _____

④(③の続き) *You have declined the man's invitation, but he insists on your coming. What will you do?*
  [ ] I will shout in a loud voice, "Go away."

[ ] I will explain why I don't want to take the man's car.
[ ] I will accept his invitation.
[ ] I will start yelling at him in Japanese.

⑤ *Your host mother, Jeanette, makes sandwich for your lunch, and you appreciate it. However, it always contains some pickled cucumber, which you really hate. So you cannot eat the sandwich. You are back at home, and your host mother will ask you how you liked the sandwich. How would you respond?*
[ ] "Jeanette, thank you very much for the sandwich. I enjoyed it very much."
[ ] "Jeanette, thank you very much for the sandwich. But please don't put pickled cucumber in it."
[ ] "Jeanette, thank you very much for the sandwich. Could I have something else for my lunch tomorrow?"
[ ] "Jeanette, I am having such a good time here. I am really glad I came. Only, . . . I don't like pickled cucumber very much."

例3: 次のひとことを創作するタスク（Long, 2000）

基本設計
対象レベル: 中学2年生～大学生
活動テーマ: 予期しない他人の出方に、どう対処するかを考える。
所要時間: 10分
活動のフローチャート: ［英/状況・読む］→［単発・英/対処・書く］

例2のタスクと場面は同じであるが、こちらは生徒が自分でセリフを創作する方式。独創的なセリフが誕生する可能性がある一方で、創作の負担分だけ所要時間が増える。はじめに例2で導入してから、例3で創作する流れがよい。

〈タスクの例〉
   Situation: Your club captain wants the team to have more practice each week — two more hours! How do you respond?
   Club Captain: I've been looking for you. You know, I have been thinking that what the team really needs is to have more practice. So we are

       going to practice 4 hours on Saturday instead of two.
You: ＿＿＿＿＿＿＿＿＿＿＿＿＿＿＿＿＿＿＿＿＿＿＿＿
Club Captain: Did you know that other school and city teams practice 5
       hours each weekend?
You: ＿＿＿＿＿＿＿＿＿＿＿＿＿＿＿＿＿＿＿＿＿＿＿＿

(Long, 2000)

このタスクも非常に汎用性が高く、SI 導入的授業のメインになりうる活動である。後述の ⑥〜⑦、⑪〜㉖（p. 238, pp. 240–45 参照）に、この種の具体的タスクを掲載しておくので、参考にしていただきたい。

例4: 自分への誤解を正すタスク（Long, 2000, 一部三浦改作）

基本設計
対象レベル: 中学2年生〜大学生 活動テーマ: 自分への誤解発言を聞いて、即応的にそれを正す。 所要時間: 10 分 活動のフローチャート: ［英 / 状況・聞く］→［単発・英 / 対処・話す］

相手が自分についてとんでもない誤解や偏見に基づいてものを言ってきた時に、どう対処するかのセリフを考えるタスク。生徒に役割 A と役割 B 用の誤解発言リストを配っておく。隣り合う2列でペアを組み、A と B は互いにリストの中から誤解発言1つを選んで相手に話しかける。聞き手はそれに対して誤解を正すために自分で文を考えて応答する。双方が話し終えたら、座席を移動して次のパートナーと組んで同様に行う。

〈誤解発言リストの例〉
 役割 A:
  i) Isn't your name Tomma?
  ii) I heard that you spend 100,000 yen in a month?
  iii) Mr. Long said you like playing volleyball.
  iv) If I remember correctly, you said you like chess.
 役割 B:
  i) Is it true that you skipped classes last week?
  ii) Is today really your birthday?

ⅲ) I like running just like you.
ⅳ) So how long have you practiced kendo?

(Long, 2000)

例5: 日本への誤解を正すタスク (Long, 2000)

基本設計
対象レベル: 高校1年生〜大学生
活動テーマ: 日本についての誤解に基づいた発言に対して、それが誤解であることを指摘する。
所要時間: 10分
活動のフローチャート: ［英/状況・聞く］→［単発・英/対処・話す］

相手が日本について誤解や偏見に基づいてものを言ってきた時に、どう対処するか、セリフを考えるタスク。隣り合う2列でペアを組み、一方の列を誤解側、他方の列を訂正側とする。誤解側には日本についての誤解発言リストを配っておく。誤解側はリストから1つ発言を選び、それを覚えて相手に向かって話しかける(棒読みしたり、相手にリストを見せないよう注意)。訂正側はそれを聞いて、1) 相手の発言を書き取り、2) 誤解を正す発話を返す。終わったら、座席を移動して次のパートナーと組んで同様に行う。

〈誤解発言リストの例〉
1. Japanese put a lot of ketchup on natto.
2. I heard most Japanese have five bowls of miso soup in the morning.
3. Always put salt on your sashimi.
4. Make lots of noise when you are eating udon or steak; it's normal.
5. Always eat half of what is put on your plate; otherwise, people will think you eat like a pig.

(Long, 2000)

例6: すばやく根拠を述べるタスク

基本設計
対象レベル: 高校1年生〜大学生
活動テーマ: 間を置かずに自分の発言を正当化する。
所要時間: 10分

活動のフローチャート：［英 / 状況・聞く］→［単発・英 / 対処・話す］

　33 ページで紹介したつくば言語技術教室の三森ゆりか氏の指導法を英語に応用したものである。日本人以外との会話場面で、やつぎばやに浴びせられる質問のシャワーに、間を置かずに言葉で明確に答えてゆくための基礎的トレーニングである。

指導手順

ⅰ）教師の質問に生徒が Yes/No で答え、次いでその答の理由を述べる。ただし、教師は生徒にわざとありえそうもない方の返事を要求する。生徒が返した答に対して、余地があればさらに理由を追求する。最後に、生徒が返した答をまとめて答えさせる。

〈例〉

Teacher: Do you like Sunday? Answer in the negative.
Student: No, I don't like Sunday.
Teacher: Why don't you like Sunday?
Student: Because I can't see my classmates on Sunday.
Teacher: Why can't you see your classmates on Sunday?
Student: Because we don't have school on Sunday.
Teacher: Okay, say it all together.
Student: I don't like Sunday because we don't have school on Sunday, so I can't see my classmates.
Teacher: Very good!

〈教師質問の例〉

Do you like handsome men? Answer in the negative.
Do you like watching television? Answer in the negative.
Do you like Christmas? Answer in the negative.
Do you like an examination? Answer in the affirmative.
Do you like rainy days? Answer in the affirmative.
Do you like spiders? Answer in the affirmative.

ⅱ）教師の「A か B か ?」の質問に、生徒が答え、次いでその答の理由を述べる。ただし教師は常識的にありえない方の答を要求する。生徒が返した答に対して、余地があればさらに理由を追求する。最後に、生徒が返した答をまとめて答えさせる。

〈例〉

Teacher: Which do you like better, a rich life or a poor life? Answer "a poor life."
Student: I like a poor life better.
Teacher: Why do you like a poor life better?
Student: Because I can find real friends.
Teacher: Why can you find real friends when you are poor?
Student: People can get no money from poor people. So stingy and selfish people do not take interest in poor people.
Teacher: Say it all together.
Student: I like a poor life better, because I can keep away stingy and selfish people if I am poor. Only pure-hearted people take interest in me.

〈教師質問の例〉

Which do you like better, a beautiful woman or a plain woman? Answer "a plain woman."
Which do you like better, a big house or a small house? Answer "a small house."
Which do you like better, driving or walking? Answer "walking."
Which do you like better, a good karaoke singer or a poor karaoke singer? Answer "a poor karaoke singer."
Which do you like better, a clever dog or a stupid dog? Answer "a stupid dog."
Which do you like better for a pet, a cat or a snake? Answer "a snake."

例7: 検定教科書から発展させた Strategic Interaction

基本設計
対象レベル: 中学2年生〜大学生
活動テーマ: 海外旅行で釣り銭が間違った場合にどう対処したらよいかを考える。
所要時間: 10分
活動のフローチャート: ［英/状況・読む］→［複数・英/対処・書く］→［日/自己評価・話す］

教科書には必ずと言っていいほど、買い物の場面が登場する。客が品物を選んで代金を払い、釣り銭を受け取るまでの会話が紹介されている。教科書でのやりとりは、まったく誤解や行き違いなしにスムーズに進行する。しかし、現実社会ではこのようなことばかりではない。時には金額合計が間違っていたり、買っていない品の金額まで請求されていたり、釣り銭が間違っていたり、買った品物が壊れていたりする。そこで、教科書で一応型どおりのやりとりを学習した後、発展段階として、金額請求間違いに対処する方法を生徒に考えさせ、方略的能力を育てることにする。

<u>指導手順</u>

i) 従来の買い物教材を学習した後で、次のような SI シナリオを見せる。下線部分が、問題が発生した箇所である。

従来の教科書	SI シナリオ
(Shop attendant) May I help you?	(Shop attendant) May I help you?
(Customer) Yes, please. I'm looking for some gloves.	(Customer) Yes, please. I'm looking for some gloves.
(S) What color do you want?	(S) What color do you want?
(C) Black.	(C) Black.
(S) Black ones are over there.	(S) Black ones are over there.
(C) Can I try them on?	(C) Can I try them on?
(S) Sure.	(S) Sure.
(C) These are a little too big.	(C) These are a little too big.
(S) How about these?	(S) How about these?
(C) Fine. I'll take them.	(C) Fine. I'll take them. How much are they?
(S) Anything else?	(S) 17.95, please. Anything else?
(C) No, that's all. How much are they?	(C) Yes, how much are these rings?
(S) 17.95, please.	(S) 2.70 cents per each.
(C) Here's 20 dollars.	(C) Okay, I'll take these five rings.
(S) Here's your change. 18, 19, 20.	(S) A pair of gloves and five rings, . . . <u>that's 41.45 in total.</u>
(C) Thank you very much.	

ii) 「あなたが客だったら、この次に何を言いますか？」という質問を与え、生徒のグループにアイディアを出させる。ただし和英辞典を引いてはいけないこととし、5分以内に次に言うべきセリフを英語で考えさせる。

iii) 5分経ったら、各グループの代表者は自分たちが考えた次のセリフを黒板に書く。

iv) 出そろったセリフを見て、対応にいくつかの異なるパターンがあれば指摘し、今度はグループでその対応パターンのどれかを担当して、問題対処のシナリオを完成してくるよう指示する。自分たちのグループがどのパターンを担当するか、立候補で決めるとよい。シナリオ完成は宿題とし、A3サイズの紙に書いて次回の授業開始前に教室壁に掲示するよう指示する。（下記の生徒作品例を参照）

v) 次回の授業の開始5分間で、生徒は壁に掲示されたSIシナリオを鑑賞する。その後、挙手で最も支持の多いシナリオを選び、作成グループが教室の前に出て実演してみせる。

生徒作品例

（下線部分が問題対処の箇所）

グループ名＿＿＿＿＿＿＿＿

(S) 17.95, please. Anything else?
(C) Yes, how much are these rings?
(S) 2.70 cents per each.
(C) Okay, I'll take these five rings.
(S) A pair of gloves and five rings, . . . that's 41.45 in total.
(C) Excuse me,
(S) What?
(C) The gloves are 17.95 and the rings are 13.50.
(S) So what?
(C) The total must be 31.45.
(S) Oh, sorry. I'm not good at math.
(C) That's all right. Here's 40 dollars.
(S) Here's your change.
(C) Thank you very much. Oh, can I have a receipt, please?
(S) Here you are. Thank you.

なお、この問題への対処は、上記のように直接ミスを指摘する以外にも、いろいろありうる。極端な例としては、「ちょっと変だなと思うけど、たかが10ドルでモメるのが面倒なので、そのまま黙って請求どおり支払う」という答だってありうるし、実際には少なからぬ日本人旅行者がそうしているようだ。この活動では解決の方向は一切指示しないので、こういう答も許容する。自由な意思決定とは、そういうことである。

　このほか、教科書のストーリーから発展させたSI活動の例として、次のものがある。

① 「海外ホームステイで、家族の歓迎を受ける」という元のストーリーを、「ホストファミリーは朝食を食べない習慣で、私にも朝食は出てこないが、どうしたらいいでしょう」というSIシナリオに改作する。
② 「誕生日にクラスメートのジョンから贈り物をもらう」という元のストーリーを、「ジョンからの贈り物の中に、クラスの別の女の子に宛てた手紙が入っていた、どうしよう」というSIシナリオに改作する。

例8: Your Excuse

　これは、生徒なら誰でも遭遇しそうな、ちょっともめそうな対人的場面を想定して、いかに上手にその場をおさめるかをシナリオに書く、二宮氏(1996)考案の活動である。

基本設計
対象レベル: 中学2年生〜高校生
活動テーマ: もめそうな場面をいかに平和におさめるか。
所要時間: 20分
活動のフローチャート: (日/状況・読む) → (単発・英/対処・書く)
　　　　　　　　　　 → (単・英/対処・選ぶ)

指導手順
① 前時に、次のような場面を与え、シナリオ作成を宿題として課しておく。

What is Your Excuse?

次のようにお母さんから言われました。お母さんの感情を刺激しないようにどう切り抜けますか？

You are watching TV again. Have you finished your homework?

② 次の授業で、生徒の書いてきたシナリオを集め、教師が目を通して手直しし、シナリオ一覧にして配布する。そして、下記のような読解教材として読む時間を取り、いいと思うベスト３を選ぶタスクを与える。ここで二宮氏が、［単発・英／対処・書く］で出てきた作品一覧を生徒にフィードバックし、それをもとにして［単発・英／対処・選ぶ］のタスクにつなげている点は見事である。このようにすれば、生徒の間でオリジナルな対処法の交流ができ、より豊かなバラエティの中から自分にあった対処法を選択することができる。

次の英文はみんなの作品です。いいと思うベスト３を選びましょう。
What is Your Excuse?
—Of course! Do you think I tell a lie? You must believe me. You may strike me if it was a lie.
—No, I haven't. But please listen to my excuse. Homework isn't important to my life. I don't like to study. I want to watch TV. Don't take my free time.
—I can do it in a minute. Today's homework is as easy as no homework. Maybe when you ask me again, I'll have already done it.
—Today you are beautiful, Mom.
—It's my relaxing time. If I don't relax at all, I can't do it well.
—I don't have any homework today. I have already studied hard at school. so I am very tired. Don't say anything to me, please. If you say something to me, I'll be sad and I'm going to die.
—I have a headache now, so I can't do my homework.
—Don't worry, because I am your son.
—Oh, sorry. I'm a bad boy. I'll do it soon. I'll turn the television off.
（以下，省略） （二宮，1996）

このように生徒は、"Today you are beautiful, Mom." と母親にお世辞を言ったり、"Don't worry. I am your son." と言って安心させたり、"It's my relaxing time. If I don't relax at all, I can't do it well." と屁理屈を言ったりするなど、教師が関心するほど柔軟な発想で、バラエティに富んだユニークな英文を作り上げた。
　この活動は、生徒1人ひとりの対人的工夫が十分に発揮できる活動であり、そのため出てくる作品も個性豊かで、真に伝え合う価値のあるものである。また、普通なら言い争いになりそうな場面を想定し、そうならないためにはどのように言葉を工夫したらよいかを考えるという点で、全人的コミュニケーション能力に直結している。

　二宮氏の方法を応用して、たとえば次のようなタスクが可能である。

① 部活動の1年先輩が、1ヵ月前に貸した1000円をまだ返してくれない。ちょっと恐い先輩なので、今まで催促はしてこなかったんだけど、心配になってきた。どうしよう。
② 「いいか、ゲームなんかやる暇があったら、その時間を利用して英単語10個覚えるんだ」と口癖のようにお説教する英語の先生と、ゲームセンターでばったり会ってしまった。その時先生は息子さんとUFOキャッチャーをやりまくっていました。私はどうしたらいいでしょうか。

例9: Before & After で磨く Strategic Interaction

　「大改造! 劇的ビフォーアフター」というTV番組がある。住み難い家を、番組が担当してリフォームを施し、その施工前と施工後の姿を比較する番組である。英語授業においても、喧嘩になってしまった問題会話をリフォームし、改良前と後を比べる手法がある。以下に紹介するのは杉浦氏(2005b)が考案した、「怒りのスキットをアサーティブに書き換える」というSI活動である。アサーション・トレーニングを取り入れたところに、人間形成的意義がある。

基本設計

対象レベル: 中学 2 年生～大学生
活動テーマ: 失敗したコミュニケーションを振り返り、どうしたらもっと良いコミュニケーションができたかを考える。
所要時間: 50 分
活動のフローチャート: ［複数・英/対処・書く］→［複数・英/対処・演ず］→［英/対処・鑑賞］→［日/評価・話す］→［複数・英/対処・改良版書く］→［複数・英/対処・演ず］→［日/評価・話す］

指導手順

① グループで各自最近あったことで腹が立った経験を 1 つずつ出し合う。
② グループでどの経験をスキットにするか決め、英文で腹が立った場面のスキットを作る。スキットでの役割を決め、グループごとにリハーサルを行った後、発表する。なお、発表では 1 人の人物を、演技するだけの人と、声のみを担当する人の 2 人で演じることにする。こうすると、演技者はセリフを覚えなくてもよいので負担が軽くなる。
③ 上演されたスキットについて、他のグループの生徒たちが、感想をフィードバックする。「どこで気持ちのすれちがいが生じたのか」「どんな言葉が争いの引き金になったのか」などを、I-Message* の原則を参考にして考える。
④ 各グループは、クラスメートからのフィードバックを参考にして、どうしたら不必要に波風を立てずに、もっと上手にお互いの言い分を伝え合えただろうか、I-Message の原則を参考にして考え、改良版のスキットを作成する。
⑤ 各グループは、改良版のスキットをクラスの前で上演し、改善の成果を問う。

---

* I-Message とは、カウンセリングの用語で、「私はこういう状況なんです」と自分の状況を相手に伝える言い方のこと。逆に You-Message とは、「あなたが～しなさい/～なんです」と相手を支配する言い方のこと。たとえば相手に嫌な物言いをされた場合に、「あなたにそう言われると私は悲しい」と返すのは I-Message、「無礼なことを言うな」と返すのは You-Message である。

この活動の特徴は、問題に際して「何を言うか」だけでなく「どう言うか」の適切さを扱っている点である。実際、人間関係の行き違いの多くは、まずい言い方や、相手の言い方への誤解によって生じている。自分たちの物の言い方にどのような問題があったのか、どう言ったらもっとすなおに受け入れてもらえたのかを、クラスで考える授業は、非常に意義深く、まさに「洗練された英語コミュニケーション能力」を磨くものである。杉浦氏は、この活動で生徒が最初に書いた怒りのシナリオと、振り返り後に書いた改良版を、次のように対比している（杉浦、2005b、下線部が生徒の施した改良点）。

〈怒りのシナリオ〉　　　　　　　〈改良版シナリオ〉

You: I'm home. Mom: You are late again! Why are you so late? You: None of your business!	You: I'm home. Mom: I have been worried that you might have had an accident. You: Mom, I'm sorry.
You: I want my money back. Friend: I don't have any with me. You: What? Friend: I will pay back when I have some. You: Hey, you. It's been two weeks already! Hurry up and give me back the money.	You: I want my money back. Friend: I don't have any with me. You: What? Friend: I will pay back when I have some. You: I am worried that you'll never give back the money.
Teacher: You can't answer this easy question?! What a fool! You: I AM stupid! So I can't solve it!	Teacher: You can't answer this easy question?! What a fool! You: It makes me sad to hear you say such a thing.

　上記の改作部分は、怒りという攻撃に訴える代わりに、相手にわからせたいこちらの意向を、静かに、しかし臆することなく表現している。これこそまさにアサーションである。

d. 中学・高校用 Strategic Interaction のやさしいシナリオ集

　本項では、中高生でも容易に答えられ、しかもクリエイティブな問題対処を許容する Strategic Interaction のシナリオを紹介する。これらのシナリオは、中嶋が ALT の協力を得て本書のために新たに書き下ろしたものである。
　作成にあたっては、中高生向きとするために、下記の点に留意した。
（1） 中高生向きに難度を下げるため、長い創作を要求せず、「こういう場合、あなたは次に何を言いますか?」の次のひとことを答えるようなタスクとした。
（2） 特に、中学生向きには、回答の選択肢をつけて、その中から自分の答を選ぶようにした。
（3） 難度は下げたが Strategic Interaction の特徴である、「回答のバラエティ」が生まれる自由度のあるシナリオとした。

中学用: 次のひとことを選択するタスク
① **Are we really friends?**
　You are in a supermarket with your friend. Your friend takes a few ice-cream cones, and puts them in his coat. Later, when you and your friend have come out of the market, he begins to eat it. He did not pay for it. "Here, you want some? Please don't tell anyone. We're friends, right?" he says to you. He tells you to eat one again and again. You think stealing is bad, but you also want to keep your friend. What will you do?

　　選択肢
　　[ ] I will not eat the cone, but say to him, "Go back to the market and pay for the cones right away. I don't want to be friends with a thief."
　　[ ] I will not eat the cone, but say to him, "I am very worried about you. As a friend I tell you. Never do this again."
　　[ ] I will eat the cone, and say to him, "This is wrong. You should not do this again."
　　[ ] I will eat the cone. But I will stop going out with him in the future.

② Is it so bad?

〈For boys〉 You have a girlfriend. One day, you invite her for dinner at your apartment. First, you have a nice conversation with her. Later, however, when you serve her dinner, she says, "I don't like it." You cooked your best food, and you were quite confident in it. Now you are discouraged with her words. What will you do?

　選択肢
　[ ] I will not like her any more.
　[ ] I will say, "Be more polite."
　[ ] I will ask her why she doesn't like my food.
　[ ] I will say, "I am sorry. What kind of food do you like?"

〈For girls〉 You have a boyfriend. One day, you invite him for dinner at your apartment. First, you have a nice conversation with him. Later, however, when you serve him dinner, he says, "I don't like it." You cooked your best food, and you were quite confident in it. Now you are discouraged with his words. What will you do?

　選択肢
　[ ] I will not like him any more.
　[ ] I will say, "Be more polite."
　[ ] I will ask him why he doesn't like my food.
　[ ] I will say, "I am sorry. What kind of food do you like?"

③ **The lottery winner**

Last month, you and your friends bought some lottery tickets. Your lottery has just won 50,000 yen! You are very happy. But your friends may ask you about your lottery. They may be jealous and want some money from you. How will you tell your friend?

選択肢

[ ] "I didn't win. How about you?"
[ ] "I just won 1,000 yen. So I want to buy you a hamburger."
[ ] "I won 50,000 yen on the lottery. So I want to buy you a hamburger."
[ ] "I've lost my lottery ticket. What a shame!"

④ **The bully**

You have a younger brother. He is an elementary school student. One day after school, you see that he has bruises and is very sad. He tells you that he is being beaten up by a bully every day after school. What will you say to the bully to make him stop? You're bigger than him, after all.

選択肢

[ ] "Someone bullies my brother, and I want to fight with him. Who bullies him? Do you know?"
[ ] "I want your help. Someone bullies my brother. Please help him."
[ ] "You stop bullying my brother. Or I will tell the police."
[ ] "Why do you bully him? Give me the reason."

⑤ **Air-conditioning**

You are in the living room of your house with your father. He always wants air-conditioning in the living room. However, it is 25 degrees tonight, and you don't need air-conditioning. You even feel chilly in the living room. You want him to turn off the air-conditioner. What will you say to him?

[ ] "Dad, let's save energy. Let's save the earth."
[ ] "Dad, I feel cold in this room."
[ ] "Dad, we must set air-conditioning at 26 degrees or higher. The government tells us that."
[ ] "Dad, I'm afraid you are wasting big money on air-conditioning."

中学用: 次のひとことを創作するタスク

⑥ Studying in London

You enjoy English very much, and you are very good at it. You want to go to an international high school in England. So you applied for a scholarship and you've won it. The scholarship covers all your travel and study and living expenses in London for three years. However, your parents don't want you to go, because you'd be very far away. Also, they are scared because of the London bombings. Tomorrow morning you are leaving for London. You want to leave a farewell message to your parents. What will you write in your message?

⑦ An award or a trip

You are in the 3rd year of junior high school. You have never been absent from school for these 2.5 years. You will be awarded a Full Attendance Award in your graduation ceremony. Now you have won a week-long trip to Australia! However, the trip is from June 14 to June 21, so you are going to miss school. Your parents say it is okay, but your teacher says NO. She says, "The Full Attendance Award is more important than traveling in Australia." What will you do?

高校用: 次のひとことを選択するタスク

⑧ Are you closing?

Thirty students from a school in Canada are coming to visit your school.

You organized a big party to welcome them. You reserved a hall for the welcome party. However one day before the party, the hall manager calls you and says that they are closing for the day, because there was a small fire in the kitchen. The hall is all right, but they can't serve any food. You are very upset, because you have already sent out invitation to almost 100 guests. What would you do ?

選択肢

[ ] I will ask the manager to find another hall for us.
[ ] I will insist on holding a party in the hall. The food can be brought from another restaurant.
[ ] I will put off the party for some days, until the kitchen is fixed.
[ ] I will hold a welcoming party at our school gym, buying food and drinks from a supermarket.

⑨ **It's so embarrassing.**

You come to the doctor's office with a very embarrassing medical problem. Now the doctor wants to know what is wrong, but you are very embarrassed! You want to go out of the doctor's office, hoping that your problem will go away. The doctor insists that you tell him what's wrong though. What will you say?

選択肢

[ ] "Well, doctor, I am too embarrassed to tell you. Maybe you can guess . . . ."

[　] "Sorry, but I am here by mistake. I am Okay. Bye."
[　] "I have just a slight cold. That's all. Can I go now?"
[　] "Here you are, doctor. (I will give him/her a memo which explains my problem.)"

⑩ **I'm really sick.**

You are feeling very sick, and want to go home. But your teacher, Ms. Ishiguro, doesn't believe you because you have lied to her many times before. She thinks you are pretending this time again. You are very sick, and in a lot of pain. You just want to go home and sleep. You know you should be polite to your teacher, but you are too sick to care. You are angry that your teacher doesn't believe you. How will you convince your teacher that you really do need to go home?

選択肢
[　] "Ms. Ishiguro, I apologize for all the lies I told you. But this time, I'm serious."
[　] "Ms. Ishiguro, if you don't let me go, I will have to call an ambulance for myself to save my own life."
[　] "Ms. Ishiguro, you can come to my house later to check that I am really in bed."
[　] "Ms. Ishiguro, I won't ask you any more. I go home. You can't stop me. Bye."

高校用: 次のひとことを創作するタスク
⑪ **Matsui or Ichiro**

〈For girls〉　By chance, you have met Matsui at a supermarket. Lucky! He likes you so much that he asks you for a date! But there's a problem . . . you prefer Ichiro! How will you tell Matsui? You think Matsui is a very good baseball player, so you don't want to offend him or hurt his feelings, but you prefer Ichiro. How will you refuse without making him sad? Or will you say yes?

〈For boys〉　By chance, you have met Ayumi Hamasaki at the beach. Lucky! She likes you so much that she asks you for a date! But there's a problem . . . you prefer Kumi Koda! How will you tell Ayumi "No"? You think Ayumi is a very talented singer, so you don't want to offend her or make her sad. How can you refuse her without hurting her feelings? Or will you say yes?

⑫ **No money**

You are traveling in downtown Tokyo. You've got lost and you were very hungry, so you went into a restaurant and ordered a dinner. (They have only expensive dinners on their menu.) When it is time to pay, you realize that you have lost your wallet. It was an accident, and you never meant to steal a meal. How will you explain this to the waiter (waitress)?

⑬ **Some nice words for my best friend**

You are an actor. You acted a hero in a film, "School Festival Forever." It is a big hit, and you have just won the Oscar for the Best Actor Award. Sayuri, your best friend, acted as a heroine in the same movie, but she did not win any awards. Now you are going to make a speech at the Oscar awarding ceremony. You want to say some nice words for Sayuri in your speech. What will you say?

⑭ **Introducing my homeroom teacher**

You are a class representative. Your homeroom teacher, Ms. Suzuki, asked you to write an article for the school newspaper. Its title is "This Is My Homeroom Teacher" and it is due today. Last night, you wrote the article in a bad mood, and you wrote some bad words about Ms. Suzuki, such as 'She is gaining weight,' 'Her class is boring,' and 'She is starving for a boyfriend." You have brought your article with you, but now you regret it. Ms. Suzuki wants the article now. What will you do?

⑮ **This is wrong!**

You are traveling alone in the U.S. You have stayed in San Francisco for three days. It is 11 a.m., and you are at San Francisco Airport to check in for your 1 p.m. flight to New York this afternoon. You open your suitcase to have a look at the beautiful tea cup you bought at a downtown shop. It is a present for your best friend, and it cost 100 dollars. When you open the box — oh, my gosh — you find another tea cup in it. Maybe the salesclerk put the wrong cup in the box. You don't have time to go back to the shop. What will you do?

⑯ **The terrible soup**

You are at a restaurant, and have ordered a soup. However, when the soup comes, it's cold, and it looks like there's a bug floating in it. Gross! This restaurant is usually very good, and you secretly love the waiter (waitress) who works there. However, you cannot ignore cold, buggy soup. You are very disgusted. What will you say to the waiter (waitress)?

⑰ **How can I relieve the tension?**

Your volleyball team is at the city championships. The game is just about to begin, but your star player hasn't arrived yet. Just before the game starts, the star player arrives, with a big cast on his arm. Oh no! All the team are very disappointed, and a little angry. But you see that he had an accident on his way, and that he feels so bad about it. Now all the team members have sunk in a tense, gloomy atmosphere. You cannot win a game in such an atmosphere.

You want to change it for the better. What will you say or do?

⑱ **My lazy friend**

You are going to make a presentation with your friend, Yoshio, in the history class tomorrow. You and Yoshio are planning to prepare for it at your home after dinner. You know that Yoshio likes playing video games and reading comics. You are afraid he will start doing them and make you prepare alone. What will you do?

⑲ **It's your mess.**

It is cleaning time. It's your job to clean the teachers' room. Just as you have almost finished, and are about to sweep your pile of dirt up, a teacher walked through it and made a huge mess. Now you have to sweep again. You're angry, but you know he is the most fearful teacher in your school. You cannot yell at the teacher, but you do want him to know what he did. What will you do?

⑳ **SMAP × SMAP**

You will be a guest on SMAP × SMAP. They have cooked several dishes for you. One of them is a seafood soup. However, the fish in it is still frozen, and there is dirt in the bottom of the bowl. You like the members of SMAP, so you don't want to hurt their feelings, but the soup is really bad. You're on TV, so you don't want to appear rude in front of everyone in Japan. Will you lie? Will you tell the truth? What will you say?

㉑ **How to save the city**

Space aliens are invading your city. They will destroy your city if you don't make them happy. You are scared, but you hope that the aliens can be friendly, given the chance. If you are rude to them, they will blow up your city, but if you are nice to them, maybe they will stop the invasion. What can you offer them? How will you deal?

㉒ Suneo or Maruko?

You are making your team's mascot for the Sports Day. You've chosen Suneo's mascot, and it is almost completed. You are very happy with your efforts, but others want to use Chibi-maruko's character. They hurt your feelings, and now you are sad. You still believe Suneo is better, but you don't want to make them angry, or create a conflict. What will you say to convince them to use yours?

㉓ An interview

You were walking to school. Suddenly, the members of V6 appeared and took you away with them. They have chosen you to interview Mariah Carey on the program "Let's Go to School." You are confused, and also worried. You don't really know who Mariah is. But you must interview her. How can you interview her? What questions will you ask her?

㉔ I'm angry!

You are waiting for a friend. Your friend is now 2 hours late. Finally, she arrives. She doesn't apologize for being late. She begins making excuses. "Oh, my mom slept late and couldn't drive me," or "Traffic was very bad." You are angry that she is late. But you're more angry that she didn't call to tell you that she'd be late. What do you say to her?

㉕ A Japanese treat

David Beckham has mysteriously appeared in your living room and says he is very hungry. You decide to offer him some food and drink. It's only polite! However, you only have natto and green tea, and all the neighborhood stores are closed. Foreigners often don't like natto and green tea. You hope that he will accept your offer, but you are afraid that he might not like them. What will you say when you give him the food?

㉖ At a sushi bar

You have a friend visiting from Ireland. You are at Kito Kito Sushi. For every new kind of sushi that arrives, she asks "Is this cooked?" Then she picks apart the maki, leaving the nori and raw fish aside. At first, you think this is funny, and that your foreign friend will get used to it. But she continues. Other customers are looking at her with resenting looks. You know she is new to Japan, so everything is very different for her. You don't want to hurt her feelings. But at the same time, she is being ridiculous and wasteful. What will you say to her?

D. ペア・グループ編成と座席配置の原理

　ペアやグループの編成法には、① 生徒が好きな者同士で組むかそれとも教師が組むか、② 同じペア・グループを中・長期間固定するかそれとも毎回の授業ごとに改編するか等、さまざまなやり方がある。本項では、「生徒の希望を尊重しながら教師が編成する、固定的なペア・グループ編成」のあり方について述べたい。この編成方式だとより効果的にクラス全体の学習意欲が喚起され、互いに引き上げられていくからである。

1. ペア学習、グループ学習が有効に働く原理

　ここでは、ペア(グループ)学習が先にありき(形さえ変えればうまくいくのだ)という発想ではなく、「なぜペア学習が有効なのか」という論題について読者のみなさんと一緒に考えていきたい。そうでなければ、形だけの模倣に終わってしまい、逆にクラスが荒れかねないからだ。

　筆者(中嶋)は、学習の基本は、個人学習が3分の1、グループ(ペア)学習が3分の1、そして全体学習が3分の1で、そのバランスが大事だと考えている。この「3分の1構成」の授業によって、まず個で考える、ペア・グループで練り上げる、全体で一般化するという流れができる。毎時間、「3分の1構成」の授業を展開するのではなく、単元を通してメリハリを作り、バランスを考えておく必要がある。筆者の場合は、ペア学習を推進しているが、それはヒューマンな授業を行うために欠かせないからである。

(1) ペア学習を始める「きっかけ」となったこと

　ペア学習を利用して、居心地のよいクラスづくりをしようと決心したのは、今から17年前、2つ目の荒れた学校に勤務していた時だった。それまでは、教師が最初に文法や教科書の内容の説明をして、それから自己表現をさせるというような、どちらかというと演繹的な授業をしていた。「入試に出るぞ」「テストに出すよ」といった外発的な、半ば脅しのような指導もあった。それを当然のことと考え、結果が悪かったり、意欲が高まらなかったりするのを、生徒の努力不足のせいにしていた。

　しかし、ある時、目から鱗が落ちるようなことが起きたのである。隣同士

で期末テストの答え合わせをした時に、一組の女子ペアがとても明るく楽しそうに学習をしていたのだ。そばに行ってみると、テストの点数も隠さず、屈託のない様子で話をしていた。しばらく横で観察していて、私はハッとした。A子(英語の得意な生徒)はB子(苦手な生徒)に対して、答を一切言わずに、キーワードに線を引かせ、ヒントを言って答を導き出していたのである。だから、B子はまわりの生徒たちが言わないような「ああ、そうか！」とか「あっ、わかった！」という言葉をどんどん発していた。後でB子に尋ねてみると、「すごくよくわかった。先生、またこんな勉強させてください」とうれしそうに言うではないか。私は、その時、それまでの自分の指導を反省し、2人がやっていた学習をシステムとして生かしてみようと決心したのである。

(2) なぜペア学習なのか

　今、現場では、当たり前のように習熟度別学習、少人数指導が行われている。しかし、少人数や習熟度別にしても、相変わらず教師が教え込んでいるのであれば、実践的コミュニケーション能力は育ちにくいように思う。せっかく少人数に分けたり、習熟度別にしたりするなら、その学習形態(ペア、グループ、一斉)で何を目指すのかを教師が理解して、指導を工夫することが不可欠だ。

　筆者が最も大切にしているのは、「学級づくり」の理念である。学級が、相手の言っていることに静かに耳を傾け、真摯に意見を言い合い、共に学び合おうとするような集団なら、日々居心地がよくなっていく。それに伴って学力も伸びていく。

　筆者の勤務校では、すべての英語教師(5人)がペア学習を行っている。理由は、ペア学習を通して居心地のよい集団づくりができ、力もぐんぐん伸びていくからだ。ペアというコミュニケーションの最小ユニットを組み合わせることで、時には習熟度別になり、また時には少人数指導もできる。いくつかのペアで共同作業をしたり、ペア同士を競い合わせたり、さまざまなバリエーションも可能だ。

　ただ、ペア学習なり、グループ学習で大切なのは、最後は学習の個別化を図ることだ。学んだことを全体で振り返るようにするのである。学校は集団で学ぶところだ。多種多様な考えや経験のちがいが生まれてくる。だからこ

そ、「振り返り」を位置づけ、到達させたい目標に着地させることが重要なのである。このシェアリング（共有）が、少人数指導や習熟度別学習ではあまり効果が期待できない。母数の小さい集団や、わからない生徒同士では、よいモデルから学ぶ機会が少なくなるからだ。

　さて、筆者は、生徒が互いに選択した固定ペアでペア学習をしている。時々、誰とでもコミュニケーションができることが大切なのだから、ペアを固定するのはおかしいと言う方がいる。しかし、いやな相手とペアを組まされた時に、心から楽しいと感じられるだろうか。「話を続けることが楽しい」という経験を積み重ねてこそ、だんだん相手の気持ちに気づけるようになり、それを大切にするようにもなる。教師がはじめから理想を押しつけるのではなく、気楽に始めたらいいのではないだろうか。生徒の力を信用し、ケ・セラ・セラと楽観的に捉えていくことが、ペア学習を成功させるコツのような気がする。

(3) ペア学習の落とし穴

　「教え合うペア学習」には、実は見えない「落とし穴」がある。そうならないためには、教師の揺るがないゴールとぶれない軸（見通し）が重要になる。技術的なことばかりに目がいくと、「ペア・リーダー＝できる人」「パートナー＝ダメな人」という構図ができ、差別感を助長してしまう。ペア学習を形だけ取り入れて、やらせっぱなしにしたため、学級崩壊したという例をいくつも知っている。ペア学習に必要なのは、マニュアルではなく、ハートなのである。

　最初からうまくいかせようと考えると失敗する。教師自身の「いかなることがあっても、決して諦めないという信念」こそが大事なのである。

　さて、平成17年7月17日、NHK教育テレビ『わくわく授業（ペア学習で会話がはずむ）』で筆者のペア学習が取り上げられた時、多くの視聴者の方から質問が寄せられた。次のような内容である。

Q1. どのようにしてペアを作るか

　ペアはソシオメトリック・テスト*を利用して作る。学習差がある仲のよいペアが基本となる。さらには、隣の兄弟ペア（ペア・リーダー同士、パートナー同士で習熟度や目的に応じた活動を行う時に活用）、ライバルを1人決めてライバル・ペアも作っておく。同じ内容で繰り返し習熟させたい場合は、奇数列で1人ずつ移動（偶数列のペアは固定）し、ペアを変えていく。

　ペアの組合せを決めたら、事前にペア・リーダーたちに組合せを知らせて了承を得ておく。また、孤立生徒にも、事情を説明して、組合せを了解してもらっておく。コンセンサスを得ないで、いきなり教師の方から発表すると、一部で反発が生まれることがある。また、ペア・リーダーだけを決めて、彼らを廊下に並べ、パートナーに選ばせるという方法を取る教師もいる（若い時は時間がもったいないということで、筆者もその方法を取ったことがある）が、ポツンと1人残ってしまったペア・リーダーの悲しそうな顔を見た時ハッとした。あわててやりなおしたが、彼はその後ずっと元気がなかった。全体の前で決めると、そういう危険を伴う。一見「みんなで話し合って決めなさい」というのは民主的な指導のようだが、「残ってしまう」生徒、「自分で選べない」生徒の気持ちは反映されにくい。

Q2. 2で割り切れないクラスがある時はどうするか

　クラスの人数が奇数の場合には、一部、3人のグループを作る。変則的だが、活動内容は同じである。3人のうち、2人はペア・リーダー。そのうちの1人（彼・彼女）は、クラスで面倒見がいい生徒にしておく。誰かが欠席した場合は、そこに応援に行く。もう1人のペア・リーダーは、基本的にはパートナーの面倒を見るようにする。ペア活動で、制限時間内にどれだけ言

＊ソシオメトリック・テスト（ソシオメトリー）　英語力によって、クラスの半分の生徒をペア・リーダー群、残りの半分をパートナー群に分ける。お互いに、一緒に学習したい人を、相手のグループの中から4人選んで、紙（B6判）にその名前を書く（たとえば、ペア・リーダーなら、パートナーのグループの中から4人の名前を書く）。教師は、紙をペア・リーダー群とパートナー群とに分け、マッチングをしていく。相互選択している生徒同士でペアを作っていくのである。できるだけ優先順位（上に書かれた生徒同士がくっつくように）を考慮して、いくつものパターンを考えてみる。孤立生徒が出た場合は、学級担任や養護教諭のアドバイスをもとに決める。いったん決まったら、それで2〜3ヵ月行うので、通常、ペアを決めるには1時間ぐらいかかる。

えるかというようなマイクロ・タスクの場合は、教師が相手をする。他のペアと交流する場合は、活動する順序を話し合って決める。

Q 3. どれくらいの間、同じペアでやるのか

　基本的には1学期間、同じペアで行う。ペア学習でリーダーが答を教えないで、相手に気づかせるようにしていくと、どんどんわかるようになって点数が伸びていく。たとえば、4月のテストで40点だった生徒が期末テストで85点を取るようになる。そのような生徒は、2学期にはペア・リーダーを委嘱する。1学期ペア・リーダーをやっていた生徒が2学期にパートナーになる場合もあるが、その時は相手をトップクラスの生徒にして、確実に伸びるようにしてやる。やってよかったということにならなければ、意欲が出てこないからである。

Q 4. 学習差のあるペアを作ることを「差別」と考える生徒はいないか

　ペア学習を始める前に、必ず1時間オリエンテーションの時間を取る。その時、「上下関係が生まれたり、間違いを笑ったりするようなクラスにしてはいけない。お互いに相手のことを考えると、2人とも伸びるが、一方が自分勝手なことをすると2人とも落ち込んでいく」ことを伝える。ペア学習を進めていくうちに、ペア・リーダーが命令をしたり、パートナーが協力しないような場面が見られた場合は、随時厳しく指導する。

　ペア学習は、ペアを編成したらそれでよしというものではない。ペアを作った後、どのようにしてペアを育てるかが肝心である。ペアを作って、後を生徒たちにまかせっぱなしにしてしまうと、ペア・リーダーはいつしか答を言って説明をするようになる。その方が楽だからだ。受け身になったパートナーはだんだん面白くなくなる。そこで、ペア・リーダーには、ペア学習中に「あっ、そうか！」「わかった！」という言葉をパートナーの口からいくつ引き出せるかを目標にさせる。そうすることで、教え込むことがなくなり、相手に考えさせ、答を引き出すようになるからである。

Q 5. ペア学習の途中の指導では、何を心がけているか

　適宜、ペアにアンケートを取って、進行状況を尋ね、心理的な負担が生まれていないかを調査する。項目(視点)は次のとおりである。

D. ペア・グループ編成と座席配置の原理

- ペア・リーダーには、
  （1） パートナーは、現在、何ができるようになってきていますか。
  （2） どこに難しさ（行き詰まり）を感じているか、具体的に述べなさい。

- パートナーには、
  （1） 現在のペア学習に満足していますか。（はい、いいえ）
  （2） その理由を述べてください。
  （3） これから、ペア・リーダーにこんなことをしてほしいというリクエストはありますか。

　コツは、それぞれ別々にアンケートを取るのではなく、両方ともわかるように1枚の紙に印刷しておくことである。パートナーはペア・リーダーが何を聞かれているのか知りたいし、同時にペア・リーダーもパートナーに聞かれていることが知りたいのである。パートナーは、「何ができるようになっているか」とか「行き詰まりを感じている」という項目で、自己反省をする。ペア・リーダーは、自分が評価されるわけだから、ドキッとする。ペア学習では、時々このようなアンケートを取って刺激を与えること、本筋を外れないようにすることを忘れてはいけない。こうすることで、ペア・リーダーは、自分の指導や考えがパートナーに時々評価されるのだということを知り、責任を持って取り組むようになる。話し合いの上、互いのゴールを設定し、具体的に相手の弱点を補強するための学習計画を考えるようになる。
　次に、トラブル解消のためのアンケート例を示す。
　頭では、勉強は必要だということはわかっていても、なかなかきちんとできない、というのが現状ではないだろうか。そこで、アンケートをとって啓発していく。

- 仲間と勉強していて、どんな時にうれしかったですか
- 仲間と勉強していて、どんな時にもっとやりたいと思いますか
- 仲間と勉強していて、どんな時に、イヤだなあと思いますか
- 仲間と勉強していて、今までで一番印象に残っていることは何ですか、etc.

　アンケートを通して「仲間と学んでいることの大切さ」に気づかせるのである。知的好奇心、知ることの喜びに目がいくようにする。そして、過去を

振り返って「このクラスでみんながこうしたらもっとよくなるのでは」という意見を募る(アンケートに書かせる)。教師が「しなさい」と切り出すのではなく、「アンケートで友だちが書いていたことだから、みんなでやろうよ」と呼び掛けるようにするのがコツである。

Q6. 始業前にペア学習を始めたいが、どういう課題を与えればいいか？

次の3点をもとに活動を仕組めば、生徒たちは、始業2～3分前から自発的にペア学習を始めるようになる。自ら動き出す時の原理・原則である。

1） 到達目標を最初に与えて、かつ自己申告で計画を立てさせる

ペアを育てるには、山の頂上(ゴール)を示し、そこに行くためにどのルートを通るのか、何を持っていくのか等を考えさせることが有効である。ペア・リーダーには目標と筋道を書いた計画表を作らせ、その到達状況が教師にわかるように記入するように伝え、2週間ごとに計画表を提出させて取り組み状況をチェックする。

2） 授業の最初の5分～10分を基礎トレーニングの時間として位置づける

筆者の授業では、授業開始の最初の5分に基礎トレーニングが組まれている。基礎トレーニングでは、生徒たちは教科書を使ったシャドウイングやリピーティング、教科書の音読などをする。基礎トレーニングの時間が終われば、小テスト(単語や前時の復習)が始まるようにしておく。また、教師の指名で何人かが教科書の音読をする。Teacher's talk の後は教師からの英問英答の質問がある、等々、次々に活動がつながるようにしておく。つまり、授業の最初のタスクや課題が前もってわかっていれば、それに向けて生徒は始業前から準備をしておこうという雰囲気になる。歌、次にビンゴ、その次は新出単語の説明、というふうにプツン、プツンと切れてしまうような進め方では、生徒はこうした準備の必要性を感じなくなる。

3） 音読テストや小テストの合格基準を、事前に具体的に示しておく

たとえば、1人ひとりの音読テストを全員が評価すれば、その評価基準がわかるようになる。こうすれば、次からは、生徒はその基準に到達するような練習を自主的に始める。小テストも何をどこまでやればできるのか、という具体的なイメージが持てるように、どんな問題が出題されるかをあらかじめ伝えておく。到達目標の具体がわかれば、それに向けて自分から努力するようになる。

Q7.「生徒の意欲を高めるコツ」は何か

　私はペア学習で、まずペア・リーダーを育てることに力を入れている。なぜなら、リーダーが相手の喜びを自分の喜びとできること、つまずきを察知し相手に気づかせることが、クラスの雰囲気を高めるからだ。だからペア・リーダーをよく廊下に呼び出し、指導する。問題点や、良い取り組みに気づかせるのだ。彼らが席に戻ると、クラスがとたんに活性化するのである。

　ペア学習の初回に、ペア・リーダーをいったん廊下に呼び出す。「今からパートナーと握手をしてペア学習を始めます。握手をする時に、何に気をつければいいだろうか。じゃ、ちょっと握手をしてみようか」と1人のペア・リーダーと握手をしてみる。その時私はわざと弱々しく握る。そして相手に尋ねる。

　　教師「どう、今どんな気持ち？」
　　生徒「なんだか、力が抜ける。さあ、やるぞ、という気にはなれません」
　　教師「そうだよね。パートナーは英語が苦手なんだ。だから握手をするときも力強く握れないんだよね。さあ、そこで問題。あなたたちはどうしてあげればいいのかな？　元気に始めようという気持ちにさせるには？」（全員を眺める）「わかった人？」（リーダー全員が挙手する）

　その後は、がっちりと握手をしあう姿があちこちで見られ、時には「いてーっ！」という悲鳴も聞こえてくる。でも、なぜか楽しそうである。このように、なんとなく始めるのではなく、先を読んで、起こりうる問題点を考え、失敗してもよいところ（やり直しできること）と、やり直しがきかないところ（ここは教師が事前に指導をしておかなければならない）をしっかりと見極めておくことで、生徒の意欲が高まっていくのだ。

（4）ペア学習で何を鍛えるのか

　ペア学習やグループ学習のねらいは、自主学習で学習した内容が授業と結びつくことである。それが「力がついた」という実感に結びつく。「自主」学習とはいうものの、教師に明確な方針がなければ、放任になってしまう。これでは、学習への必要感は生まれてこない。

　教師からすべてを与えるのではない。ゴールを示し、期間を与えて生徒に

方法や手順を考えさせる。

　また、Q6の3）で述べたように、時々行う音読テストや小テストの合格基準を具体的に示しておく。到達目標が具体的にわかれば、それに向けて努力をするようになる。また、ペア・リーダーには常時、現在の状況を確認させながら進ませることも、忘れてはならない教師の仕事である。ペア学習で鍛えるのは「学び方の習得」であり「学習の自立」である。

　ペアを作る時は、大変な時間とエネルギーを費やさなければならないのだが、本当に大切なのは、その後の「ペアの育て方」、特に「ペア・リーダー」の育て方である。「得意な子と苦手な子をペアにするんだから、ペアさえできてしまえば、得意な子が先生の代わりになって教えてくれるはず」「ペアだと発話量が増える」程度の認識では、うまくいかない。

　ペアは「方法」であって「目的」ではない。「なぜペア学習」なのか、目標・目指すべき方向を見失うと、「2人1組にはなったけれど...」「ペアそのものが組めない」という壁に突き当たる。「生徒同士がつながっていく」という、一斉授業のスタイルにはない魅力を生かすために、ペアを組むことによって何を育てようとしているのかを常に考えておきたい。

　ペア学習では、リズムを作り出すことが大切である。教師が仕切ろうとすれば、活動はどんどん沈滞化していく。だらだらとした活動（終わった生徒が待たされるような活動）や宿題の点検などをしていては、ますます間延びしてしまう。到達目標を与えて努力させ、「できるようになった」という思いを持たせるのがコツだ。1分半程度の短時間で集中できるような活動（たとえば、英単語を日本語にする、日本語を英訳する等）を、授業の最初の5分の中に仕組む。到達目標があれば努力するようになる。

　もう1つ大切なことは、チャレンジングな活動（自分で評価できること）、話したくなるトピック（ちがいを作る）にする、ということである。

　たとえば、スモール・トークで「昨日何をしましたか」と全体に聞いているようでは、クラスに diversity が生まれてこない。ほとんどが「部活に行った、テレビを見た」で終わってしまう。聞いている方は、全然刺激を感じない。2回も繰り返せば、飽きてくる。そこで、単一ではなく2～3のトピック候補を与え、個々の生徒に選ばせて話させると、自己決定、自己責任が生まれてくる。だから伝えたいという気持ちになる。生徒の力を伸ばす方略は、いかに生徒に自己責任を持たせるかに尽きる。

(5) ペア学習のゴールは何か

　本来、学習とは個がするものである。「学んだ」という思いは、それを達成した本人にしか体得できない。よく教師がクラス全体に対して「わかりましたか」と聞き、それに生徒が「はい」と即答することがあるが、実体を伴わない儀式的問答になりがちである。最後は自分で「そうか、こうするのか!」と納得できなければ、学んだことにはならない。

　筆者の行うペア学習は、あくまでも個の学習をサポートするための手段である。3学期には個人学習に戻す。それを、年度当初にしっかりと伝えておく。なんとなく、月ごと、学期ごとに相手を変えて、ダラダラとペア学習を進めていくだけでは目標が生まれない。筆者のクラスでは、1学期は導入期。ペアで基礎トレーニング(シャドウイング、リピーティング、教科書のチャンクを同時通訳で訳す、長文をスラッシュで切る、等)中心の活動をする。教師は、ペア学習のノウハウや態度を徹底的に仕込む。2学期は、発展期。互いに助け合い、学習を発展させ、チェーン・レター、マイクロ・ディベート、トライアングル・ディスカッションなどを通して、真のコミュニケーションの楽しさを学ぶ。3学期はペアを解消して個別学習に戻す。それと同時に、誰とでも活動できるようにする。3学期が1年間の集大成である。

　学習ペアになる、ということは机や椅子を移動させておくということである。授業が始まる前に、その準備をしておかなければならない。ペアを作れば、自分の相手がいる、という抑止力が働き、チャイム前に席に着くようになる。しかし、3学期になってペアを解消すると、普段の座席のままになり、だらけてしまう。こうなると、チャイムが鳴るまでなかなか席に着かない。そこで、男女別に出席番号順(奇数列が男子、偶数列が女子。視力の悪い生徒は配慮)に着席させることにしておく。独立心を与えるためである。こうしておけば、授業開始前に机を移動しておかねばならず、意識が高まる。また、出席番号順なので、すぐに小テストを行うこともできる。ペア活動は男女で行い、週ごとに男子を1人ずつ後ろへずらしていき、相手がローテーションで変わっていくようにする。また、小テストの後は生徒にトランプを引かせて、トランプの黒と赤の数字でペアにすることもできる。

2. ペア・グループの座席配置の原理
——学級集団を学習集団に高めるために

　座席配置を、無頓着に生活班のままにしている、というクラスを見かける。学習集団と学級集団では、集団的性格・活動目標・形態がちがう。生活班と異なり、学習班は、英語を通して人間形成をするために意図的に作られるものである。対立的な見解やものの見方などのギャップが生まれるようにするのである。
　ペアやグループが育ちやすいクラスとそうでないクラスのちがいをあげよう。

【ペア意識が育ちにくいクラスの特徴】
- 学習規律が甘い。
- 教師の思いつきで授業が進められることが多い。
- 小さなミスが見逃され、大きなミスをした時に叱られる。
- 教師の感情で授業が行われ、特定の生徒がひいきされる。
- 単元の指導が単発で、学んだことがつながっていかない。

【ペア意識が育ちやすいクラス】
- まちがいを認め合う雰囲気がある。
- ちがいを楽しもうとする雰囲気がある。
- 教師が「できること」よりも、「変わること」を大事にしている。
- 活動と活動（または指導と指導）がつながっている。
- ゴール（よい目標）を示し、生徒に見通しを持たせている。

　ペア学習、グループ学習が成功するか、失敗するかは、このようにいくつかの要素が絡んでくる。ペアもグループも生徒にまかせる活動である。もし、形骸化（マンネリ）しているとしたら、その多くは教師のビジョンのなさが原因である。教師の与える課題が、教師がさせたいことにとどまっていて、どの子も「やってみたい」というものになっていないのである。次に進め方が原因である。課題を初めからグループやペアで話し合わせるのは、ルール違反である。自分の考えが持てずに話し合い学習などできないのだ。
　そして、教師の姿勢が原因である。学級集団だけの問題ではなく、教師集団、父母集団（地域）へと広がっていくような、人間同士の関わり方に関心が

持てていることが必要である。

　最後に、より学習意欲が高まるような、目的をもった座席配置にしているかも問題である。多種多様な座席配置が一体どんな意味を持っているのかを教師は理解しているか。そして、目的に応じた使い方をしているか。次のA〜Hの7つの座席配置をご覧いただきたい。ちがいがおわかりになるだろう。

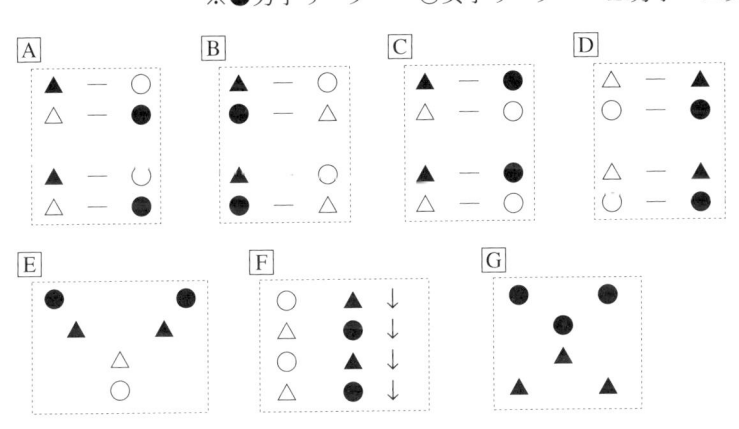

※●男子リーダー　〇女子リーダー　▲男子　△女子

A, B, C, D, E, F, Gの形態は、それぞれ、ねらいがちがう。

　Aは、教科書の音読練習等で大きな声を出させたい時に使う。相方(●–▲、〇–△)が、対角線に座るので、隣に負けないように大きな声を出すようになる。

　BとFは、ペアでも使えるし、列でも使える。ディベートのサイドを変えないで、列だけ変える(たとえば、男子が1人後ろにずれる)時などに利用できるし、チェーン・レターの時にも使える。

　Cは、基本ペアの座席配置。答は言わない教え合い学習のオーソドックスな形。

　Dは、リーダー同士、パートナー同士が切磋琢磨できるような活動で使う。

　Eは、トライアングル・ディスカッションで後ろにペア・リーダーたちが座り、3分間のやりとりをつぶさに観察し、その後作戦参謀として、アドバ

イスを与えるものである。
　Gは、同じ力同士で、トライアングル・ディスカッションやマイクロ・ディベート等を行う形態である。
　学習形態には深い意味があると述べた。どれを、どのように使いわけるかを考えるだけで、その授業が決まると言っても過言ではない。英語は相手とコミュニケーションをする、互いに協力し合って練習をする教科である。それが授業の原点である。
　とかく、教材、資料、ワークシートにばかり目が行きがちな私たちだが、「この学習、この教材ではどの学習形態をとれば最も有効なのか」ということを考えるようにしたいものである。

第Ⅲ章

コミュニケーション能力育成の中長期的デザイン

1. 幹の必要性

　第Ⅰ章のFで、英語コミュニケーション活動には、それを統合する幹が必要だということを述べた。つまり、孤立したコミュニケーション活動をただ単に寄せ集めただけでは、その瞬間は生徒が面白がるかもしれないが、全体として意味ある授業とはならないのだ。このような場当たり的活動を繰り返すうちに、生徒は「いったいこの授業を通じてどのような力が身につくのか」と疑問を持つようになる。「どこから」「どこへ向かって」「どのようなルートで」の中・長期的見通しの幹があってこそ、個々の活動が意味を持ってくるのである。

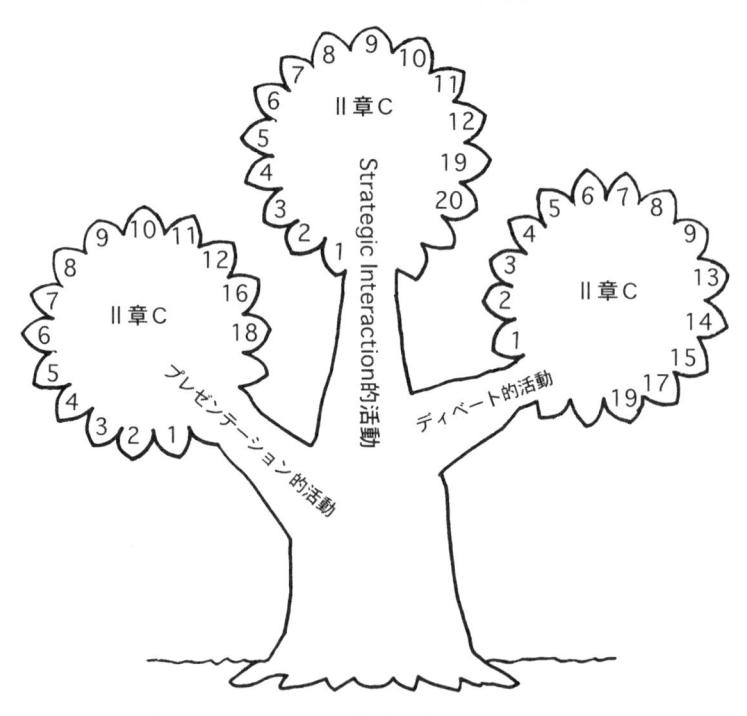

図1　中・長期的設計の模式図

英語コミュニケーション活動の幹・枝・葉のイメージ
（1～20の数字のついた葉は、第Ⅱ章の「C. 活動タイプによる分類」で紹介した各アクティビティの番号を表す）

図1は、本書の第II章Cで紹介した20種類の活動(葉)を、3本のプロジェクト(枝)に構成した中・長期的設計の模式図である。枝は、太い3本で構成されている。

① Strategic Interaction 的活動
② プレゼンテーション的活動
③ ディベート的活動

それぞれの枝には、枝を構成する個々の葉(コミュニケーション活動)が描かれている。葉に付けられた数字は、第II章Cでの見出しを示している。葉の1〜9は、コミュニケーションの基礎を育てる活動なので、3本の幹のすべてに所属している。その基礎の上に、やや専門化された上位の活動(葉の10〜20)が3つの枝(プロジェクト)をさらに強化している。それでは、この3本の枝(プロジェクト)とは、どのような働きを持つのだろうか。それを次に解説しよう。

2. 3本の枝の働き

(1) Strategic Interaction 的活動の枝

簡単な挨拶や自己紹介から始まり、他者と友好的関係を築き、独立した個人としての自分を主張し、また良い聞き手として相手の主張に耳を傾けた上で、negotiation によって協調を図る力。最終的には、葛藤を含んだ対人交渉場面において、相手の事情・利害・主張を聞き取って理解し、こちら側の事情・利害・意見を冷静にわかりやすく相手に伝え、自分を生かし相手も生かす合意に達するために交渉する力。

(2) プレゼンテーション的活動の枝

図や絵を相手にわかりやすく説明したり、自分の記念の品についてクラスに説明することから始めて、情報や情景、出来事について英語で相手にわかりやすく客観的に伝える力。またそうした発表を理解するために、聞き返しや関連質問をする力。最終的には学会・会議・商談などにおいて、聴衆が求める情報を、研究・取材や事前調査に基づいて、視聴覚情報・配布資料を伴って口頭発表をし、聴衆と質疑応答を行う力。

図2 Strategic Interaction 的活動の内部構成図

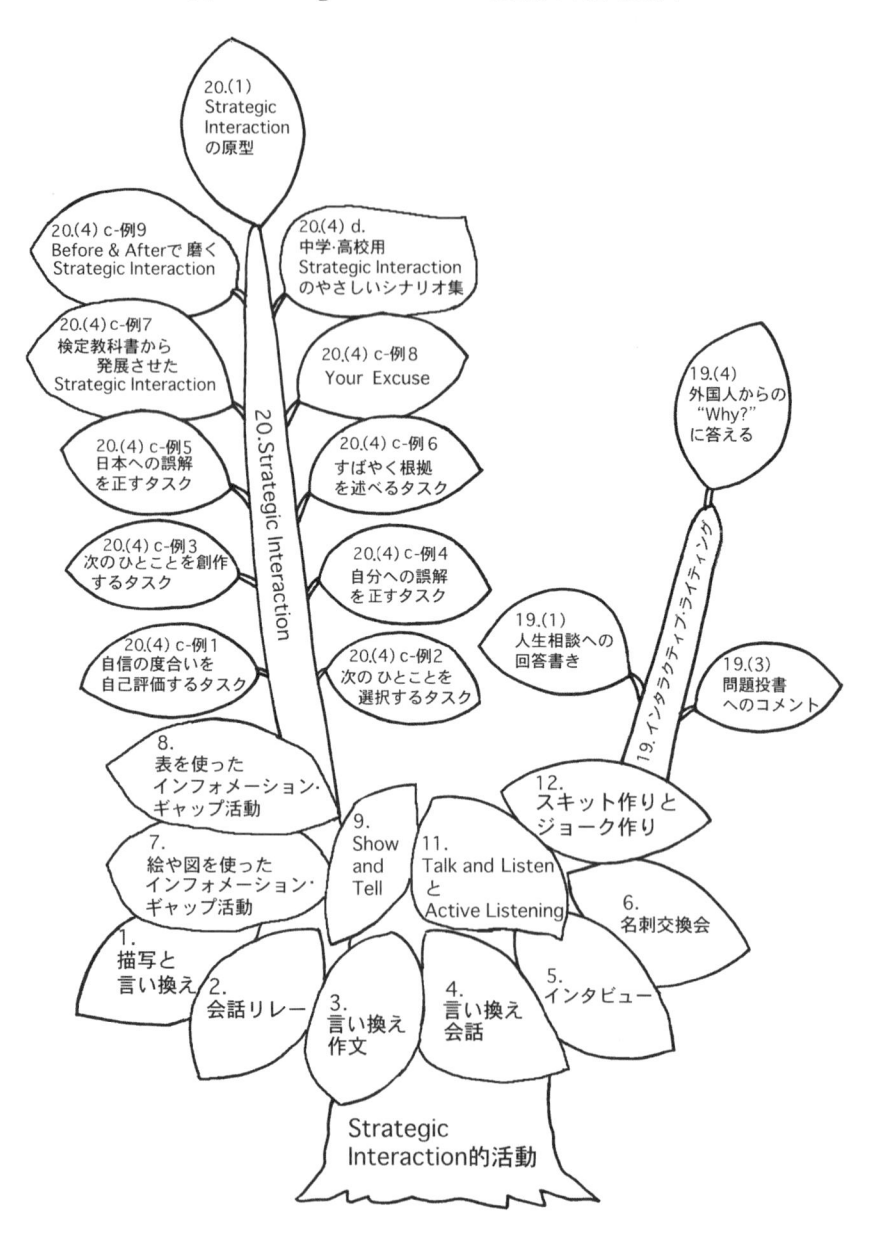

- 20.(1) Strategic Interaction の原型
- 20.(4) d. 中学・高校用 Strategic Interaction のやさしいシナリオ集
- 20.(4) c-例9 Before & Afterで磨く Strategic Interaction
- 20.(4) c-例7 検定教科書から発展させた Strategic Interaction
- 20.(4) c-例8 Your Excuse
- 20.(4) c-例5 日本への誤解を正すタスク
- 20.(4) c-例6 すばやく根拠を述べるタスク
- 20.(4) c-例3 次のひとことを創作するタスク
- 20.(4) c-例4 自分への誤解を正すタスク
- 20.(4) c-例1 自信の度合いを自己評価するタスク
- 20.(4) c-例2 次のひとことを選択するタスク
- 20. Strategic Interaction

- 19.(4) 外国人からの"Why?"に答える
- 19.(1) 人生相談への回答書き
- 19.(3) 問題投書へのコメント
- 19. インタラクティブライティング

- 8. 表を使ったインフォメーション・ギャップ活動
- 7. 絵や図を使ったインフォメーション・ギャップ活動
- 9. Show and Tell
- 11. Talk and Listen と Active Listening
- 12. スキット作りとジョーク作り
- 6. 名刺交換会
- 1. 描写と言い換え
- 2. 会話リレー
- 3. 言い換え作文
- 4. 言い換え会話
- 5. インタビュー

Strategic Interaction 的活動

(3) ディベート的活動の枝

　身近なテーマについて自分の意見を考え、表明し、意見に根拠づけを行う力。また相手の意見の根拠を尋ねたり、相手の意見の問題点を指摘する力。その際に、mind と heart の区別に立ち、感情的になることなく、高次の考えに到達すべく双方が協力する力。最終的にはある論題について肯定側、否定側に分かれ、主張や意見を論理・根拠を伴って冷静かつわかりやすく述べ、相手側の主張・意見を聞いて深く理解した上でその欠陥や問題点を指摘して反論し、それによって聴衆に自分たちの主張・意見の正しさを受け入れさせ納得させる力。

　なお、本書では対人関係調整力の形成を主テーマとしているため、これから先は上記3つの枝のうち、特に「(1) Strategic Interaction の枝」を中心にして論述したい。他の2つの枝も、それに劣らず重要なテーマであるが、その育成の詳しい構想は別の機会に譲ることとする。

3. Strategic Interaction 的活動の構成と意義

　図2は、対人関係調整力を育てる Strategic Interaction 的活動の内部構成である。それぞれの葉が、第Ⅱ章Cで紹介した個々の活動を表している。これらの葉が、どのように対人コミュニケーション力の育成を積み上げているかを、表1で説明する。

表1　本書の対人コミュニケーション力の積み上げ

第Ⅱ章Cのアクティビティ名	育くる対人コミュニケーション力
1. 描写と言い換え	・状況や事物を相手にわかるように描写する。 ・わからない単語を、知っている英語で言い換えて伝える。
2. 会話リレー	自分のユニークさを発見し、発信する。
3. 言い換え作文	習った表現に、自分オリジナルなメッセージを乗せて英文を発信する。
4. 言い換え会話	習った表現に、自分と相手とのオリジナルなメッセージを載せて、対話をはかる。
5. インタビュー	英語の質問をきっかけにして、大勢のクラスメートに声をかけ、対話する。

6. 名刺交換会	自作の英語名刺をきっかけにして、大勢のクラスメートに声をかけ、相互理解を深める。
7. 絵や図を使ったインフォメーション・ギャップ活動	・情景や道順を、相手に正確に伝える。 ・不明な点を質問しながら、相手の説明を理解する。
8. 表を使ったインフォメーション・ギャップ活動	・情報を相手に正確に伝える。 ・不明な点を質問しながら、相手の説明を理解する。
9. Show and Tell	・自分の記念の品についてクラスに筋道を立てて話して聞かせる。 ・話す際に原稿を棒読みするのでなく、原稿に頼らずに聴衆に向かって語りかける。 ・聞き手として、聞き返しや関連質問などにより、話し手を励ます。
11. Talk and Listen と Active Listening	・メッセージを感情豊かに表現する。 ・相手のメッセージに共感を込めて応答する。
12. スキット作りとジョーク作り	・対話の好ましい組み立て方を考える。 ・ユーモアをもって話す工夫をする。
20.(4) c–例1. 自信の度合を自己評価するタスク	対人交渉で、自分の自信の度合に応じた対処法を工夫する。
20.(4) c–例2. 次のひとことを選択するタスク	・困った場面でどうしたらよいかを、選択肢の中から選ぶ。(負担の軽いトレーニング) ・いろいろな応答の選択肢から、いろいろな対処法を学ぶ。
20.(4) c–例3. 次のひとことを創作するタスク	困った場面でどうしたらよいか、次に発するひとことで表現する。(より創造性を生かすトレーニング)
20.(4) c–例4. 自分への誤解を正すタスク	自分に対する相手の誤解を正す。
20.(4) c–例5. 日本への誤解を正すタスク	日本に対する相手の誤解を正す。
20.(4) c–例6. すばやく根拠を述べるタスク	自分の発言に雄弁に根拠づけをする。
20.(4) c–例7. 検定教科書から発展させた Strategic Interaction	検定教科書に載っている会話場面を取り上げ(教科書の会話はすべて揉めごとなしに終わっている)、会話にトラブル場面を加え、それに対する対処をみんなで考える。
20.(4) c–例8. Your Excuse	誰でも遭遇しそうな日常のトラブル場面を想定して、いかに上手にその場をおさめるかをシナリオに書く。

20. (4) c-例 9. Before & After で磨く Strategic Interaction	自分や友人が経験した、失敗したコミュニケーションを振り返り、どうしたらもっと良いコミュニケーションができたかを考え、シナリオに書く。
20. (4) d. 中学・高校用 Strategic Interaction のやさしいシナリオ集	やさしいシナリオから中級レベルのシナリオまで、26 個のシナリオを使って、対人交渉のシミュレーション・トレーニングを行う。
19. (1) 人生相談への回答書き	クラスメートが用意した人生相談にアドバイスを回答する。
19. (3) 問題投書へのコメント	理不尽とも言える controvertial な意見を投げかけた新聞投書に対して、反論の投書を書く。
19. (4) 外国人からの "Why?" に答える	日本と日本人の行動について、外国人の質問に答える。
20. (1) Strategic Interaction の原型	未知の状況に創造的に対応し、葛藤場面で相手の意向を察知し自分の都合を相手に理解させ、相互に満足できる妥協点を導き出すことのできるコミュニケーション力を養う。

　表 1 のように、下位のアクティビティが下地となって、中位から上位のアクティビティを支えている。この流れは同時に、動員する言語能力の難易度レベルと、生徒が発するメッセージの精神的成熟度の高まりとも連動している。つまり、中学から大学までの学年進行と一致している。これが、本書の提案する Strategic Interaction を柱とした中・高・大の統合的英語授業モデルである。

　Strategic Interaction 活動は、未知の状況に創造的に対応できるコミュニケーション力を養う上で、非常に有効である。他のアクティビティに比べて、どれだけ本物に近いインタラクションを生むかについては、209 ページの (f) で詳しく述べたとおりである。また、自分も遭遇しそうな場面で、英語使用という一種の仮想的雰囲気の中で、いろいろと交渉してみたくなるという意味で、参加者の活動への意欲も高まる。さらに、未知の状況への対応力は、異文化交渉において非常に大切な能力であり、SI で培った「自分を生かし相手も生かす」コミュニケーション能力が大いに役に立つ。

4. 英語力養成の中長期的モデルは BICS、CALP で説明できるか

　日本の学校で追求すべき英語力養成の中長期的モデルとして、BICS

（Basic Interpersonal Communicative Skills）と CALP（Cognitive-Academic Language Proficiency）が最近よく引き合いに出されている。「分野別『いまどきのキーワード』」（http://www.kikokusha-center.or.jp/network/tongsheng/keyword.htm）によれば、この2つは次のように定義される。

> BICS とは Basic Interpersonal Communicative Skills の略で『日常会話など比較的具体的で、また伝達される内容を理解するのに場面や文脈から多くの手がかりが得られるような言語活動において、必要とされる言語能力の一側面』、CALP は Cognitive/Academic Language Proficiency の略で『抽象的な思考が要求される認知行動と深く関連し、認識力や類推力を伸ばすために必要とされる言語能力の一側面』とされている（Cummins & Swain, 1986）。

さて、最近日本ではこの BICS-CALP の対比を利用して、中学校では初歩的 BICS を教え、高校では BICS と CALP 初級を、大学では CALP を教えようという説がある。この見解（BICS-CALP モデル）を先述の図1の「コミュニケーション活動の樹」と対比してみると、BICS-CALP モデルにはディベート力と中・上級の対人交渉能力養成の視点が欠けていることがわかる。

〈BICS-CALP モデルの考える英語力〉

	初級英語で育てる能力	上級英語で育てる能力
BICS-CALP モデル	BICS	CALP

〈「コミュニケーション活動の樹」の考える英語力〉

	初級英語で育てる能力	上級英語で育てる能力
コミュニケーション活動の樹	初級の Strategic Interaction	上級の Strategic Interaction
	初級のプレゼンテーション力	上級のプレゼンテーション力
	初級のディベート力	上級のディベート力

本書のモデルは、BICS や CALP といった「目標」ではなく、大きな3つのコミュニケーション活動プロジェクトという「活動」で中長期的設計を構成している。そして、初級から上級まで一貫して Strategic Interaction、プレ

ゼンテーション、ディベートを取り上げている。両者の対比から、BICS-CALP モデルの次のような 3 つの問題点が見えてくる。

第 1 に、BICS-CALP モデルは、対人交渉力 (interpersonal communication abilities) の初級レベルしか教えていない。はたしてこれからの日本人が必要とする対人交渉英語力は、初級だけでよいのだろうか？ 葛藤場面で相手の意向をさぐり、こちらの立場を冷静に相手にわからせ、双方満足のゆく解決を模索してゆく上級レベルの交渉英語力は、今後ますます必要になってくるはずである。上級英語の中味を学問研究向けのみに狭く限定することは適切とは言えない。

第 2 に、BICS-CALP モデルは初級英語で CALP 的目標を掲げていないが、CALP 訓練(プレゼンテーションやディベート)は初級の段階から必要ではないだろうか。中・上級になって初めてプレゼンテーションやディベートを導入した時、表 1 に掲載したような下地がなければ、まともなプレゼンテーションや討論はできないのではないか。

第 3 に、BICS-CALP モデルには、目指すコミュニケーション力を養成するために、どのようなアクティビティを用いるかという展望が欠けている。それに対して、「コミュニケーション活動の樹」のモデルは、図 1 と図 2 で明らかなように、もともとが 20 種類のコミュニケーション活動を有機的に結合させた構造体である。どのようなコミュニケーション力を養成するかのゴールも、そのためにどのようなアクティビティを用いるかというプロセスもはっきりしている。

もちろん、このモデルは、決してこれだけで英語教育の全部を占めるべきだという趣旨ではない。毎回の授業でどのようなアクティビティを使い、それをどのようなプロジェクトに束ね、最終的にどのような幹につないでゆくのかを示す 1 つの例として提示するものである。大事なことは、教師の中にこのようにゴールとアクティビティを連携させたビジョンがあるかどうかということである。

この章のまとめ

第 I 章 G–2 (p. 53) で、これからのコミュニケーション教育のあるべき方向について 6 項目の提案をした。それは下記の 6 項目である。

- （1） 自己との対話による自己受容、自己尊重の教育、語るべき自己の育成の教育
- （2） 自分の言い分や利害をしっかりと言語化して相手にわからせるコミュニケーション教育
- （3） 横並びの関係での日本人の新しいコミュニケーションのあり方の創造
- （4） 他人の立場に立って考える力を育てる、体験型コミュニケーション教育
- （5） 行動として洗練されたコミュニケーション教育
- （6） 単に情報をうのみにするのでなく、情報を批判的に吟味するコミュニケーション教育

　本章は、これらの課題に応えるべき活動を、基礎から応用へと、系統的・構造的に設計してきた。どの程度この課題に応えられたかは、今後の読者の判断に委ねたい。

第Ⅳ章

英語コミュニケーション活動の Q&Aクリニック

以上にわたって、本書は英語コミュニケーション活動の運営方法について紹介してきた。

 しかし、教室はさまざまな感情や過去のいきさつを抱えた人間の集団である。理論どおりに授業が動くことなどありえない。いきさつによって関係がこじれた集団では、教師は関係の修復にも同時に取り組まねばならない。しかも教師が「変われ」と要求するのでなく、彼らの置かれた状況を温かく受け止めるところから出発しなければならない。筆者のもとにも、筆者の本を読まれた方々から、授業運営に関する相談がよく寄せられている。

 そこで本章では、生身の人間集団ならではの問題をどう扱ったらよいかについて言及してみたい。事柄の性質上、英語教育以外の領域に話が拡大することもあることをあらかじめお断りしておく。

A. シラケてどうにもならないクラス、どんなに荒れてシラケた授業でもプラスに転化できる

> **Q 1.** 私の持っているクラスの中に、シラケてどうにもならないクラスがあります。反応が悪く、声も小さく、歌を取り入れても、ゲームをやってものってきません。どう指導すればいいでしょうか。毎日の授業が苦痛で悩んでいます。
> （中学校・男性）
>
> 　学習規律がなかなか成立せず、授業中の私語も多く、授業になりません。上司からは、指導力不足だと言われ、朝起きると頭痛がするようになりました。何かアドバイスをいただけないでしょうか。
> （高校・女性）

（1）なぜ、シラケるのか

 シラケたクラス、問題のあるクラスで授業をすると、精気が吸い取られるような気持ちになる。これはどなたも経験があるのではないだろうか。「シラケる」を英語でどう言うか、和英辞典で調べてみた。chilled（冷えた）、spoiled（台無しにされた）、wet-blanket（濡れた毛布を火の上にかぶせると消えてしまう）となっている。どれも、わかるような気がする。クラス全体に

覇気がなく、音読の声も小さい。質問をしても返事がなかなか返ってこない。宿題をやってこないばかりか、授業中は自由に私語を交わし、立ち歩いたり、漫画を読んだり、メール交換をしたりしている。自分の思うとおりにならない生徒を前に教師はイライラする。しかも、教師は「まったく、あいつらときたら...」「あのクラスの学級経営はどうなっているんだ？」「担任は何やってるんだ？」と、他を責めがちだ。だが、そんな生徒たちも、初めからそうだったわけではない。教師の気持ちとの行き違い、まわりから認められない、満たされない思いから、自分に自信がない状況なのだということを、教師はあまり理解していない。

（2）荒れた学校で学んだこと

　筆者は、荒れた学校を3度経験した。初任の学校は、地区の総番長がいる学校だった。長ランの裏には登り竜。バタフライ・ナイフを所持していた。タバコの吸い殻は、毎日バケツに一杯。頻繁に非常ベルが鳴らされ、消火器がばらまかれた。教師は向かってくる生徒たちに応戦するためにネクタイを外した。そんなある日、教頭が取り囲まれて、土下座をさせられた。20人が木刀とチェーンを持って隣の学校をシメに行ったり、シンナーを空き缶に入れて恍惚とした状態で学校に自転車で乗り込んで来ることもあった。また、授業に出ずにラジカセを鳴らして廊下で踊っていたり、廊下で自転車レースを始めることもあった。

　2つ目の学校は、教師と生徒とのボタンの掛け違いから荒れが発生した。一部の教師が感情にまかせてたたく、頭から生徒を疑う、という行動を取り続けたことから、生徒たちが反発した。教師間がぎくしゃくした関係になり、「自分のことだけやっていれば」という無関心と遠慮が生まれ、対応が遅れていった。いつしか、力の逆転現象が生まれ、授業中に業務放送（「先生方、○○に来てください」）がかかるようになった。

　3つ目の学校では、問題行動を取った生徒への対応の遅れから、一部の生徒が自分のやりたい放題のことをするようになっていった。4人の生徒が髪の毛を金髪に染め、昼夜にかかわらず徘徊するようになった。物が壊され、盗まれるようになった。これら3校の荒れに共通するのは、対応の遅れと「偏見」であった。

　そしてどの学校でも、立て直したのは授業と生徒会の自浄活動であった。

どの教師も授業が始まる2分前に職員室を出るようにした。チャイムと同時に授業を始め、チャイムと同時に終わるようにした。空き時間は学校を巡回した。生徒たちにも積極的に声をかけた。荒れから学んだ「スピード（対応の早さ）」と「誠意（思いやり）」をモットーとした。

そして3年生を核にした生徒会活動と2学期の主要行事（運動会、文化祭、合唱コンクール）を、教師と生徒たちが一致団結してやりぬいたことが、立ち直るきっかけとなった。そして、どの学級も次の2点を目指した。

- 聞くべきことは聞ける学級をつくろう
- 言うべきことが言える学級をつくろう

人の話を静かに聞けるということは、すべての基本であり、学力向上には欠かせない。教師も、生徒の関心が生まれるような内容で、引きつけるような話し方をしようと工夫し合った。「言うべきことが言える」ということは、学級目標を達成するというゴールがあるからこそできることである。それぞれの活動を「何のためにするのか」ということを考えた時、人は問題を発見し、それを解決しようとするようになる。このように、問題解決の学習活動を推進する中で、子どもたち同士の温かい関わりをつくろうとした。これには時間がかかったが、私たちは最短距離を最短時間でたどり着こうとする指導方針は決して取らなかった。その場しのぎの対策は、子どもたちがたくましく成長し、生きる力を育てるための道筋ではないことを共通理解し合っていたからである。

（3）シラケるクラスにキーパーソン的存在がいたらどうするか

> **Q 2.** 授業で楽しくコミュニケーション活動をやろうと意欲的に取り組んだのですが、今年受け持ったクラスの中に、雰囲気をシラケさせる生徒がいて、困っています。他の生徒の発言を「バカか、おまえ！」と罵倒したり、"Let's imagine your life when you are 30 years old." などと働きかけても、クラス中に聞こえる声で「意味ねーよー」などとつぶやくので、誰も何も言えなくなってしまいます。どうしたらいいでしょうか。
> （高校・男性）

筆者は、3つの荒れを経験したと述べたが、シラケるクラスには、筆者の目から見てシラケのキーパーソンみたいに思える生徒がいた。彼は、自分なりの葛藤を表明しているにすぎないのだが、影響力が大きかったので全体に影響を与えることが多かったのである。やってはいけないのは、教師がその生徒を必要以上に意識しすぎることだ。最初の学校が荒れた時、それで大失敗をした。クラスで中心になって騒ぐ生徒を休日にラーメンを食べに連れて行った。いろいろ相談にものってやった。筆者は、彼とは話もしたし、おごってもやったのだから、もう大丈夫だろうと安心して、次の日教室に向かった。しかし、彼はそんなことはお構いなしで、前にも増してひどくなっていたのである。

　さて、ここまで読んで来られた読者の中には、ある考えが浮かんできていないだろうか。「そうか、私のクラスのシラケの原因は、A男だったのか」と短絡的に考えてしまうことである。すると、次に考えるのは2つのことである。

① どうやってA男を懐柔しようか？
② 授業がうまくいかない原因のA男を排除しよう。

　上の①の策を取って失敗した例を紹介する。同僚のB先生は、キーパーソンのC子に特別に丁重に接し、おだてあげる策に出た。その結果、C子はとうとう担任よりもエラくなってしまい、手に負えなくなったのである。B先生は、はたで見ていて気の毒なほど、C子に遠慮し、こき使われていたという。またD先生は、声も体格も大きいE男を級長にして、自分がコントロールできないクラスをE男にコントロールしてもらっていたが、E男は裏でクラスのドンとして君臨し、クラス内でいじめや恐喝の元締めをやるようになった。

　このように、教師が必要以上に意識し、1人にあまりにも重大な role を与えることは、実は不適切な指導である。なぜなら、その生徒をさ迷える1人の人間として見る前に、自分の学級をコントロールする「道具」として使おうとしているからである。「キーパーソン」というと事件の首謀者のような感じを与えるが、実はその生徒も何らかの不適応に苦しみ、治療を必要としている存在であり、教師はそれを理解しなければならない。つまり、前述の相談のケースでは、① 授業で他の生徒の発言を妨害していることが良くな

い行動であることをわからせる必要があること、② コミュニケーション活動に否定的なのは、過去に嫌な経験があった可能性があるので、本人の気持ちをよく聞くこと、それが治療のスタートである。また、たとえクラスの中にネガティブな影響力の強い生徒がいたとしても、大部分の生徒が健全に前を向いていれば、このような悪影響がつけ入ることはなく、むしろそのような生徒は浮いてしまう。つまり、シラケにキーパーソンと見える生徒がいたとしても、正攻法で全体に対して、また、その生徒に対して、援助的に時には温かく、時には厳しく、心から語りかけていくことが大切なのである。

　以上、1人の生徒を「シラケのキーパーソン」だと捉えるのは、教師の姿勢としては間違っている。教師として何よりもまず、その生徒を「内面の葛藤を抱え、教師や仲間の援助を必要としている存在」として捉えたい。一見してその生徒がクラスをシラケさせているように見える場合でも、それを受け入れる素地がクラスに存在しているわけであり、いちがいに他の生徒が被害者だと決めつけてはいけない。

(4) 生徒のシラケに負ける教師と勝つ教師のちがいは何か

　学校には「生徒のシラケに負ける教師」と「生徒のシラケに勝つ教師」の2種類がいる。前者は、いつも仕事に追われていると感じている。まず秩序を保つことが大事だと考えている。直面する問題を仕方のないことだと考えている。教師（大人）の権威を誇示しようとする。生徒に「教えてやらなければ」という態度で接する。「これは君たちのためにやっているのだ」と生徒に言う。自分のメンツにこだわる。生徒はこのような「教師の都合」をすぐに見抜く。

　一方、生徒のシラケに勝つ教師というのは、子どもたちと喜怒哀楽を共にし、いつしか心をつかんでしまう教師である。何事にも真剣に取り組む。それが生徒指導、学級経営、授業に生きてくるのである。生徒のシラケに勝つ教師は力で押さえ込まない。自分をよく見せようとしない。自分の失敗を笑いのネタにできる。授業を楽しんでいる。「教科の論理（指導要領の内容）」と「生活の論理（生活経験・自己実現）」の両輪を生かした授業をしている。生徒を尊重し、自立できるように支援している。生徒は自然とその教師に権威（あこがれ・信頼）を感じるようになる。

　生徒のシラケに勝つ教師は「みんな立派な人間なんだ」「みんな取り柄が

ある」「どの1人も、かけがえのない生徒だ」とポジティブに生徒に語りかける。こうした言葉の力は、歴然としてある。ポジティブなことを言えば、行動も性格もポジティブになる。「楽しいな」と言えば、本当に楽しくなる。「肯定的な言葉」を使う方が、物事はよくなるのである。

(5) 授業がシラケるのには理由がある

　シラケやすい授業、生徒が荒れていく授業をご紹介する。次のような授業である。

① 教師が仕切ろうとしている
　　教師が一方的に話をして進めていく授業
　　教師が力でコントロールしようとする授業
② 教師がすべて準備しようとしている
　　ア．ワークシートを準備し、それに基づいて進めていく
　　イ．短冊や模造紙を準備して、どんどん黒板に貼っていく

　①も②も、レールを敷いて「私が準備したとおりにやりなさい」という教師のメッセージが見え隠れしている。これでは、海外旅行のツアーやパッケージ旅行のガイドと同じである。そつなく行程をすませるという発想だ。生徒と共に発見を楽しもうとか、関わりの中で驚きや感動が生まれてほしいという授業ではない。もちろん準備自体は大切なことである。問題は、こうした準備をしたことに教師が捉われてしまい、準備をしたことは終わらせたいと、先へ先へと進もうとすることである。授業中の生徒の反応を楽しもうという、待ちの姿勢を失ってしまうのだ。

③ 教師が、無意識のうちに「閉ざされた発問」をしている
　　教師の発問や指示には「開かれたもの」と「閉ざされたもの」がある。「閉ざされた発問」とは次のようなものである。

- ●「A君、答は？」（わからないと次の生徒を当てる）
- ●「わかった人？」（全体で挙手を求めるので、わからない生徒もつい...）
- ●「答がわかる人？」（先に進むために、答を早く求めたがる）
- ●「これは何？」（1つの答を求める）、など。

これらは、答のみを求めている。教師の持っていきたい方向があり、全体のベクトルがそこを向くようにコントロールしている。一問一答形式なので、いつしか生徒は答（結果）だけを知りたがり、プロセスには関心を持たなくなる。集団が知らず知らずのうちに受け身になり、閉塞感が生まれていく。クラスの中に「学習性無力感」が蔓延してくる。自分からしなくてもいいや、と考えるようになる。このような教室では、教師が作った問題を、教師の教えたとおりのやり方で、教師の望むとおりに解くことが評価されるので、それが当たり前になる。
　教育学者デューイが、このような状態を憂い、次のように言っている。
　「我々は子どもに知識を与えようとして夢中になっている。そして一斉学習で教科書講読学習をやっているが、そのことによって子どもの脳は知識以外のことを学習している。すなわち、いつも受け身の姿勢でものを学んでいることによって、受け身の態度を学んでいることになる。」
　罪深いことである。一方、「開かれた発問」とは次のようなものである。

○「なぜそう思うの？」
○「この考えについて、あなたはどう思う？」
○「その根拠は？　どこでそう思ったの？」
○「A君の意見に賛成の人は？　なぜ？」

　このような発問では、生徒たちに関わりが生まれてくる。教師が facilitator（司会や進行役）となり、接着剤のようにそれぞれの意見をくっつけていくからだ。こうすると、生徒は友だちの意見を一生懸命聞き、それを大切にするようになる。意見の拮抗こそが、学習を活性化させるのである。だから、多様性やギャップを意図的に作り出すことを配慮したい。そうすることで、学習に必要性が生まれてくるようになる。生徒が本来持っている知的好奇心を喚起していくのである。知的好奇心は新しいこと、不思議なこと、自分の考えとはちがうものに対してわき起こる。意見や考えがつながるようになると、知りたくなってくるのである。

(6) セルフ・エスティームが高まらないと学力は伸びない

　今、学力低下の原因は、学習意欲の減退であると考えられている。それを端的に表すのが、マスローの欲求の階層（p.11）である。さらに詳しく述べ

てみると、図1のようになる。

図1　マスローの欲求階層

A　　　自己実現の欲求　　　　（生きがい）
　　　　　審美的欲求　　　　　（精神的ゆとり・向上心）
　　　　　認知的欲求　　　　　（知的関心・学習意欲）
B　セルフ・エスティームの欲求　（尊敬・承認・支配・名誉）
　　　所属・愛情への欲求　　　（所属・愛情）
　　　　　安全への欲求　　　　（恐怖・危険・苦痛からの回避）
　　　　生理的・身体的欲求　　（食事・睡眠・健康）

　今、学年が上がるにつれて「自分が嫌い」「自分に自信がない」という子どもが増えている。つまり、セルフ・エスティーム（自己肯定感）がなくなっているのである。セルフ・エスティームが低い時に、叱咤激励をするのは逆効果である。たとえば、奮起させるのが目的で「そんなことは小学生でもできる。当たり前だ。もっと上を目指せ」と言うと、自信のない子はそこでやる気を失ってしまう。はっぱをかけるつもりで、「隣のクラスの方が平均点がよかったぞ」と言えば、「どうせ、俺たちは」とひがんでしまう。

　学力をつけるためには、「セルフ・エスティームの欲求」をきちんとかなえてやることが鍵になる。自分が、みんなのために、まかされている仕事がある。そんな自己承認、互いのレスペクトがあって、初めてセルフ・エスティームが高まる。

　学習意欲は、それらが達成された上でのことである。しかし、残念ながら、この土台づくりをおざなりにして、その上の認知的欲求（学習意欲）にばかり目がいっているのが現状ではないだろうか。

（7）良さを褒める間接的指導

　親も教師も同じように、「どの子もいとおしい」と思えるようになれば、温かい、居心地のよい学校になる。地域から信頼されている学校では、保護者に「いいところ」をどんどん報告している。子どもを褒められてうれしく感じない親はいない。子どもを褒めてくれる教師を、保護者は信頼するのである。

　同じように、シラケるクラスの場合、生徒と担任との人間関係がくずれて

いるケースが多い。そこで、英語教師は、生徒に向かって担任のよいところを紹介することから始めてはどうだろうか。誰かが自分の自慢話ではなく他人を褒めている時、人はその言葉を素直に聞こうとするものである。実は、これが「間接的指導」である。直接的に相手に言う場合よりも大きな効果を上げるのである。ただし、覚えておきたいのは、これはプラス面の評価の時だけ有効だということである。「間接的指導」をマイナス面で使うと、相乗的に悪くなっていく。その例をあげよう。

●良くない「間接的指導」のケース
　教師A「昨日、先生のクラスのC男が授業中、居眠りしてましたよ。まったく！」（ムッとして）
　教師B「すみません。私も言っておきます」（「授業はあなたの責任じゃないの？」と思いながら）
　教師B「おい、C男。ちゃんとやらないとダメじゃないか」（厳しく）
　生徒　「AがBにちくったな。ムカツクなあ」（2人に対してムッとする）
　教師B「C男には言っておきました。また、よろしくお願いします」（冷めた調子で）
　教師A「どこまでできるかな。まあ、あいつはダメだね」（これも冷めた様子で）

○良い「間接的指導」のケース
　教師A「B先生、先生のクラスのC男君。今日は前を向いて一生懸命でしたよ。思わずうれしくなっちゃいました」（明るい調子で）
　教師B「え、そうですか。何かいいことあったんでしょうか」（C男と聞いて思わず身構えたが、いい内容だったので内心ホッとしている様子）
　教師B「C男。A先生が褒めてたぞ。今日は一生懸命だったんだって？」（いいことを伝えられるので、明るい調子で）
　生徒　「別に。オレだってやる時はやるよ」（まんざらでもない様子）
　教師B「A先生、ありがとうございました。また、よろしくお願いします」（C男と気持ちがつながり、感謝の気持ちで）
　教師A「いえいえ、C男をみんなで見ていきましょうよ」（明るい気持ちで。「また、いいところを見つけて伝えてあげよう」と密かに思う）

(8) 教師の遊び心が生徒の心をひらく

　子どもたちは、小さい時から遊びを通して、自らの意志で学んできた。「不思議だ、知りたい」という気持ちで一杯だったのである。それが学校に入ったとたんに、知的好奇心よりも、教科書の内容を優先させているようだ。「これはだめ、あれもだめ」と、教師がいちいち注文をつけて、教師が望む方向に導こうとしている。

　遊びと学びは、決して切り離されるものではない。「学」にも「遊」にも「子」がいる。学びも、遊びも、本来、子どもが自ら行うものなのだ。遊ぶ中でも、学びが生まれてくる。そして、学びは遊びの要素を取り入れた時に、一気に定着度が高まるのである。

　だから、教師が遊び心いっぱいの授業をすると、生徒の学びの指数は急激に高まってゆく。

　ここで、筆者の遊び心を生かした指導（10 選）をご紹介しておこう。生徒は、これらの活動が大好きであり、最後の1 年間の感想では必ずそれらを取り上げている。

---

① 英語の歌の仕上げはカラオケにする。（時にはパフォーマンスも）
② 3 本の鉛筆で本文を隠して問題を作り、互いに音読する。
　※一行は鉛筆1 本で隠れる。1 ページの3 行分を隠す。縦に3 本置くと、虫食いのようになる。相手の作った問題が読めたら合格。
③ チャイムが鳴ると同時に音読(速読)をスタートし、鳴り終わるまでに指定されたページを読み終える。
　※生徒は大きな声で音読する。ストップ・ウォッチと違って音が聞こえるので、リアルタイムでペースがわかるから、盛り上がるのである。ちなみに、読者のみなさんの学校のチャイムは何秒？
④ 背中合わせになってスモール・トークをする。
　※向かい合ってするよりも、相手を気遣い、大きな声ではっきり言うようになる。
⑤ ライバル同士で「挑戦状」と称して期末(中間)テスト予想問題を作って解き合う。
　※いいものはそのまま採用する。問題を作ることで力がつく。
⑥ クリスマスに「オールリクエスト・アワー」（人気ベスト10）をする。
　※1 年間でやった英語の曲(15 曲ぐらい)の中から、自分の好きな曲を

10曲書いて投票する。集計した結果を知らせながら、1時間かけてみんなで歌う。なお、投票の時にはクラスの順位を予想する。5曲ピタリと当てた場合は、CDをプレゼントする。

⑦ デジカメの写真を大型テレビにつないで、プレゼンテーションをする。
　※説明したいものの形や色などの様子がリアルタイムでわかる。見せたいものを見せたい「旬」の時に。

⑧ 階段を使って、音読(教科書の対話)練習をする。
　※1階と2階、2階と3階に分かれて読む。顔の見えない相手に伝えようとするため、声が大きくなり、表現力が増す。

⑨ 英語の歌は、ビデオで実際に歌っている映像を見せる。
　※歌を4〜5回歌った頃に、DVD (英検の会場費などで購入)やMTVなどを録画したものを見せる。筆者の場合は、年間の歌のカリキュラムで扱う歌のDVDは教材として10年越しで買いだめてある。「ライブ・エイド」や"We're the World"などのドキュメンタリーも、教科書の教材に合わせて見せる。

⑩ 年に2回、映画をまるごと見せる。
　　1年　チャイルド・プレイ、サウンド・オブ・ミュージック
　　2年　ホーム・アローン、スピード
　　3年　アルマゲドン、ベスト・キッド

(9) シラケを克服する5つの方策
　　――授業を明日から変身させるために
① 教師の言葉かけを変える
ア.「責める文化」から、「認め・励ます文化」への転換

　日本は、どちらかというと褒める文化ではなく、責めの文化である。「あら探し」「間違い探し」は得意だが、人を褒めることがなかなかできない。そこで、教師の言葉かけを、褒める場面を例に取り上げてみよう。人が、褒められたことを素直に喜ぶかどうかについては、次のような関係があるように思う。

　　　　低次元（A）　　中（B）　　高次元（C）
　　　　 身なり・人格 ＜ 行為 ＜ 成長（成果・変容）

　身なり（ネクタイがしっかりしめてある、第1ボタンがとまっている、等）や人格（明るい、優しい、等）そのものを褒めるよりも、実際にやった行為を褒める方が喜びは大きい。そして、今やっている行為よりも、成長（昨日よりも変化したこと）を取り上げて褒めるとさらに喜ぶ、ということだ。より高次元で褒められた方が、うれしいものである。

　たとえば、ある生徒が自主的に掃除をしたとする。そんな生徒に気づけない、知らん顔の教師がいるとしたら、信頼度はゼロだ。普段、いくらきれいごとを言っていても、生徒は事実の中にその教師の性格の裏を垣間見る。

　歩きながら「ありがとう」「ご苦労さん」と声をかけるのが上記のAレベル。立ち止まって「一生懸命やってるね、ありがとう」「汗びっしょりだね。よく頑張ってるね」と言うのがBレベル。自らしゃがんで「きれいになったねえ。ホラ、向こうと比べるとピカピカだ、ありがとう」「昨日も今日も、どうもありがとう。おかげできれいになったよ」とにっこりするのがCレベル。

　成長（成果・変容）に気づけるということは、今、誰が何をしているか、関心を持って見て（知って）おり、変化を「旬」時に読み取り、タイミングよく伝える（褒める）ことを意味する。

　人は、自分に関心のあることにしか目がいかない。廊下に落ちているゴミに気づける人と、見過ごしてしまう人がいる。きれいな学校にしたいという思いの教師と、そうでない教師のちがいである。

人は関心があることはよく見ている。清掃指導でも、日頃から掃除指導をとおして生徒のよさを見つけようとしている（認め、励ます）教師と、きちんとやっていない生徒を見つけ、目くじらを立てる（責める）教師がいる。生徒に関心があれば、昨日、きちんと掃除をしていたのは誰と誰かを知っている。それを覚えているから、今日の指導（よいところ見つけ）につながるのである。一方、誰が掃除をしていてもいい、とりあえず、自分の担当場所がきれいになればいいという考えの教師には、生徒の成長は見えない。

　関心を持つということは、まず、子どもに関心を持つ、子どもの考えや行為に関心を持つ、ということが大前提となる。

イ．説得型から納得型へ——教師がカリスマ・アダルトになる

　教師が無意識にやっていること、言っていることが、子どもに大きな影響を与えている。それが子どもを勇気づけていることなのか、傷つけていることなのかを、学年部会などで考えてみたい。教師が変われば学校も変わる。何でも、「当たり前」「いつもどおり」という発想をやめよう。1回やって、「ダメだ」と決めつけるのもやめよう。もしかしたら、やり方がちがっていたのかもしれない。他のやり方でやれば、うまくいくかもしれない。相手を言葉で説得するのではなく、教師が自らの言動で子どもに影響を与えていくことで納得させようではないか。

② プラスの「間接的指導」を生かす

　先述の(7)のように、「間接的指導」を生かそう。「間接的指導」は、うわさ話と同じで、効果がとても早く表れる。そこで、いいことを見つけて、どんどん伝えよう。親切は、相乗効果となって現れやすい。しかし、逆の場合は、とても危険である。一気に人間関係が崩壊する。人から聞いた話でこじれると、疑心暗鬼になって、なかなか修復できないものである。

③ 他人の失敗を許し、自分の失敗を笑う心のゆとりを

　46ページで、菅正隆氏の話を紹介したが、確かに、大阪の教師は女性も含めて「つっこみ」がうまい。また、簡単な自己紹介のスピーチをしていても、日常的に起こる出来事や失敗談を、面白おかしく取り上げ、腹の皮がよじれるほど笑わせてくれる。多くの人が、相手を笑わせるツボを心得ている。こう考えると、大阪では「ボケ」に対しては、必ず「つっこみ」を入れてあげるのがエチケット、生活の大切なルールになっているのではないか、とさえ思えてしまう。

この大阪(浪花)、上方文化に根ざしたコミュニケーション能力は、相手を傷つけない笑いなので、アサーションとも考えられる。笑いはコミュニケーションの潤滑油。「こうすれば...」というノウハウ本よりも落語や漫才を聞いた方が、もしかしたらみんなが望むコミュニケーション能力が身につきやすいのかもしれない。失敗は誰にでもある。それに目くじらを立てるのではなく、逆に笑いで終わらせた方が、人間関係がうまくいく。

④ 教室に変化を持ち込む

教科書とCDプレーヤーだけを持って教室に行くというのはいかがなものか。医者は往診の時にカバンを持ち歩く。その中には一通りのものが準備されている。教師が、ストップ・ウォッチや辞書を忘れて、途中であわてて職員室に取りに行くようではプロとしては失格である。できれば、奇術師のように、毎回、袋かカバンを持ち歩き、その中から、いろんなものが飛び出してくるというのが理想である。時には、100円ショップのグッズが、デジカメが、絵本が出てくるようにするのである。必要なのは、教師の遊び心。たまには、大手の文房具店や100円ショップにふらっと立ち寄ってみてはいかがだろうか。固定よりも変化があった方が、生徒も教師も心がワクワクしてくるものである。

⑤ 0次(今の実態)から始める

「教えること」を、予定通りに第1次から教えていくと、上意下達式になりやすく、一気にシラケやすい。すでにつまずいている生徒にとっては、知りたいという気持ちになりにくい。わからないと集中できないからだ。集中できないと叱られる、余計いやになる、悪循環である。そこで、あれもこれもと欲張らず、生徒が今できることから始めてはどうだろうか。彼らの実態が、しゃべれないのであれば、まず書かせてみる。教科書が読めないのなら、CDをかけて後から指し読みをさせる、等々。焦らず、一歩ずつ進める。自信をつけて「次もやってみたい」という意欲を引き出すには、小さな成功体験を積み重ねるしかないのである。単元の1次、2次の計画の前に、0次として実態把握と現状分析を行おう。

0次としておすすめなのが、「失敗ダイアログを直させる」「間違い探しをする」「比較する」「並べかえる」という活動である。これは、すでに原形があり、自分で新しく考えなくてもよいので、気楽に取り組める。と同時に、実態把握も簡単にできるのである。

(10) 人をやる気にさせる公式

　A＝M.V.P.という式がある。地球市民の方程式と言われている。人が行動を起こす（A＝Action）には、M・V・Pの3つの要素があり、やる気になるには、これらの要素が欠かせないという。

　順に説明していこう。最初のMは使命感（Mission）。人は責任を与えられ、使命感を持った時に初めてやる気になる。漠然と「みんなで協力し合ってやりなさい」とか「1人ひとりが意識してやりなさい」というのはきれいごと。Everybody's business is nobody's business. という言葉のとおり、みんなの仕事になれば誰も責任を感じないから、結局やろうとしない。一方、「これはあなたにまかせたからね」と言われたら意気に感じる。みんなに迷惑をかけられないからやろうとする。やっているうちに、習慣になってゆく。

　次のVは見通し（Vision）である。新しい職場に異動した時はすべてが初めてのことで、見通しが持てず、いつも追いかけられているような不安な気持ちになる。しかし、それが2年目になると、一度経験しているので、「うまくいかなかったこと」「変えたいこと」が見えてくる。先が見えると、いつ始めればいいか、またこうしておこうというプラスイメージがわいてくる。

　最後のPは情熱（Passion）、熱意、燃える思いである。

　先日、若い先生からメールをいただいた。

　昨年、3年生を送り出し、今年もまた3年生を担任しています。今の3年生は、問題の多い学年だと、ずっと言われてきました。1年生の時は、学級崩壊で授業が成立しないクラスもあり、担当しておられた先生方は本当に苦労しておられました。

　2年生になり、学級・学年崩壊を避けようと、ズラーっと男の先生で固めた体制をとりました。表面上は、授業の態度も良くなりすべて順調というように映りました。しかし、2学期ごろから不登校や教室に入れない生徒が急増しました。私の個人的な感じ方かもしれませんが、先生の前でいい子を演じなければならないことが、生徒の大きなストレスとなったのではないかと思います。

　私の学校は4つの小学校から集まってきますが、問題児の大部分がある特定の小学校出身の生徒です。この学年は小学校4年の時に学級崩壊

を経験し、それからいろんな問題が山積みになったようです。私のクラスにも、小学校の先生から「悪党」（言葉が悪いですね、すみません）というレッテルを貼られた生徒がいます。彼は身体も大きく、顔つきも怖いので、他の生徒たちへの影響力はかなり大きいです。でも、そんな子ほど本当はあったかいハートを持っています。

　私の祖父が亡くなった時、一番心配してくれたのも彼でした。感受性が強いからこそ、納得いかないことに強く反発してしまうのでしょう。

　先日、放課後に残って課題を仕上げていくという時間がありました。その子も残るはめになりました。その時、私が「勉強嫌い？」と聞くと、ぶっきらぼうに「きらい！」と彼。

「いつから嫌いになった？」

「小4」

「じゃあ、3年生までは好きだったんだ」

「嫌いじゃなかった。先生が良かったもん」

「そっか。そんなに嫌いになるくらいのことが4年生の時にあったんだ」

「うん...」

「じゃあ、一緒に小4から勉強やりなおしてみようか...」

「...うん」

　教師という仕事の責任の重さを私は彼に教えられたように思います。子どもは学びたいのです。よくなりたいのです。

　昨日、ある番組で末期ガンと宣告された校長先生が、医者にとめられながらも、自分の弱り果てていく姿をできる限り子どもたちに見せていこう、それが自分の務めだという内容のものがありました。小学校の先生なのですが、体調が思わしくないのに、気力で頑張っておられました。特に、次の言葉が印象的でした。

「子どもたちの前に出るまでは、37度6分あったのに、子どもたちを前に話し始めた瞬間、だんだんスーッと熱がひくのを感じたの。で、終わったあと熱を測ってみたら、36度8分しかないのよ。やっぱり教師なのね」

　私は、まだまだ駆け出しの教師です。毎週のように遠征が続く部活動と授業の両立はなかなか大変ですが、子どもを信頼し、温かさとこだわりを持って頑張っていきたいです。

サミュエル・ウルマン（米）という詩人が、代表作「青春の詩（Youth）」の中で次のように言っている。「青春とは人生のある期間をいうのではなく、優れた創造力、たくましき意志、燃ゆる情熱、など心の持ち方次第なのだ。年を重ねただけでは、人は老いない。むしろ、情熱を失う時に精神がしぼむのだ」と。

　メールの彼女は若いが、情熱は誰にも負けていない。大切なものは命をかけて守ろうとする。なんとかしたいという気持ちがあれば、人は行動を起こ

●コラム●

ガザへ行け

　これは今から24年前、教職11年目の私がT高校で英語教師をしていた時の話である。暴言や葛藤だらけの、砂をかむような勤務を終え、家に帰ってからも深夜までそれを反芻する毎日。同級生同士が暴行、恐喝、罵倒し合う殺伐とした姿。これでもか、これでもかと、警察的取り締まりにやっきになる教師集団。そんな中で自分は、言葉の教師でありながら、罰則以外に生徒たちに語りかける言葉を持たず、下手くそな授業によってますます生徒たちと離れてゆくばかりであった。

　授業はといえば、チャイムが鳴っても教室に入らず、教科書やノートも持たず、席を立って歩き回り、大声で私語を交わし、小テストでは一斉に公然とカンニングをし、注意すれば喰ってかかってくる。教科書の訳読・文法説明・ドリル・小テストという形に頼った授業形態は破綻していた。自分は言葉の教師なのに、言葉を教えると言いながら、授業では逆にどんどん生徒との関係が壊れていくという危機感を募らせていた。

　煩悶のあげく、ついに決心した。「英語という言葉を使って、いま本当に語りかけたいことを、生徒に語りかけよう。言葉を使って、生徒の秘められた思いを聞き出そう」　翌日からは、いじめ、制服、恋愛、友情、将来の夢など、日頃から生徒と語りあいたいと思っていた題材について英語のショート・ストーリーを書き、それに対する意見を聞く質問を添えて教材とし、対話するつもりで授業を始めた。教師として初めて、教材ではなく生徒の方を向いた時だった。こちらが聞こうとすれば生徒は、いろいろな体験や意見を持っていることがわかり、これは私が彼らを見直すきっかけとなった。一挙に成功したわけではないが、これが自分の英語コミュニケーション授業の発端となった。

　公立学校に勤める教師にとって、教えにくい生徒集団を前にした時の

す。

　私たちは、生徒たちの心に「青春の灯」をともす仕事をしている。それは、私たち自身がどれだけ、自分の「青春」（生きざま）を見せられるかにかかっている。どうしても達成したいという強い願いがあれば、決して諦めたりしない。

　シラケを克服するヒントは、どうも Mission と Vision と Passion を、生徒たちにどこでどう与えていくかということにありそうである。

　手っ取り早い解決策は、転勤することである。もしあの時私がそういう道を選んでいたら、あの転機はありえなかったことだろう。荒れる授業に苦悶する日々の中でも、私には１つの期待があった。それは学生時代に聞いた「ガザへ行け」という言葉だった。尊敬していた牧師が田舎の教会へ転属になった時に、最後の説教で使徒言行録をもとに語ってくれた逸話だった。

　「キリストの処刑後、まだ原始キリスト教団が迫害を恐れて地下に潜伏していた頃、ピリポという信徒がエルサレムに向かって旅していた。ピリポは、首都エルサレムで、名だたる使徒たちに加わって活動する意欲に燃えていた。ところが道中、神の使いがピリポの前に現れて、『ガザへ行け』と命じたのだ。当時のガザは原野の真ん中の辺鄙な寒村にすぎなかった。『首都じゃなく、なんでそんな辺境に？』ピリポは内心不服だっただろうが、それでも言いつけに従ってガザへ向かった。すると途中で、ある旅行団と一緒になった。請われるままにピリポは彼らに、イエスの十字架と復活のことを話して聞かせた。実はその一行は、エチオピア女王に仕える高官の一行だったのだ。高官はピリポの言葉に深く感動し、その場でピリポから洗礼を受けた。さらに聞いた話を帰国してエチオピア女王に報告し、その結果女王はキリスト教に改宗し、原始キリスト教団に莫大な資金援助を提供した。それまで細々と活動していた原始キリスト教団は、それによって財政基盤を確立し、宣教を拡大することができた」

　「人間にとって意に染まぬ展開の中に、実はすばらしい神の計画が秘められているものです」、牧師はそう言って話をしめくくった。「ガザへ行け」はそれ以来、私の座右の銘となった。

　Ｔ高校は私にとってまさにガザであった。しかし一方、教科書を離れて授業を工夫することがほとんどなかった時代に、生徒の喜んで授業を受ける姿を見て、私の実践を許し応援してくれた先生方を思う時、Ｔ高校はガザではなくて天国であったとも思うのである。
　　　　　　　　　　　　　　　　　　　　　　　　（三浦　孝）

B. 達人の真似をしてやってみたけれど、うまくいかない
——Tailor make できるのはあなただけである

> **Q.** よくワークショップなどで、いろんな技を教えてもらうのですが、なかなかうまくゆきません。自分ではそのとおりにやっているつもりなのですが....。結局、わからず、どこかに答があるのではないかと、また次のワークショップを探しているような現状です。　　（中学・女性）

（1）自分の力以上の見方はできない

　授業でも、本でも、映画でも、自分の力以上の見方はできない。また、自分がいつも関心のある部分を中心に見てしまうので、どちらかというと狭い視野になりがちだ。筆者は、何かをした後は「振り返り」や「気づき」の時間を位置づけるべきだと考えている。多様性(ちがい)が生まれれば、自分にない視点が加わる。

　英語教育界では、5年間の英語教員集中研修をはじめとして、各種セミナーや研修会があちこちで開かれている。他教科と比べると、その数の多さはダントツである。教師の魂に触れるセミナー、さまざまな手法を紹介するセミナー、授業における生徒指導の基礎・基本が学べるセミナー等々、いずれもポリシーのある運営がされている。しかし、よく見ると、そこには問題点も浮かんできている。

（2）技からアートへ

　研修会に参加すれば、力がつくかというと、必ずしもそうとも言えない。たとえば、「内容は講師におまかせ」というセミナーでは、参加者の受け取り方に大きな差が出ている。実践者による「技の披露」になりがちだからである。セミナーは身銭を切って参加するので、少しでも学ぼうとする意欲的な人が多い。ワークショップを進める講師の見事なプレゼンテーションやツボを心得たタイミングのよいジョークの数々。いつしか、会場の雰囲気に飲まれ、なんだか自分もできそうな気がしてくる。

　冷静に判断すれば、はたと気がつくのだが、授業がうまくいかないという

思いで参加している場合は、ワラにもすがりたい。いつしか、自分のクラスの生徒の実態がどうか、また、どこでどのようにその技を使えば効果的なのかを「自分で」考えることなく、習った技をそのまま使おうとしてしまう。講師が、あの○○、達人○○、授業名人、授業の鉄人、カリスマ教師、○○の世界へようこそ...というふうに紹介されていると、それだけで刷り込みがなされ、盲信してしまう教師も少なくない。誇大広告と同じである。

　かくして、参加者は「今日の達人」の「技」の形式を真似るだけになる。自分の視点でしか捉えられなかった「技」は、うまくいかない。失敗したら、今度は「明日の達人」の「技」を求める。「技」だけを求めていると、大切な指導の背景をなす下地づくり、学習規律、必然性がいつしか忘れられてしまう。そうなると、「技」は、次々に消費されるだけである。「少しでも多くの実践発表を聞きたい」という気持ちはわからないでもないが、逆に、主催者側が「最低１時間は責任を持って語れるぐらいの深い実践」紹介ができるよう企画することを望みたい。実は、成果を上げている研修会もある。そこでは、最後にきちんとまとめの時間をとり、参加者の振り返りを生かしながら、講師や主催者が責任をもって、「総括」をしている。多くのことに気づいた参加者、残念ながら気づきが浅かった参加者が、共に振り返ることで、規準（高飛びのバーの高さ＝共通して学ぶこと）を確かなものにしている。つまり、誰かが責任をもって、紹介された実践を読み解き、日々の活動につなげて意味づけ、理論化することが大事なのである。

　安易に答を求めようとする教師は、改良を加えて、再度挑戦しようということはあまりない。どちらかというと、燃えやすく冷めやすい。諦めるのも早く、途中で安易に成否を判断してしまう。Easy come, easy go. である。

　ある若い教師が、研究授業の打ち合わせで、あるセミナーで教えてもらったことをやってみたいと言い出した。アドバイスを求められて、「そこまでは無理ではないか」と忠告したが、どうしてもというので、まかせることにした。研究授業は、案の定、うまくいかなかった。理由は、マニュアルどおりに進めようとしたことにある。基礎をなすドリル的な活動や、教師が押さえなければならない手順が軽く扱われたため、あちこちで生徒の「え？　わかんないよ」というつぶやきが聞こえ始めた。結果として、日本語があちこちで飛び交い、教師に隠れて答を見せ合うような授業になった。「有名な講師から教わった技だからうまくいくのだ」と信じ込んでいる教師は、自分の

声が小さくて弱々しかったこと、発問のタイミングがずれていたこと、講師のクラスでされたであろう下地づくりがまだできていないことに気づいていないようだった。

(3) Tailor make する力をつける

　スーツを買う時、レディメイドか、オーダーメイドかで迷う。確かにオーダーメイドで作ったスーツは、着心地がちがう。レディメイドは、いくつか試着してみて、自分の体型に最も近いものを選ぶ。部分的にしっくりこなくても我慢する。しかし、オーダーメイドは、実際に自分の体型どおりに寸法を測ってから、時間をかけて作る。着てみると、そのちがいは歴然である。オーダーメイドは、手間暇かけているので、値段も高く、長持ちしやすい。

　本来、授業も、この tailor のようなものではないだろうか。授業は、生徒と教師が喜びや苦しみを共有しながら、共につくり上げていくものである。だからこそ、クラスが温かい雰囲気になり、授業に血が通い始める。生徒の「体温」を感じさせる授業になるのである。

　指導に「マジック」などない。あるのは、緻密に計画を立て、地道にデータやディテールを積み重ねていく教師の姿勢と、「英語の楽しさを教えてやりたい」という教師の熱いハートである。こうして魂を注入された「技」が「技法(アート)」になる。「技法」はぶれない。授業の根幹となるのである。

　本書は、ヒューマンな授業をつくるというタイトルどおり、枝葉(テクニック)ではなく、太い幹(アート)のある授業づくりを目指そうということから、20種類の活動をご紹介し、その中で心と心を通わせるような仕組み方、授業の進め方を提案してきた。授業は連続体で、終りのないストーリーである。それは、あたかも川のように流れていく。ある時は深くゆっくりと、またある時は音を立てて流れていく。最後に、東井義雄さんの詩、「川は岸のために流れているのではない」をご紹介して、この項を終わることにする。大海に向かって、よどみなく流れる川のような授業を目指そうではないか。

川は岸のために流れているのではない

　　東井　義雄

川は岸のために流れているのではない
川のために岸ができているのである
分かり切ったことである

それだのに
教師の考え、学校の方針に合わない子どもを
「悪い子」「問題の子」「困った子」として
切り捨ててしまう風潮が横行しているのはどういうことか

子どものために「教師」があるのである
子どものために「学校」があるのである

「できない子」のための岸になろう
「困った子」の岸になろう

そして
ともどもに
「真理」「真実」の海をめざそう
そういう教師になろう
そういう学校を創ろう

川は岸のために流れているのではないのだから

●コラム●
マギー司郎さんから学ぶコミュニケーション学

　マギー司郎さんという、とぼけたトークが人気のマジシャンがいる。実力もあり、昭和56年、57年に放送演芸大賞ホープ賞を連続受賞、平成9年に奇術協会天洋賞を受賞。平成14年に出演したNHK『課外授業ようこそ先輩』が第31回日本賞教育番組国際コンクール東京都知事賞を受賞している。彼のトークを再現してみることにする。

　このハンカチ、凄いのよ。色が変わっちゃうの。今日は、特別大サービスの日だから、もう会場にいるお客さんの指定した色に変わっちゃうんだから。はい、じゃぁそこの人、そうそうそこのぽっちゃり系のあ・な・た!!　色を指定して欲しいのね。えっ、赤!?　ごめんね、赤は今日、もう売り切れちゃったのよ。じゃあ青!?　青は今日欠勤。緑だって!?　緑はね、旅に出ちゃってしばらく帰ってこないのよ．．．。はい、じゃぁしょうがないんで、ピンクに変えますよ。ね、そこのお姉さんが着ている色ピンクの服でしょ。ね、それ指定した色ってことで．．．。じゃ、いきますよ。はっ!!　ほらね、ピンクのハンカチに色変わっちゃいました。
　ね、さらに、このピンクのハンカチに入っている縦じまの模様。これが、驚いたことになんと横じまに変わっちゃうっていう、これ驚きの話。ほら、くしゃっと丸めて開いてみたら、横じま!!　ほら、びっくり。横になっちゃった。あのね、でもこれ縦に持ってたのを、横にしただけなんだけどね。えっ!?　いつもと変わらないって!?　あのね、僕もいろいろ大変なのよ。

　マギーさんのマジックは、決して派手ではない。彼は「手品はね、タネを買えば誰でもできるから。この世界は実力2割、運8割だから、人づき合いを良くしてね、まわりの人にかわいがられなさい」と、常々弟子に伝えている。そんな彼のハンカチ・マジックはひと味違う。縦縞のハンカチを横にするなどというバカバカしいことを、ペーソスあふれる笑いでオブラートに包んでしまう、言わばユーモア・マジックである。
　元々、彼は下手な（本人談）駄目マジシャンだったそうだが、ある日、手品に失敗した時に、下手なことをさらけ出して話術に組み込んだところ、観客に大受けした。失敗を売りにするのは、元々、ゼンジー北京というマジシャンがやっていた手法だった。だが、ゼンジー北京のそれと違って、彼の場合、自分の弱さ（下手なこと）を出すことで相手を安心させ、時にはわざと失敗をして同情を買うようにし、それをギャグにして観客を楽しま

せるという、「自分の型」をつくったのである。

　マギーさんによると、マジックバーに女の子を連れていくと、その場では「キャー、すごい！」と言うのだが、「また来る？」と聞くと「もういい」と答えるのだそうだ。手品が強烈でも、手品師に個性がなければ、誰がやっても同じだという印象を与えてしまうからなのだと言う。彼は、ここに注目した。たとえ、誰にでもできるマジックでも、「面白いマジック」は自分にしかできない。こうして、マギー司郎さんは独自の芸を確立していったのである。

　そんなマギー司郎さんが、NHKの『課外授業ようこそ先輩』で母校を訪問した。20年間、何もかもがダメだった自分が、自分の弱さを告白することで、すべてが変わった。「自分のダメなところをさらけ出すと、何かが変わる」マギーさんは、母校の子どもたちを前にそう訴えた。

　自分の失敗談や病気の話をすると、相手は安心し、親近感を持つ。自分をさらけ出している時、相手も心が開放された気がしてくるからだろう。しかし、まだ幼い子どもたちにとって、恥ずかしいことはなかなか人に言えないものである。大人だって、「自分の欠点や弱点」は人に言いたくない。まして、人の前で発表するなんて、とても勇気のいることだ。しかし、それをあえて、子どもたちにやらせようというのである。最初、子どもたちの表情は硬かった。画用紙を前に、みんなのペンが止まった。そんな子どもたちを、マギーさんがそっと後押しした。いつしか、自分の隠していた事実を話術に組み込んで、一生懸命にマジックとトークを練習するようになった子どもたちの姿は真剣そのものだった。

「勉強も運動もできない」

「嫌なことがあったら、すぐに八つ当たりをしてしまう」

「家と学校での態度が違う」

「自分が不器用」...等々。

　とうとう、子どもたちは、マギーさんのサポートで「自分のダメなところを語るマジック」をやり遂げる。終わった後の子どもたちのふっきれたような顔、顔、顔...。心の底から、自分の弱さに向き合い、搾り出してやり遂げた子どもたちを見ていて、マギー司郎は涙ぐんだ。子どもたちも泣いた。1人の女の子が、泣きながら言った。「勉強も運動もダメな私も、生きていていいんだって、わかった」テレビの前の視聴者もみな泣いた。

　マギー司郎さんから学ぶコミュニケーション学。それは自分の弱さを自覚し、背伸びしないで、自然体で生きること。そして、その話術は、アサーション（相手を傷つけないで、自分を主張する）と、「共生」の見事な手本と言えないだろうか。

（中嶋洋一）

引用文献

Ausubel, D. P., J. D. Novak and H. Hanesian. (1968) *Educational Psychology: a Cognitive View* (2nd ed.). New York: Holt, Rinehart & Winston.
Brown, H. D. (1987) *Principles of Language Learning and Teaching*. Englewood Cliffs: Prentice-Hall.
Brown, H. D. (2000) *Principles of Language Learning and Teaching* (4th ed.). Boston, MA: Addison Wesley Longman.
Bygate, M. (1987) *Speaking*. Oxford: Oxford University Press.
Canale, M. and M. Swain. (1980) 'Theoretical Bases of Communicative Approaches to Second Language Teaching and Testing,' *Applied Linguistics* 1: 1–47.
Carter, R. and M. McCarthy. (1997) *Exploring Spoken English*. Cambridge. U.K.: Cambridge University Press.
Celce-Murcia, M. (2001) *Teaching English as a Second or Foreign Language*. Boston, MA: Heinle & Heinle.
Cook, G. and B. Seidlhoffer (eds.) (1995) *Principle & Practice in Applied Linguistics*. Oxford: Oxford University Press.
Curran, C. (1976) *Counselling Learning in Second Language*. Illinois: Apple River Press
Darbey, J. et. al. (2000) *The Best Bed & Breakfast England, Scotland, Wales*. London: U.K.H.M. Publishing.
DiPietro, R. (1987) *Strategic Interaction*. Cambridge: Cambridge University Press.
Dawsons Holiday & Business Solution. http://www.dawsons.com.au/
Fuller, D. and T. Kiggell. (2002) *iTALK*. Tokyo: MacMillan Language House.
Gass, S. M. (1997) *Input, Interaction, and the Second Language Learner*. Mahwah, NJ: Lawrence Erblaum Associates.
Guiora, A. Z., M. Paluszny, B. Beit-Hallahmi, J. C. Catford, R. E. Cooley and C. Y. Dull. (1975) 'Language and Person: Studies in Language Behaviour,' *Language Learning* 25: 1, pp. 43–61.
Krashen, S. and T. D. Terrell. (1983) *The Natural Approach: Language Acquisition in the Classroom*. Oxford: Pergamon Press.
LeBeau and D. Harrington. (2002) *Getting Ready for Speech*. Oregon: Language Solutions.
Levine, R. R., J. Baxter and P. McNulty. (1987) *The Culture Puzzle: Cross-cultural Communication for English as a Second Language*. New Jersey: Prentice Hall.
Long, R. W. (2000) 'Adapting DiPietro's Strategic Interactions to and EFL Con-

text,' *The Language Teacher* 24: 12. The Japan Association for Language Teaching. pp. 13–20.

Maslow, A. (1954) *Motivation and Personality* (2nd Ed.). New York: Harper & Row.

Moscowitz, G. (1978) *Caring and Sharing in the Foreign Language Class: a Sourcebook on Humanistic Techniques.* Belmont, California: Wadsworth Pub.

Pica, T. (1994) 'Research on Negotiation: What Does It Reveal about Second-Language Learning Conditions, Processes, and Outcomes?' *Language Learning* 44: 3, pp. 493–527.

Prabhu, N. S. (1987) *Second Language Pedagogy.* Oxford: Oxford University Press.

Richards J. C. and T. S. Rodgers (1986) *Approaches and Methods in Language Teaching.* Cambridge: Cambridge University Press.

Richards, J. C., J. Platt and H. Platt. (1993) *Dictionary of Language Teaching & Applied Linguistics.* Longman.

New Zealand Accommodation Guide. New Zealand Automobile Association. Hillary Square, Orewa, Auckland.

Savignon, S. (2001) 'Communicative Language Teaching for the Twenty-First Century' in Celce-Murcia, M. (2001) *Teaching English as a Second or Foreign Language.* Boston, MA: Heinle & Heinle, pp. 13–28.

Super, Natural British Columbia Accommodations, Tourism British Columbia.

Swain, M. (1995) 'Three Functions of Output in Second Language Learning' in Cook, G., et al. (eds.) *Principle & Practice in Applied Linguistics.* Oxford: Oxford University Press.

Whistler Resort. Whistler Resort Association.

東　照二(1994)『丁寧な英語・失礼な英語』研究社.

E. アロンソン．古畑和孝(監訳)(1994)『ザ・ソーシャル・アニマル』サイエンス社.

池岡　慎(1999)「高等学校の学力差が著しいクラスにおける英語読解指導に関する一考察——Cooperative Learning に焦点をあてて」『英語教育研究』第42号．広島大学英語教育学会.

池岡　慎(2000)「授業に対する生徒の積極的参加を促す指導の工夫——高等学校の英語学習における内発的動機づけを目指して」『広高英研会誌』広島県高等学校教育研究会英語部会.

サミュエル・ウルマン(1986)『「青春」という名の詩——幻の詩人サミュエル・ウルマン』産業能率大学出版部.

大島希巳江・桂あさ吉・林家いっ平『英語落語 RAKUGO IN ENGLISH』(DVD)ビクターエンタテインメント.

大杉邦三(1980)『会議英語』大修館書店.

太田佐知子(1988)「興味の持続を図ることで学力向上を目指す英語教育」『これ

からの英語教育』三省堂.
加藤和美（2004）「オーラル・コミュニケーション授業の実態調査――大学生のアンケートより」『中部地区英語教育学会紀要34号』中部地区英語教育学会．pp. 195–202.
金森　強（2003）『小学校の英語教育』教育出版.
菅　正隆（1994）『生き生き授業――オーラルコミュニケーション』三友社出版.
菅　正隆・北原延晃・久保野雅史・田尻悟郎・中嶋洋一・蒔田守（2002）『6 Way Street』有限会社バンブルビー.
ケビン・クローン（2002）『トンデモ英語デリート事典』光文社.
小西友七（編）（1994）『ジーニアス英和辞典』大修館書店.
斎藤栄二（2003）『基礎学力をつける英語の授業』三省堂.
佐野正之（編著）（2000）『アクション・リサーチのすすめ――新しい英語授業研究』大修館書店.
三森ゆりか（1996）『言語技術教育の体系と指導内容』明治図書.
清水慈昭（1996）「リーズニング・ギャップを利用したコミュニケーション活動」大下邦幸（編著）『コミュニケーション能力を高める英語授業』東京書籍.
JACET教育問題研究会（2001）『英語科教育の基礎と実践［改訂版］』三修社.
JACETオーラル・コミュニケーション研究会（2002）『オーラル・コミュニケーションの理論と実践』三修社.
白野伊津夫（1996）『英語パラフレーズ会話術』アルク.
杉浦俊一（2005a）『「消したいもの」ミニ比較で見えてくるもの』口頭発表資料．中部地区英語教育学会第35回山梨大会.
杉浦俊一（2005b）『怒りのスキットをアサーティブに書き換える』口頭発表資料．中部地区英語教育学会第35回山梨大会.
高橋一幸（2003）『授業づくりと改善の視点――よりコミュニカティブな授業をめざして』教育出版.
田中武夫・田中知聡（2003）『「自己表現活動」を取り入れた英語授業』大修館書店.
鶴田庸子・P. ロシター・T. クルトン（1988）『英語のソーシャルスキル』大修館書店.
東後勝明（2002）『コロンバス21 English Course 2』光村図書出版.
高梨庸雄・緑川日出子・和田稔（1995）『英語コミュニケーションの指導』研究社.
J. デューイ（1998）『学校と社会・子どもとカリキュラム』講談社.
東井義雄（1989）『東井義雄詩集』探究社.
永倉由里（2005）「英語教育の目的は何か――中学・高校・大学の生徒・学生と教師へのアンケート調査から」『中部地区英語教育学会紀要34号』pp. 289–296.
中嶋洋一（2000a）『英語好きにする授業マネージメント30の技』明治図書.
中嶋洋一（2000b）『学習集団をエンパワーする30の技』明治図書.
中嶋洋一（2002）「第2部 実践編――心を掘り起こし、集団を育てる」三浦孝・

弘山貞夫・中嶋洋一（編著）『だから英語は教育なんだ』研究社．
中田賀之（1999）『言語学習モティベーション』リーベル出版．
二宮秀夫（1996）「生徒の主体的取り組みを促すコミュニケーション活動の工夫」大下邦幸（編著）『コミュニケーション能力を高める英語授業　理論と実践』東京書籍．pp. 154–156．
「分野別『いまどきのキーワード』」http://www.kikokusha-center.or.jp　2005年8月29日版．2005年9月10日ダウンロード．
松畑熙一（2002）『英語教育人間学の展開──英語教育と国際理解教育の接点を求めて』開隆堂．
松本　茂（編著）（1999）『生徒を変えるコミュニケーション活動』教育出版．
三浦　孝（1991）「授業の「荒れ」にどう対処するか」『現代英語教育』10月号．研究社．
三浦　孝（2000）「オーラル・コミュニケーションA教科書の過去と現在」『英語授業研究学会紀要第9号』．
三浦　孝・弘山貞夫・中嶋洋一（2002）『だから英語は教育なんだ』研究社．
溝口紀子（2005）「心の声を聞く耳を持つ」『静岡新聞』2005年9月10日夕刊．
宮沢次郎（1988）『感動の詩賦・青春』致知出版社．
柳瀬昭夫（2001）『平成13年度静岡大学教育学部附属島田中学校研究紀要』静岡大学教育学部附属島田中学校．
山岸勝栄（2005）「日本の言語文化に関する外国人の疑問」http://jiten.cside3.jp/gimon/seminar_xx.htm　2005年9月10日ダウンロード．
山口　真（2003）『暮らしに役立つ実用折り紙』西東社．
脇山　怜（1990）『英語表現のトレーニング』講談社．
若林繁太（1996）『教育は死なず』旬報社．

あとがき

　生徒の英語力を高め、ヒューマンな英語授業がしたい！
　そのための具体的メソードを提案するためにこの本を書きました。

　生徒の心の琴線に触れ、やる気と習得を高めるアクティビティ。生徒と生徒の関係を改善し、生徒と教師のヒューマンな交流を育てるアクティビティ。母語を含めたトータルなコミュニケーション能力を育成し、語るべき内実のある英語力を育てるアクティビティ。本書はその苗木を集めたものです。

　願わくばコミュニケーション活動の苗が、読者によってもろもろの土地に植えられ、改良を加えられ、枝を伸ばし花を咲かせますように。そしていつか、本書の続編、続々編として実を結びますように。

2006 年 2 月 3 日

著者一同

索　引

ア　行

相性テスト　73
相手の描いた絵を再現する活動　116
アウトプット　5, 218
アウトプット仮説　5
言い換え（Paraphrasing）　94, 98
言い換え会話（Guided Conversation）　106
言い換え作文（Guided Composition）　104
イマジネーション・ギャップ　76
意味交渉　5
意味の授受　44
インタビュー　108
インタラクション仮説　5
インタラクティブ・ライティング　178–201
インフォメーション・ギャップ　71
インフォメーション・ギャップ活動　114, 124
インプット　4, 218
インプット仮説　4
絵のちがいを探す活動　114
絵の描写（Picture Description）　94
絵や図を使ったインフォメーション・ギャップ活動　114
絵を完成する活動　116
オースベル, D. P.　17
オープン・インフォメーション・ギャップ活動　72
オーラル・コミュニケーション　7
オーラル・コミュニケーションC　92
オピニオン・ギャップ　72, 92

カ　行

外国人からの"Why?"に答える　193

会話リレー（Relayed Conversation）　102
カットアウト・ピクチャー　128
間接的指導　278
基本欲求階層説　11
ギャップの原理　70
グループ学習　246
クローズド・インフォメーション・ギャップ活動　114
言語自我　18
検定教科書から発展させたStrategic Interaction　227
コミュニカティブな学習集団　61
コミュニケーション能力の下位能力　3
コミュニケーションの真正性（authenticity）　7

サ　行

作品完成型のタスク　86
座席配置　256
ジグソー学習　171
紙上ディベート　143
自信の度合いを自己評価するタスク　220
自分への誤解を正すタスク　224
社会言語能力　3
ジョーク作り　136
人生相談への回答書き　178
スキット作り　136
すばやく根拠を述べるタスク　225
精神的欲求　17
セルフ・エスティーム　276
全人的コミュニケーション能力　41

タ　行

対人コミュニケーション力　263
ダイナミズム　70

[301]

第二言語自己　26
タスク　8, 81
タスク・タイプ　219
談話能力　3
チェーン・レター　141
地図を使った活動　120
次のひとことを選択するタスク　221, 235, 238
次のひとことを創作するタスク　223, 238, 240
ディベート　91, 166
ディベート的活動　263
トライアングル・ディスカッション　156

ナ 行

何でも消せる消しゴム　80
日本語コミュニケーション　50
日本への誤解を正すタスク　225

ハ 行

パラグラフ・ライティング　197
描写（Describing）　94
表を使ったインフォメーション・ギャップ活動　124
フィードバック・コメント　197
プレゼンテーション的活動　261
文法能力　3
ペア学習　246
ペア・リーダー　248
方略能力　3
ポスター・セッション　130

マ 行

マイクロ・ディベート　166
マッピング　96
マスロー，A. H.　10, 277

名刺交換会　111
問題解決型のタスク　82
問題投書へのコメント　190

ラ 行

リーズニング・ギャップ　81
立案型のタスク　83
リレー・ノート　148
ロールプレイ　151
ロジャーズ，カール　10

A〜Z

Active Listening　135
Autonomous Learner　62
Before & After で磨く Strategic Interaction　232
BICS　265
CALP　266
Communicative Language Teaching（CLT）　3
Finding Accommodation　84
For or Against（賛成か反対か）　187
heart　29
"I know you."　163
Ken's Love　73
mind　29
My Dream School　76
peer reading　178
Picture Stories　86
Second-language Self　22, 26
SELF　21
Show and Tell　126
Strategic Interaction　201–245, 263
Strategic Interaction 的活動　261
Talk and Listen　78, 135
We agree to disagree.　30
Your Excuse　230

索 引

ア 行

相性テスト 73
相手の描いた絵を再現する活動 116
アウトプット 5, 218
アウトプット仮説 5
言い換え（Paraphrasing） 94, 98
言い換え会話（Guided Conversation） 106
言い換え作文（Guided Composition） 104
イマジネーション・ギャップ 76
意味交渉 5
意味の授受 44
インタビュー 108
インタラクション仮説 5
インタラクティブ・ライティング 178–201
インフォメーション・ギャップ 71
インフォメーション・ギャップ活動 114, 124
インプット 4, 218
インプット仮説 4
絵のちがいを探す活動 114
絵の描写（Picture Description） 94
絵や図を使ったインフォメーション・ギャップ活動 114
絵を完成する活動 116
オースベル, D. P. 17
オープン・インフォメーション・ギャップ活動 72
オーラル・コミュニケーション 7
オーラル・コミュニケーションC 92
オピニオン・ギャップ 72, 92

カ 行

外国人からの "Why?" に答える 193

会話リレー（Relayed Conversation） 102
カットアウト・ピクチャー 128
間接的指導 278
基本欲求階層説 11
ギャップの原理 70
グループ学習 246
クローズド・インフォメーション・ギャップ活動 114
言語自我 18
検定教科書から発展させた Strategic Interaction 227
コミュニカティブな学習集団 61
コミュニケーション能力の下位能力 3
コミュニケーションの真正性（authenticity） 7

サ 行

作品完成型のタスク 86
座席配置 256
ジグソー学習 171
紙上ディベート 143
自信の度合いを自己評価するタスク 220
自分への誤解を正すタスク 224
社会言語能力 3
ジョーク作り 136
人生相談への回答書き 178
スキット作り 136
すばやく根拠を述べるタスク 225
精神的欲求 17
セルフ・エスティーム 276
全人的コミュニケーション能力 41

タ 行

対人コミュニケーション力 263
ダイナミズム 70

第二言語自己　26
タスク　8, 81
タスク・タイプ　219
談話能力　3
チェーン・レター　141
地図を使った活動　120
次のひとことを選択するタスク　221, 235, 238
次のひとことを創作するタスク　223, 238, 240
ディベート　91, 166
ディベート的活動　263
トライアングル・ディスカッション　156

ナ　行

何でも消せる消しゴム　80
日本語コミュニケーション　50
日本への誤解を正すタスク　225

ハ　行

パラグラフ・ライティング　197
描写（Describing）　94
表を使ったインフォメーション・ギャップ活動　124
フィードバック・コメント　197
プレゼンテーション的活動　261
文法能力　3
ペア学習　246
ペア・リーダー　248
方略能力　3
ポスター・セッション　130

マ　行

マイクロ・ディベート　166
マッピング　96
マスロー，A. H.　10, 277

名刺交換会　111
問題解決型のタスク　82
問題投書へのコメント　190

ラ　行

リーズニング・ギャップ　81
立案型のタスク　83
リレー・ノート　148
ロールプレイ　151
ロジャーズ，カール　10

A〜Z

Active Listening　135
Autonomous Learner　62
Before & After で磨く Strategic Interaction　232
BICS　265
CALP　266
Communicative Language Teaching（CLT）　3
Finding Accommodation　84
For or Against（賛成か反対か）　187
heart　29
"I know you."　163
Ken's Love　73
mind　29
My Dream School　76
peer reading　178
Picture Stories　86
Second-language Self　22, 26
SELF　21
Show and Tell　126
Strategic Interaction　201–245, 263
Strategic Interaction 的活動　261
Talk and Listen　78, 135
We agree to disagree.　30
Your Excuse　230

せるという、「自分の型」をつくったのである。
　マギーさんによると、マジックバーに女の子を連れていくと、その場では「キャー、すごい！」と言うのだが、「また来る？」と聞くと「もういい」と答えるのだそうだ。手品が強烈でも、手品師に個性がなければ、誰がやっても同じだという印象を与えてしまうからなのだと言う。彼は、ここに注目した。たとえ、誰にでもできるマジックでも、「面白いマジック」は自分にしかできない。こうして、マギー司郎さんは独自の芸を確立していったのである。
　そんなマギー司郎さんが、NHKの『課外授業ようこそ先輩』で母校を訪問した。20年間、何もかもがダメだった自分が、自分の弱さを告白することで、すべてが変わった。「自分のダメなところをさらけ出すと、何かが変わる」マギーさんは、母校の子どもたちを前にそう訴えた。
　自分の失敗談や病気の話をすると、相手は安心し、親近感を持つ。自分をさらけ出している時、相手も心が開放された気がしてくるからだろう。しかし、まだ幼い子どもたちにとって、恥ずかしいことはなかなか人に言えないものである。大人だって、「自分の欠点や弱点」は人に言いたくない。まして、人の前で発表するなんて、とても勇気のいることだ。しかし、それをあえて、子どもたちにやらせようというのである。最初、子どもたちの表情は硬かった。画用紙を前に、みんなのペンが止まった。そんな子どもたちを、マギーさんがそっと後押しした。いつしか、自分の隠していた事実を話術に組み込んで、一生懸命にマジックとトークを練習するようになった子どもたちの姿は真剣そのものだった。
「勉強も運動もできない」
「嫌なことがあったら、すぐに八つ当たりをしてしまう」
「家と学校での態度が違う」
「自分が不器用」...等々。
　とうとう、子どもたちは、マギーさんのサポートで「自分のダメなところを語るマジック」をやり遂げる。終わった後の子どもたちのふっきれたような顔、顔、顔．．．。心の底から、自分の弱さに向き合い、搾り出してやり遂げた子どもたちを見ていて、マギー司郎は涙ぐんだ。子どもたちも泣いた。1人の女の子が、泣きながら言った。「勉強も運動もダメな私も、生きていていいんだって、わかった」テレビの前の視聴者もみな泣いた。
　マギー司郎さんから学ぶコミュニケーション学。それは自分の弱さを自覚し、背伸びしないで、自然体で生きること。そして、その話術は、アサーション（相手を傷つけないで、自分を主張する）と、「共生」の見事な手本と言えないだろうか。
　　　　　　　　　　　　　　　　　　　　　　　　　　　　（中嶋洋一）

著者紹介

三浦 孝(みうら たかし)
愛知県立大学文学部卒業。千葉県・愛知県にて23年間県立高校英語教師。1987年三省堂英語教育賞一席入賞。1994〜97年バーミンガム大学大学院通信制課程に学びMA取得。静岡大学教育学部英語教育講座に在職、教授。バーミンガム大学大学院在日チューター。中部地区英語教育学会静岡地区運営委員。人間形成と英語教育を考える会・会長。主要著書は『だから英語は教育なんだ』(研究社)。

中嶋洋一(なかしま よういち)
獨協大学外国語学部英語学科卒業。現在、関西外国語大学国際言語学部准教授。国立教育政策研究所主催「英語指導者講座」の講師、英語教員集中研修の講師、日本英語検定協会派遣講師などを務める。平成17年7月、NHK教育テレビ『わくわく授業(ペア学習で会話がはずむ!)』に出演。主な著書など:『英語のディベート授業30の技』(明治図書)、『だから英語は教育なんだ』(研究社)、『ゆかいな仲間たちからの贈りもの』(日本文教出版)、DVD『中嶋洋一の子どもが輝く英語の授業(全6巻)』(学研)、ビデオ『中嶋洋一の分かる・話せる英語の授業』(汐文社)。

池岡 慎(いけおか しん)
広島大学大学院教育学研究科博士課程前期終了。13年間公立高等学校に在職し、現在、広島大学附属福山中・高等学校教諭。英語教員集中研修、日本英語検定協会派遣講師、達人セミナー講師、e-stepセミナー講師などを務める。主な著書など:『電子辞書を使った効果的指導法(国語編・英語編)』(日本英語教育協会)、英語授業の実践指導事例集(DVD)『その気にさせる四領域を有機的に関連づける指導法』(ジャパンライム)。

ヒューマンな英語授業がしたい!
——かかわる、つながるコミュニケーション活動をデザインする——

2006年3月30日	初版発行
2018年9月14日	6刷発行

著 者	三浦　孝 中嶋　洋一 池岡　慎
発行者	関戸　雅男
印刷所	研究社印刷株式会社

KENKYUSHA
〈検印省略〉

発行所　株式会社　研究社
http://www.kenkyusha.co.jp

〒102-8152
東京都千代田区富士見2-11-3
電話 (編集) 03 (3288) 7711 (代)
　　 (営業) 03 (3288) 7777 (代)
振替 00150-9-26710

© Takashi Miura, Yoichi Nakashima and Shin Ikeoka, 2006

表紙デザイン: 小島良雄　　イラスト: 黒木ひとみ
ISBN 978-4-327-41066-7　C3082　　Printed in Japan